한민족 역사의 재구성

THE RECONSTRUCTION
OF KOREAN HISTORY

한민족 역사의 재구성

초판 1쇄 인쇄일	2018년 6월 28일
초판 1쇄 발행일	2018년 7월 5일
지은이	김성배
펴낸이	최길주
펴낸곳	도서출판 BG북갤러리
등록일자	2003년 11월 5일(제318-2003-000130호)
주소	서울시 영등포구 국회대로72길 6, 405호(여의도동, 아크로폴리스)
전화	02)761-7005(代)
팩스	02)761-7995
홈페이지	http://www.bookgallery.co.kr
E-mail	cgjpower@hanmail.net

ⓒ 김성배, 2018

ISBN 978-89-6495-115-6 03900

이 도서의 국립중앙도서관 출판시도서목록(CIP)은 e-CIP홈페이지(http://www.nl.go.kr/ecip)
와 국가자료공동목록시스템(http://www.nl.go.kr/kolisnet)에서 이용하실 수 있습니다.
(CIP제어번호 : CIP2018019113)

한민족 역사의 재구성

김성배 지음

BG 북갤러리

우리 한민족의 역사 서언

우리 한민족은 유구한 역사를 가진 민족임에도 불구하고 상고사에 가려진 부분이 많고 대부분이 신화로 인식되어 진실이 아닌 것으로 폄하되고 있다. 또한 오늘날에 있어서 밝혀진 역사라는 것도 중국 기록 속에 나타나는 이야기만을 역사라고 하면서 우리 한민족의 고대 역사에 대해서 의구심을 갖게 한다.

그러나 필자가 조사한 바에 의하면 우리가 신화라고 알고 있는 단군세기도 역사적인 사실을 신화화한 것으로, 현재에 살고 있는 우리가 잘 모르는 숨겨진 역사가 있다는 것이다. 이에 필자는 우리 한민족의 역사를 되찾아야 한다는 사명감을 갖고 이 글을 쓰게 되었다. 그리고 이러한 관점에서 조사해 본 우리 한민족의 상고사는 인류 초기의 문명인 수메르문명과 떼려야 뗄 수 없는 역사적인 연결성을 가지고 있음을 알게 되었다.

수메르문명이 태동한 BC 3800년은 우리 한민족이 시작한 시기이다. 그 시작은 지금의 한반도가 아닌 머나먼 중동의 이국땅이었다. 그곳에서 우리 한민족은 전혀 다른 이름으로 불렸으며, 인류 최초의 문명을 이루고 발전시켜 나왔다. 그 후 그들은 전 세계로 퍼져서 현대문명의 기틀을 마련했으며, 그들을 우리는 수메르인이라고 한다. 바로 그들이 우리 한민족의 선조상이다. 여기서 수메르라는 것은 '검은 머리의 사람'이라는 뜻이다. 고대의 수메르는 그 이전의 아나톨리아 고원지대에서 야생 밀을 재배하던 케이오누(카인)족이 농경하기 쉬운 메소포타미아로 이주하면서 시작되었으며, 대홍수를 겪고 일부는 나일강으로 이주하여 초기 이집트문명을 이루었다. 그 후 BC 2340년경까지는 큰 변화 없이 살아 왔으나, BC 2334년 셈족인 아카드의 사르곤이 메소포타미아 지역을 정복한 후 수메르는 큰 변화를 겪게 되었다. 그 당시 상당수의 수메르 사람들은 사르곤의 정복전쟁에 대항하여 티그리스강 동쪽으로 이주했고, 그곳에서 칸(카인)연맹을 결성하여 저항을 시작했다. 이때 결성된 칸연맹은 우르·키시·에리두·움마·라가시·니푸르의 6개 도시국가이다. 그러나 이들의 저항은 곧 무위로 끝나고 또 다시 사르곤의 추격을 받아 사방으로 흩어지게 된다. 그들 중 우르·키시·에리두의 3족은 동방의 홍산으로 가고, 움마·라가시·니푸르 3족은 인도의 인더스강으로 들어갔다. 그리고 이들이 각각 홍산문명과 인더스문명을 이루게 된다.

우리 한민족의 정체성을 찾기 위해서는 홍산으로 간 우르·키시·에리두의 칸연맹 3족과 그들의 신앙체계를 이해해야 한다. 여기서 우르는 태양신인 우루를 숭배하며, 에리두는 바람과 자연의 신인 엔릴을 숭배하고, 키시는 땅과 물의 신인 엔키를 숭배한다. 그리고 이들은 공통적으로 밤에는 달의 신 난나를 숭배했다. 그래서 이러한 것을 이해하지 못하면 우리 한민족의 뿌리와 상고사를 이해하기 어렵다.

우선 우르족의 경우를 보면 신시 배달국의 주역으로 신한(산융)연맹, 진한(동호)연맹, 부여(북우르), 동부여(동북우르) 그리고 백제(남부여)를 거쳐 일본으로 진출하는 역사적인 배경을 갖는다. 여기서 여(餘)는 우르의 한자음으로, 국명에 '여'라는 글자는 모두 우르국을 일컫는다.

키시의 경우는 수메르 말로 '키'가 우리말로 '땅'이다. 그래서 키시족은 국명이나 지명에 땅의 의미를 갖는 양(陽, 壤)을 사용했다. 그래서 조양·선양·평양은 고조선의 수도이고, 안양은 상나라의 수도이며, 요양·심양은 금 또는 청나라의 중심 도시가 된다. 다시 말해서 '양'이라는 명칭의 도시는 키시국의 중심 도시로 고조선과 상나라, 금나라, 청나라가 키시족이 지배했던 국가라는 의미가 된다.

에리두는 한자이름으로 이리두(二里頭)가 된다. 그리고 이리두는 하늘신 안(An)을 의미하는 아누의 한자음인 안(安)을 주요 도시 이름에 사용했다. 그래서 이리두현과 천안(遷安), 태안, 천안(天安), 수안, 집안 등은 모두 에리두의 도시가 된다. 여기서 이리두현은 하나라의 수도이고, 천안은 고죽국의 수도이며, 태안·천안·수안은 한반도 내의 동이족의 주요 도시이다. 그리고 집안은 고구려의 수도로, 이것을 역으로 살펴보면 하나라와 고죽국 그리고 고구려·고려·발해는 에리두족이 지배했던 국가라는 의미가 성립된다.

종교적인 측면에서도 그들의 흔적이 나타난다. 우리는 동양이 가진 독특한 철학이라는 점에서 주역을 이야기하고, 미신이라면서 무당의 무속적인 행위와 주술적인 것을 말한다. 그리고 한자의 기원이라는 점에서 갑골문과 갑골점을 연구한다. 그러나 대부분의 사람들은 이러한 행위들이 고대 수메르의 신앙 행위와 직접 연결이 되어 있다는 것은 모르고 있다.

앞서 서술한 바와 같이 우르는 태양신 우루를 숭배한다. 그래서 태양과 관련된 신단수와 장닭 그리고 당집(소도) 등으로 표현했으며, 현재 무속신앙의 기원이 되고 있다. 일본의 신사에서 사제가 신목(榊木)인 삐쭉이 나무를 들고 춤을 추는 것도 이것에서 기인한다. 즉, 우르의 태양신 숭배가 지금의 무속신앙과 일본 신도의 기원이 된 것이다. 또한 키시의 경우는 농경신(물과 땅을 지배)인 엔키를 숭배한다. 이 엔키에 대한 신앙은 물(水)신과 땅(地)신에 대한 점복으로 나타난다. 즉, 물의 신(용왕)의 전령사인 거북과 땅의 신 상징인 소에게서 그 답을 얻고자 했다. 그래서 거북의 배딱지(甲)와 소의 어깨뼈(骨)를 태워 점을 치는 행위를 했으며, 이것이 갑골점이다. 특히 갑골점은 한자의 기원으로 키시족이 한자를 창조하고 발전시켰다는 의미도 된다. 그리고 키시는 상나라와 고조선, 가야가 그에 해당된다. 그래서 한자는 우리 한민족이 창조한 글자가 되는 것이다. 에(이)리두는 엔릴을 숭배한다. 엔릴은 수메르의 최고 신으로 바람과 삼라만상을 주재하는 신이다. 이러한 엔릴의 신앙은 8가지 자연현상(天·澤·火·雷·風·水·山·地)인 삼라만상을 괘로 나타내고, 그들 간의 조화를 추구하며, 그것을 통해 점을 치는 주역으로 나타난 것이다.

이와 같이 우리가 알고 있는 동양적인 주술 및 점복행위는 모두 수메르의 신앙체계에서 온 것으로, 이 모두 우리 한민족의 정신적인 산물이다. 더불어 우리 한민족의 뿌리가 수메르에 있다는 것을 알면 우리 상고사에서 이해되지 못하는 상당부분을 이해할 수 있다. 즉, 단군신화의 진실성, 고구려의 삼족오와 제천행사인 동맹, 신라의 성골 삼성 그리고 금관이 갖는 의미 등이다. 또한 이것을 이해하려면 그들의 독특한 색체 의식을 이해해야 한다. 우선 우르는 태양신 숭배로 붉은색을 선호하고, 키시는 물의 신으로 푸른색을 그리고 에리두는 바람의 신으로 노란색과 검은색을 추구한다. 이러한 색체 선호가 고대에서 현대에 이르기까지 지속되고 있으며, 그 예로 지금의 일본 국기가 태양을 상징하는데 붉은색으로 되어 있는 것은 우르의 후손이 백제를 거쳐 일본의 천황가를 이루고 있기 때문이다.

우선 고구려의 삼족오와 동맹이 가지고 있는 의미를 살펴보면, 삼족오는 다리가 셋으로 3종족의 결합을 의미한다. 여기에서 3종족이란 칸연맹의 3족을 의미하고, 앞서의 우르·키시·에리두의 3족이 선호하는 색체의 붉은색·푸른색·노란색이 합쳐져 검은색으로 표현된 것이다. 특히 그들의 제천행사를 동맹(東盟)이라고 한 것도 3족 연맹을 굳건히 하고자 하는 맹세의 표현으로 보인다.

신라의 경우도 우선 성골 삼성은 朴, 昔, 金으로 이들은 각각 우르족의 박씨와 에리두족의 석씨 그리고 키시족의 김씨가 합쳐진 결합체이며, 이들이 신라를 지배하면서 자신들을 성골로 만들어 다른 성씨들과 차별화를 기한 것이다. 또한 신라의 금관에도 그들의 이러한 의지가 담겨져 있다. 금관의 전면에 있는 출(出)자는 신단수를 의미하고, 신단수는 태양신 우르의 상징이다. 그리고 양 옆에 매달린 푸른 옥과 뒤로 처진 사슴뿔(용각)은 키시의 상징이며, 황색의 황금관은 에리두의 상징이다. 이렇듯 신라금관에는 성골 삼성과 칸연맹 3족의 결합이라는 의미가 담겨 있다. 이와 같이 우리 한민족은 수메르 칸연맹의 3족인 우르·키시·에리두의 정통 후예로, 이들이 동방으로 이주해서 토착민인 훈족과 예맥족 그리고 화하족과의 결합 과정에서 고대사를 엮었으며, 현재의 한국과 몽고·중국·일본을 세운 것이다.

필자는 이 책을 통해 서언에서 기술한 바와 같이 우리 한민족이 잃어버린 상고사를 찾기 위해 우리 한민족의 역사를 다양한 배경 지식을 통해 재구성해 보았다.

그리고 이렇게 재구성된 상고사를 통해 우리 국민이 우리 민족의 우수성과 인류 최초의 문명을 일구어낸 민족으로서의 자부심을 갖고, 미래에 무궁한 발전 가능성이 있는 민족이라는 의식을 갖기를 바라는 바이다. 또한 우리 후대들이 현재 진행되고 있는 중국의 동북공정의 허구성을 밝혀서 우리민족의 뿌리이며 터전인 내몽골 홍산 지역에 대한 소유권을 되찾기를 바란다.

끝으로 이 책 내용 중의 상당수는 인터넷을 통해 상세히 설명해 주신 많은 분들의 연구 자료와 백과사전을 참조한 것임을 밝힌다. 그래서 필자는 지면을 빌어 그분들에게 감사를 드리며, 더불어 필자의 무지로 인해 본의 아니게 저작권을 침해한 경우 죄송함을 사죄드린다. 보다 넓으신 아량으로 우리 한민족의 정통성을 찾고자 하는 취지에서 한 실수로 많은 이해와 용서를 부탁드린다.

2018년 4월
김성배

제1편
한민족
역사의
재구성

제2편
한민족의
역사 재해석

제1장 초기문명시대 재해석

제2장 홍산문명시대 재해석

제1편
한민족 역사의 재구성

제1장
한민족 상고사의 재구성

1절 수메르문명의 재구성

1. 수메르문명의 태동

1) 케이오누(카인)족과 수메르(BC 7000년)

우리 한민족의 역사적 기원이 되는 수메르(Sumer)문명은 메소포타미아 우르(Ur)의 유적지에서 북서쪽으로 1,000km쯤 떨어진 터키 아나톨리아 고원지대에서 시작하였다. 이곳은 티그리스와 유프라테스강의 발원지이며 비옥한 초생달 지역으로 최초의 농경이 가능했던 곳이다. 이곳에서 BC 7000년경 케이오누족이 야생 밀을 재배하고 수확하는 원시적인 농경법을 터득하였으며, 그들 중의 일부가 메소포타미아 지역으로 이주하면서 본격적인 농경을 시작하였다.

초기 고원지대에서 원시농경을 시작한 케이오누족은 자신들이 터득한 원시농경기술을 가지고 메소포타미아 지역으로 내려갔다. 그리고 그들은 남부 수메르 지방에서 정주생활을 시작했고 최초의 에리두(Eridu) 문화를 이룩하였다. 그 후 금석병용 시기의 문화는 우바이드(BC 5900년~BC 3800년경)문화와 우루크(BC 3800년~BC 3100년)문화로 이어진다. 특히 본격적인 우바이드 문화기에 들어서면서 수메르인들의 정착지가 점차 넓게 팽창하고 발전하였다. 그리고 구리의 야금술이 발달되면서 그 분포 범위도 수메르에서 지중해 연안까지 크게 확대되었다.

2) 수메르와 청동기문명(BC 3800년)

우리는 문명의 시작을 청동기 사용에서 찾는다. 그것은 석기시대를 원시시대로 보고 청동기시대부터 국가의 성립 시기로 보기 때문이다. 이러한 청동기문명은 메소포타미아의 수메르에서부터 시작한 것으로 보고 있다. 그러나 초기 수메르의 청동기문명은 우루크(Uruk)문화(BC 3800년~BC 3100년)에서 석기와 병용하여 사용되었으며, 이런 우루크문화기가 금석병용기로서 수메르문명의 본격적인 성립 시기라고 할 수 있다. 그리고 BC 3200년경에는 그림문자가 사용되었으며, 초기 도시국가가 탄생하였다. 금석병용기를 지나 청동기로 접어들면서 가장 처음 발생한 문화는 젬데트 나스르(BC 3100년~BC 2900년)문화이다. 이후 다양한 도시국가들이 병립하는 초기 왕조시대(BC 2900년~BC 2350년)로 약 500년간 지속되었다.

3) 수메르의 도시국가와 종교(BC 2900년)

수메르문명을 일으킨 도시국가는 우루크(Uruk)를 비롯하여 우르(Ur) · 키시(Kisi) · 에리두(Eridu) · 움마(Umma) · 라가시(Ragasi) · 니푸르(Nippur) · 라르사(Larsa) 등이며, 이들 중에 우루크를 중심으로 초기의 도시국가가 생기고 차츰 메소포타미아 전 지역으로 확산됐다. 그 후 다수의 도시들은 서로 지역의 주도권을 차지하려고 각축전을 벌이면서 문명의 진화가 이루어졌고 BC 2900년 이후에는 우르가 수메르의 주도국이 되었다.

이들 도시국가들은 농경문화의 특성을 갖는 다신교의 자연신 신앙을 추구했다. 그래서 하늘의 신 '아누(An)'를 중심으로 땅의 신 '키'와 물의 신 '엔키(Enki)', 바람과 자연의 주신(主神)인 '엔릴(Enlir)', 태양신 '우루(Uru)', 달의 신 '난나(Nanna)' 등을 섬겼다. 특히 이들 도시국가들은 각각 서로 다른 신을 섬겼으나 공통적으로 밤에는 달의 신 난나를 주신(主神)으로 섬겼다. 그리고 난나는 '신(Sin)'이라는 별칭을 갖고 있다.

우르는 태양신 우루를 섬겨서 '태양신의 도시'라는 명칭을 갖고 있으며 태양과 같은 붉은색을 선호한다. 특히 우르는 태양신의 은총을 받은 신단수를 도시 중앙의 제단에 키우며 신앙의 주체로 삼았다. 이것은 성서의 '금단의 열매'와 같은 의미를 가지고 있는 나무이다.

키시는 '키'가 수메르 말로 '땅'이라는 의미를 갖고 있듯이 '땅의 도시'라는 의미이다. 또한 키시는 땅과 물을 주관하는 농경신인 엔키를 섬기고 물의 푸른색을 지향하는 도시국가이다. 여기서 키시의 '시'는 도시의 시(市)이다. 그래서 키시는 땅과 도시의 합성어가 된다. 더불어 엔키의 '엔'은 지배자라는 의미를 갖고 있으며, 도시의 지배자이고 제사장인 왕을 '엔시'라고 칭하기도 했다.

에리두는 최고의 신으로 자연과 바람의 주신인 엔릴을 숭배하는 도시국가이며, 휘몰아치는 모래 폭풍의 색깔인 황색을 지향한다. 그리고 삼라만상의 모든 색을 합치면 검은색이 되듯이 검은색을 선호한다.

교육의 도시 '움마'는 수메르 말로 교육자를 지칭한다. 이 움마는 현대의 우리말에서 엄마가 되어 지금도 사용되고 있다. 라가시는, 음악의 도시로 라가시 중 '라가'는 음악을 뜻한다. 수메르문명에 이어 이룩한 인도의 고대 문명에서 산스크리트어로 된 민속음악을 '라가'라고 부르는 것도 같은 맥락에서 볼 수 있다.

아카드(Akkad)는 사르곤(Sargon)이 세운 도시국가인 아카디아에서 기인한 것이며, 사르곤은 거룩한 왕이라는 사루킨(Sarrukin)의 의미가 있다. 그러나 또 다른 측면에서는 수메르 말로 '화살을 쏘는 사람'이라는 의미의 '살꾼'에서 기인한 것으로도 보인다.

〈그림 1〉 수메르 도시국가들

그의 출생에 대하여는 여러 가지 설이 있다. 일설에 의하면 그는 메소포타미아 북서부의 산악 지역의 수렵부족 출신이라고 한다. 그는 청년기에 키시에서 성장하면서 발전된 수메르문명을 받아들이고 농경족의 약점에 대해 깊이 연구한 것으로 알려졌다. 그리고 성장 후에 수렵부족을 이끌고 메소포타미아 지역으로 침입하여 수메르의 각 도시국가를 점령하고 대제국을 건설한다. 이 당시의 수메르는 농경 중심의 국가이기 때문에 전쟁에 사용되는 무기는 농기구나 단거리 전투용 칼·창·도끼 정도에 불과하다. 그러나 수렵부족인 아카드는 원거리 공격용 화살과 창으로 무장하여 손쉽게 정복이 가능했을 것으로 여겨진다. 특히 아카드의 수메르 정복과정은 갈대아·우르 출신인 아브라함의 후손이 쓴 성서에서 언급되어 진 바와 같다. 즉, 메소포타미아에서 수메르의 축출은 에덴에서 아담과 이브가 축출된 것과 같으며, 이때 '두루 도는 화염검'이란 밤에 순찰 도는 불화살 부대를 지칭하는 것으로 보인다. 그리고 이러한 불화살에 대한 공

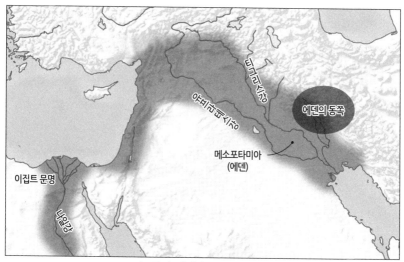

〈그림 2〉 에덴의 동쪽과 칸연맹

포감이 화염검 트라우마가 되어 성서 속에 기술된 것으로 여겨진다.

아카드의 사르곤에게 메소포타미아 지역에서 쫓겨난 수메르인들은 우르를 중심으로 키시·에리두·움마·라가시·니프루 등의 여러 국가들이다. 이들은 티그리스강 동쪽의 초원지대에서 연합하여 '칸(Khan ; 카인) 연맹'을 결성한다. 그리고 정복자인 사르곤에게 다시 또 저항을 시도한다. 그러나 전투기술 및 무기 등에서 열세인 칸연맹은 또다시 대패하여 더욱 멀리 동쪽으로 밀려난다. 그리고 결국에는 사방으로 흩어지는 운명을 맞게 된다. 이것이 성서에서 카인이 에덴의 동쪽으로 쫓겨가는 것으로 묘사된 내용과 같다. 그리고 이 과정에서 유목부족(아벨)이 칸연맹에서 일차적으로 갈라져 나간 것으로 보인다. 즉, 성서에서 농경하는 카인이 유목하는 아벨을 죽이는 것으로 묘사한 것은 개인적으로 일어난 일이 아닌 집단 간의 일로 칸연맹의 내부 종족 간 불화를 의미하는 것으로 여겨진다.

4) 칸연맹의 분화(BC 2334년)

티그리스강 동쪽의 초원지대에서 결성된 칸연맹은 아카드의 강력한 공격을 받고 패하여 다시 사방으로 흩어지는 운명을 맞게 된다.

이들 수메르의 칸연맹은 그 후에도 계속 연맹체를 유지하며, 그중에 3족인 우르·키시·에리두가 동방으로 이동하여 내몽골의 홍산 지역으로 들어가 홍산문명을 세운다. 그리고 움마·라가시·니푸르의 3족은 동남향으로 이동, 인더스강으로 진출하여 인더스문명을 이룬다. 또한 우르의 일부는 서쪽으로 이동하여 지중해를 건너 크레타 섬으로 들어가 미노아문명을 세우고, 일부는 가나안으로 들어가 유대민족의 조상이 된다.

〈그림 3〉 모헨조다로 유적

　이들 중 홍산으로 들어온 칸연맹 부족들이 우리 한민족의 조상으로, 그들의 흔적은 단군신화 속에 남아 있다. 그리고 칸연맹 3족(우르·키시·에리두)에 대한 흔적은 역사 속에 나타나는 지명과 국명에 고스란히 남아 있으며, 그 각각을 통해 우리는 고대 역사를 유추할 수 있다. 예를 들면, 우선 우르는 우리말의 '우리' 혹은 '울'에서 찾아볼 수 있는데 한자음으로 '여(餘, 麗)'자가 되어 부여(북우르의 한자식 표현), 구려, 신러, 동부여, 고구려, 남부여, 서울, 울산, 울진, 울릉도 등에 남아있다. 그리고 키시는 수메르 말로 '키'가 땅을 의미한다. 이것이 '달 또는 양(陽, 壤)'으로 표현되어 아사달인 조양과 선양, 평양, 안양, 낙양, 심양 등으로 그 흔적이 남아있다. 또한 에리두는 이리두로 변음이 되어 고대 하나라의 수도인 짐심시 이리두현과 이(夷)족으로 줄여 동이족, 견이족, 고리족 등에 남아 있다. 더불어 에리두는 그들이 신봉하는 하늘신(아누 ; An)의 이름을 따서 도시이름에 안(安)자를 붙여 고죽국의 천안(遷安)과 고구려의 수도인 집안, 동이족의 활동지인 중국의 태안 그리고 한반도의 태안반도, 천안, 부안, 수안 등에 그 자취를 남겼다.

인도로 들어간 칸연맹의 부족은 움마와 라가시 그리고 니푸르이다. 여기서 움마는 타밀어의 움마와 천수경의 '움마니반메훔'에 그 흔적이 남아있고, 라가시는 인도의 고대문명에서 만들어진 산스크리트어로 된 민속음악을 '라가'라고 부르는 것도 같은 맥락에서 볼 수 있다. 그리고 니푸르는 인도 · 아리안족에게 정복당한 후 히말라야 산악으로 피신하여 '네팔'이라는 국가를 세웠으며, 그 국명에 흔적이 남아있다. 더불어 히말라야라는 명칭은 인도 고대어로 '희고 맑아라'에서 나온 말로 인도의 고대어는 우리말과 유사했음을 알 수 있다.

5) 동방의 홍산에서 새롭게 태어나다(BC 2333년)

'환단고기'에 따르면 환인(칸)은 사백력의 하늘에서 홀로 변화하여 신이되고, 환인과 함께 800명이 천해의 동쪽 땅인 흑수와 백산의 땅에 내려와 건국했다. 이것을 풀이하면 사백력이란 수메르를 뜻하며, 천해는 바이칼 호로 그 동쪽의 흑수는 음하를 지칭하는 것이다. 즉, 사르곤에게 쫓겨 동방으로 온 칸연맹은 초기에 적봉 인근의 음하(陰河) 중류 삼좌점(三座店)에 정착했던 것으로 보인다. 여기서 삼좌점이란 지명은 우르 · 키시 · 에리두의 '삼부족이 처음으로 자리를 잡은 곳'이라는 의미가 있다. 바로 이곳이 우리 한(칸)민족이 동방에 와서 처음으로 자리 잡은 곳이며 동양문명이 시작된 곳이다. 그리고 이때가 바로 단군신화에서 나타난 환인(칸연맹)시대이다. 이 같은 환인시대는 '환단고기'에 따르면 7대까지 환인이 이어졌다고 한다. 그래서 환인 1대를 30년 정도로 보면, 초기 환인이 주도한 칸연맹 3족은 약 200년 정도 유지되었던 것으로 여겨진다. 특히 이러한 칸연맹의 존재에 대하여는 안함로(AD 578년~AD 640년)의 삼성기(三聖記)상에서와 같이 '우리 환(칸)국이 가장 오래되었다(吾桓建國 最古)'라고 명시한 것으로 보아 신라시대까지도 칸(환인)연맹의 역사가 전해져 왔던 것으로 보인다.

이후에 칸연맹 3족은 적봉 지역의 토착 훈족을 정복하고 본격적으로 칸+훈(환웅)연맹시대를 연다. 그리고 그 시기는 BC 2100년경이며, 이때부터 칸훈연맹은 칸3족(우르·키시·에리두)과 훈족이 결합한 4족체계의 신시 배달국으로 성장했던 것으로 보인다. 이러한 점은 단군신화에서 환웅이 풍백(風伯)·우사(雨師)·운사(雲師)와 무리 3,000명을 거느리고 신시(神市)를 세웠다는 것을 비추어 보면 알 수 있다. 즉, 환웅은 초기 삼좌점의 칸연맹에서 벗어나 적봉과 신시를 중심으로 독립된 국가를 세웠다는 의미가 된다. 여기서 환웅은 신시의 지배자이며, 신시는 달(月)신의 도시로 적봉 인근의 성자(城子 ; 청쯔)산정에 위치한 성자산성일 개연성이 가장 크다. 그러나 4족은 오래지 않아 상호간의 갈등이 생기면서 분열하기 시작한 것으로 보인다. 그리고 이것을 기점으로 키시와 에리두는 각각 요하와 황하로 진출하게 된다. 그래서 요하로 간 키시는 우하량을 거쳐 조양, 선양 등에 고조선을 세우고 황하로 간 에리두는 이리두현에 하나라를 건국한다. 다만 초기의 삼국은 신시 배달국의 지배하에 있는 국가들로 환웅(천왕)이 최고의 지배자이다.

이러한 환웅은 17대로 끝이 났으며, 1대를 30년으로 보면 신시 배달국은 약 500년 동안 지속되었던 것으로 보인다. 그러나 어떠한 이유에서인지 BC 1600년경에 멸망하면서 요하의 키시·고조선 지배자인 단군에게

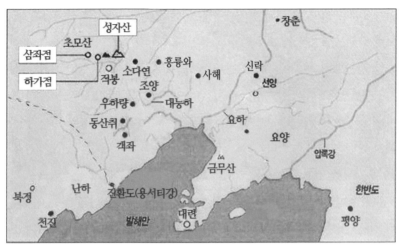
〈그림 4〉 홍산문명의 유적 위치

〈그림 5〉 삼좌점의 석성

통치권을 넘겨준 것 같다.

또한 환웅시대의 가장 큰 사건은 14대 치우천왕 때의 사건으로 중국인들이 자신들의 조상이라고 하는 황제 공손헌원과 싸운 탁록대전이다. 이 시기는 1대 환웅인 커발한 이후 약 300년이 지난 시점으로 BC 1800년경이며, 이때부터 비로소 황하에 있는 에리두의 하나라가 독립이 된 것으로 여겨진다.

〈그림 6〉 삼좌점의 석성(원형 주거지)

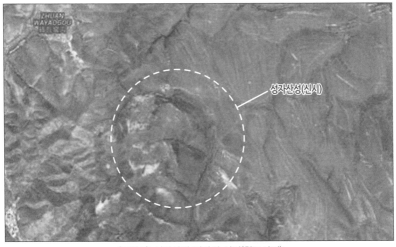
〈그림 7〉 성자산성 정상의 신시(항공사진)

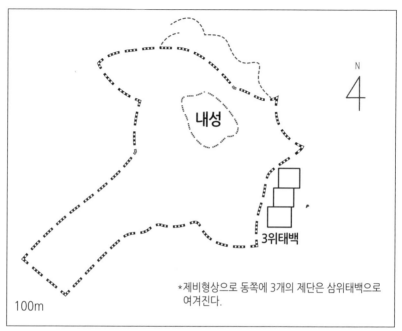

N

100m

내성

3위태백

*제비형상으로 동쪽에 3개의 제단은 삼위태백으로 여겨진다.

〈그림 8〉 성자산성 신시의 형상도(산정에 제비모양으로 축성되어 있다)

이와 같이 환웅시대를 겪으면서 우리민족은 3이라는 숫자를 좋아하지만 4라는 숫자를 '죽을 4'자라고 싫어하는 경향이 생긴 것 같다. 즉, 우르 · 키시 · 에리두의 3족 연맹일 때는 3족이 서로 균형을 잡아 발전하다가 훈족을 받아들인 이후에는 4족체제가 되면서 서로 알력이 생기고 갈라져서 분열하게 된 것이 요인이다. 그래서 4족 연합은 공멸의 원인으로 보고 4각 체제를 기피하게 된 것으로 보인다.

2절 고삼국시대의 재구성

고삼국시대는 동양문명의 시작이다. 그리고 그 중심에는 우리 한민족이 있다. 즉, 수메르에서 이동해 온 선도 문명의 이주자들이 초기의 칸연맹 3족 체제를 갖추고 있다가 연맹체를 벗어나 상호 독립을 추구하면서 삼국체계를 갖추게 된 것으로 보인다. 그리고 이들 삼국이 서로 병행, 발전하는 단계에 들어가면서 각각의 국가들이 해당 지역의 지배권을 확보하고 독립성이 강하게 형성된다.

초기의 칸연맹을 구성한 우르·키시·에리두의 3족은 BC 2100년경에 들어서면서 인구의 증가 및 각 종족간의 알력 등으로 인해 분열 요구가 증대되었다. 그래서 이들은 각자 분할하여 홍산의 적봉에는 우르족이 훈족과 함께 신시·배달국(밝은 나라)을 유지하고, 요하에는 키시족이 고조선(아침나라)을 세우고, 황하에는 에리두족이 하나라(더운 나라)를 세워서 고삼국체계를 이루게 된 것이다.

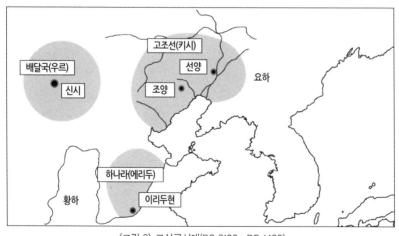

〈그림 9〉 고삼국시대(BC 2100~BC 1400)

1. 우르의 신시 배달국(BC 2100년~BC 1600년)

1) 신시 배달국(밝은 나라)의 변천

초기 칸연맹은 7대 환인까지 약 200년간 존속하다가 BC 2100년경에 성립한 칸+훈연맹 이후 삼국으로 분할하기 시작한다. 이 당시 칸(환인)연맹의 중심세력은 우르이며, 내몽골 지역에 있던 토착 훈족을 복속시켜 칸훈(환웅)연맹으로 크게 세력을 확대하고 있었다. 그러나 우르의 지배력이 증가하는 것을 달가워하지 않는 키시와 에리두가 이에 반발하여 각각 요하와 황하로 이동, 국가를 세우고 독립을 하게 된다.

이때부터 우르는 본격적인 환웅시대로 들어가고, 적봉을 산업과 행정의 중심도시로 하여 성자산정에 신시를 세우고 정치와 종교적인 제사를 수행하였다. 그리고 나라 이름을 '밝은 땅'인 박달로 하여 '배달국(倍達國)'으로 정했다. 이 당시에는 배달국이 키시·고조선과 에리두·하나라에 대한 지배권을 유지하고 있었다. 이것이 '하가점하층문명기'에 해당된다. 그러나 환웅시대가 18대에서 끝나는 것으로 보아 건국 이후 약 400~500년간 존속하다가 BC 1700년경에는 단군신화에서 보이는 바와 같이 고조선에게 지배권을 넘겨준 것 같다. 그리고 황하에 있는 에리두·하나라는 BC 1600년경에 상나라에게 멸망한다. 이 당시 에리두의 한 갈래인 북이(北夷)가 다시 하가점으로 이주하면서 '하가점상층문명기'를 맞는다. 이후 북이는 홍산 지역에 흩어져있던 우르의 잔존세력과 훈족이 함께 새로운 칸연맹인 신칸(신한)연맹을 세운다. 이 신한(新韓)연맹은 중국 기록상 산융이라고 야만족 취급을 받지만 엄연히 우리 한민족의 조상으로 발달된 청동기문명을 가진 문명국이다. 그 후 산융의 일족인 견융(이)은 BC

770년경에 주나라를 공격해 동쪽의 낙읍으로 천도하게 하여 동주시대를 열게 한다. 그러나 BC 7세기경에 스키타이의 침입을 받은 산융은 내몽골 지역에서 만주 쪽으로 이동하면서 훈족과 결별한다. 그리고 사해(査海)와 흥륭와(興隆蛙) 지역에서 진한(구려)연맹을 세운다. 여기서 구려는 '옛 우르'라는 의미이며, 중국 문헌에는 '동호'로 기록되어 있다. 그러나 우리 기록으로는 진한(辰韓)연맹이다. 그리고 동호(東胡)는 동요하의 신러로 이주한 후 BC 3세기경에 신흥세력화한 흉노(匈奴 ; 훈)의 묵돌 선우에게 멸망한다. 그 후 얼마간의 혼란기를 거쳐 우르족은 당시 동만주에 살고 있던 토착 예족(濊族)을 병합하여 장춘 지역에서 부여(夫餘 ; 북우르)를 건설한다. 여기서 예족이란 물길이 많은 지역의 토착민을 지칭한다. 이들은 후에 물길, 말갈, 여진 등으로 개명되면서 우리 한민족에 혼입된 만주족의 한 갈래이다. 이후 부여가 다시 동쪽으로 이동하여 봉천 지역에 만든 국가가 동부여(東夫餘 ; 동북우르)이다.

우르가 중심이 되어 만든 신시 배달국은 태양신의 국가로 붉은색과 장닭을 숭배했으며 신관 중심의 국가이다. 이들이 후에 서우여, 구려, 신러, 부여, 동부여 그리고 한반도에 들어와서 온조의 백제와 박혁거세의 사로국을 거쳐 신라로 발전하게 된다. 이러한 우르족의 이동 흔적은 동부여 이후에 아무르, 울산바위, 울진, 울산, 울릉도의 명칭에서 잘 나타나 있다. 그리고 신라의 수도인 서라벌도 '울산 서쪽의 벌판'이라는 의미의 '서벌'에서 기인한 것으로 보이며, 초기에는 울산이 우르족의 중요한 거점이었던 것으로 여겨진다. 즉, 우르족의 일부가 한반도 내에 최초로 정착한 곳은 울산일 가능성이 크다.

또한 내몽골에 남아있던 우르족의 일부는 후에 선비족이 되어 중국으로 진출하면서 수·당 제국을 세우고 중국을 지배한다.

2) 신시 배달국의 언어

우리에게는 다른 언어 문화권과 다른 독특한 표현의 말이 있다. 그것은 '우리'라는 표현이다. 서양이나 중국과 일본 등에서는 일인칭 소유격을 '나의'라는 표현을 쓰나, 한국어에서는 '우리'라는 표현을 주로 사용한다. 예를 들면 '나의 집'이라는 말도 '우리 집'이라고 하고 '나의 마누라'도 서양 사람들이 이해할 수 없는 '우리 마누라'라고 하는 것과 같이 '나'라는 표현 대신 '우리'라는 표현을 즐겨 쓴다. 이것은 '우리'라는 말이 공동체 의식에서 나온 말이기도 하지만 특별히 우리라는 말로 된 것은 그 안에 중요한 의미가 있기 때문이다. 즉, '우리'의 어원을 보면 우리는 울엄마, 울타리 등의 경우와 같이 '울'에서 나왔다. 이러한 울은 그 자체가 우르(Ur ; 수메르의 왕조로, 중심 도시국가)에서 기인한 것으로 우르의 공동체에 대한 지속적인 표현의 결과로 만들어진 언어라고 볼 수 있다. 더불어 지금의 우리나라 수도인 '서울'의 경우도 같은 맥락에서 유추해 볼 수 있다. 즉, 서울의 어원이 '서쪽의 우르'에서 기원했다는 것을 알 수 있다. 특히 수메르의 언어 중에 우리의 말과 유사한 것이 많이 있다. 그중에서 울엄마의 경우는 '우르움마'에서 기원한 것으로 보이며, 아버지(애비)는 아비 또는 아브와 동일하고, 도로가 길로 표현되었던 것으로 보아 우리말의 상당수가 수메르에서 나온 것으로 여겨진다.

더불어 지금은 함축어처럼 사용하는 말인 '-함(한다)'과 '-임(이다)' 등도 수메르 언어의 반영인 것으로 보인다. 여기서 '-임'은 존중하는 표현으로 아비를 아버지로 하고, 아버님(아버지이다)으로 칭하며, 움마를 엄마로 하며, 어머님(어머니이다) 등으로 표현하는 것이 이것에 기인한다.

그리고 '-함' 또한 결정 언어로 '무엇이라 함'은 '무엇이라고 한다'와 같다. 그래서 유대인의 믿음의 조상인 '아브라함'은 '아브(아비)라고 한다'라는 말의 함축적인 표현이 될 수 있으며, 이것을 통해 살펴보면 우리와 유대인의 고대어가 동일한 계통에서 시작된 언어로 볼 수 있다. 특히 유대인들은 그들의 조상인 아브라함이 갈대아 우르사람이라고 성서에 명시하고 있어 유대인이 우르의 후예로 우리와 맥을 같이 한다고 볼 수 있다.

'소머리'라는 뜻도 수메르에서 온 것이다. 이것도 수메르의 상징이 신화 속에서 황소나 소머리로 표현되는 것을 고려하면 쉽게 알 수 있다. 또한 배달국의 치우천왕이나 고구려 장수들의 투구가 소머리로 상징되는 소뿔을 장식한 것도 같은 맥락으로 볼 수 있다. 더불어 춘천에 우두(소머리) 산이 있으며 과거 이곳을 우두주(牛頭州)라고 불렸던 것도 이와 무관치 않다. 그리고 신시 배달국의 지배계급의 직제도 3사(풍백, 우사, 운사)인 것과 같이 수메르의 지배계급도 신관, 관료, 군사의 3계급으로 분류되어 있는 것도 동일하다.

3) 신시 배달국의 종교

배달국의 종교는 태양신 '우루'를 중심으로 달의 신 '난나'를 섬기는 다신교의 형태를 가지고 있다.

신성소인 소도와 신단수 그리고 태양신의 상징인 장닭과 솟대가 신앙의 중심이다. 그리고 후에 같은 우르족의 부여에서 보이는 것과 같이 태양신을 맞이하는 북 두드림(영고 ; 迎鼓)으로 신맞이를 하였다. 특히 산위에서 지내는 천신제에는 '야호'라고 하면서 천신을 부르며 제사를 지냈다. 이는 유대인의 하나님인 '야훼'와 유사하다. 또한 천신제를 지낼 때 신관은 천신을 위한 춤을 추고 신단수 가지를 흔들며 신으로부터 기복 행위를 하였다. 이것이 일본 신사에서 보이는 한신(韓神 ; 카라카미)제사의 원형이다. 이때 행하는 천신제에는 신관의 신탁에 의해 미래의 운세를 알아내는 무속적인 종교 행사도 함께 하였다.

이러한 배달국의 종교적인 행사는 민간의 무속신앙(굿)으로 변화하여 지금까지 계속되고 있다. 그리고 굿에서 북으로 무당의 동작을 맞추는 것도 천신제의 영고 행위에서 나온 것이며, 이때 사용하는 신단수는 초기에 박달나무 가지를 사용하다가 지금은 소나무를 사용하는 것이 일반적이다. 그러나 한반도를 경유하여 일본으로 간 부여와 백제의 후예들은 이런 풍습에 삐죽이나무(榊木)를 사용하여 신사(神寺)에서 천신제를 진행하며, 지금도 마쯔리 축제에서는 북을 두드리는 영고 행사를 하고 있다.

와이나픽츄

인티와타나

〈그림 10〉 마추픽추의 형태도

이러한 배달국의 종교적인 자취는 신시로 특정되는 적봉의 성자산성 유적에서 잘 살펴볼 수 있다. 즉, 성자산성의 동쪽에 3개의 제단이 설치되어 있는데, 이것은 삼위태백(三危太伯)으로 우르·키시·에리두의 3족이 각각 자신들이 숭배하는 신들을 위해 제사를 지낸 제단의 흔적이다. 더불어 산성의 중앙부에 내성이 있으며, 이곳은 신단수가 심어져 있던 곳으로 신성소인 소도 구역이다. 특히 성자산성의 형상이 나는 새 모양인 것은 달의 신(난나)의 전령사가 제비이기 때문에 제비형상으로 축성된 것이 그 이유이다. 그리고 이러한 경향은 잉카의 태양신 도시인 마추픽추 유적이 콘돌 모양인 것에서도 동질성을 찾아볼 수 있다.

4) 배달국의 멸망

배달국의 멸망에 대하여는 구체적으로 드러난 사실은 없다. 다만 내몽골 지역의 급격한 기후변화로 인해 농경이 불가능해지고 땅이 척박해진 것이 가장 큰 원인 중의 하나인 것으로 여겨진다. 그래서 이후 이 지역에서는 산융이나 흉노 그리고 선비와 같이 농경보다 유목 중심의 국가들이 건국되었다가 소멸되는 과정이 반복된다.

더불어 배달국의 멸망 원인 중 하나라고 볼 수 있는 큰 사건은 BC 1800년경에 일어난 탁록대전이다. 이 전쟁은 배달국 14대 치우천왕과 하나라의 황제 헌원이 벌인 10년간의 오랜 전쟁이다. 배달국은 이 전쟁을 치르면서 국토는 황폐해지고 국가 재정은 파탄이나 멸망하기 전까지 상당한 어려움을 겪은 것으로 보인다. 그리고 배달국이 멸망한 후에는 백성 중의 상당수가 농사짓기 좋은 강이 많은 동쪽 요하 지역으로 이동한 것이 이곳을 더욱 황폐하게 만든 것 같다. 이로 인해 배달국은 해체되고, 그 주도권은 단군왕검의 키시 · 고조선으로 넘어간 것으로 보인다.

2. 에(이)리두의 하나라(BC 2100년~BC 1600년)

1) 하(夏 ; 더운)나라의 변천

황하 지역으로 내려간 에리두는 신석기시대의 원시상태에 있던 중국의 선조라고 주장하는 화(華)족을 정벌하고 하(더운)나라를 세워 실질적인 지배를 시작한다. 그리고 이때 에리두는 한자명의 이리두(二里頭)로 변경되면서 하나라의 수도인 짐심시 이리두현에 그 흔적을 남겨 놓았다. 그리고 이리두는 하나라 멸망 이후 이족(夷族)으로 줄여 표현된다. 즉, 우리 한민족의 한 갈래인 동이족도 '동이리두'의 단축 표현에서 나온 것이다.

초기의 하나라는 신시 배달국의 지배를 받는 제후국이었다. 그러나 BC 1800년경 황제 헌원(12대 설왕일 가능성이 큼)이 하나라의 독립을 쟁취하기 위해 배달국 14대 치우천왕과 10년간의 대 전쟁을 벌였다. 그리고 전쟁 이후에도 하나라가 200년 이상 존속한 것으로 보아 전쟁에서 하나라가 패하지 않은 것으로 보인다. 오히려 전쟁 이후 배달국이 급속히 쇠퇴한 것으로 보아 하나라의 승리 가능성도 점쳐진다. 여기서 하나라(에리두)는 따뜻한 여름나라라는 의미로, 배달국(우르)이나 고조선(키시)보다 지정학적으로 따뜻한 곳이라는 의미로 인해 만들어진 명칭인 것으로 보인다. 더불어 하나라가 에리두의 나라라는 것은 에리두가 엔릴을 숭배하는 국가로 황제 헌원이나 그의 후손인 진시황이 면류관을 쓴 것으로 보아도 알 수 있다. 여기서 면류관은 바람신인 엔릴의 상징으로 만든 왕관이며 고구려의 용사들이 머리에 깃털 장식을 한 것도 엔릴에 대한 신앙의 상징이다.

역사상 에리두족이 주축이 되어 만든 국가들은 주요 도시 이름에 안(安)자를 사용했다. 여기서 '안'은 수메르 말에 하늘신(天神)을 뜻하는 '아느'에서 나왔다. 그리고 반대로 도시의 이름에 안이라는 글자가 들어가는 경우는 대부분 에리두와 관계가 있다고 볼 수 있다. 즉, 하나라의 초기 수도인 짐심시 이리두현과 동이족의 주요 활동지인 태산 주변의 태안 그리고 고죽국의 고성이 있는 천안과 고리족의 후예인 고구려의 수도가 집안인 것도 같은 맥락에서 볼 수 있다. 에리두는 자신의 존재를 안이라는 도시 명칭을 통해 나타냈으며, 이와 관계된 이름은 중국의 천안과 태안, 한반도의 태안반도, 천안, 주안, 수안, 부안, 무안, 진안 그리고 만주의 집안 등에서 찾아볼 수 있다. 특히 에리두의 하나라는 군사 중심의 군국주의 국가로 키시의 상나라에게 멸망한 후에는 사방으로 갈라져 동이(東

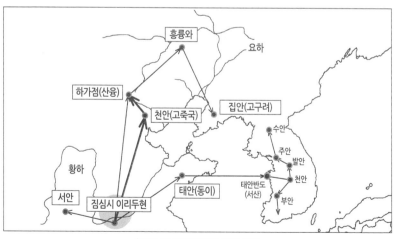

〈그림 11〉 이리두족의 이동 경로

夷), 서이(西夷), 북이(北夷)로 나누어진다. 여기서 동이는 산동과 태산 주변의 태안(泰安)을 중심으로 활동하다가 BC 11세기경 주나라 성립 이후에 한반도의 태안반도 쪽으로 유입하여 한반도 내 마한연맹의 목지국과 진국을 세운다. 북이는 BC 1600년경에 하나라가 멸망한 후 다시 내몽골로 이동하여 배달국이 붕괴된 후 무주공산이 된 홍산 주변의 하가점(夏家店)으로 들어간다. 그리고 기존의 우르·훈족과 재결합하여 신한연맹의 하가점상층문명을 이룬다. 이렇게 성립한 신한연맹은 후에 스키타이에게 밀려 만주 쪽으로 쫓겨 가서 진한연맹의 동호국을 세운다. 이것이 후에 고구려와 선비족의 모태가 된다. 여기서 하가점이란 지명은 '하(夏)나라의 일족(家)이 점(店)'한 곳이라는 의미가 있다.

서이의 경우는 하나라 멸망 후 황하의 서쪽 위수 강가로 이주하였다. 그후 상나라 말기에 에리두족의 후손인 여상 강태공과 인도·유럽어족의 히타이트(이란계) 후손인 주나라 문왕과 연합하여 상나라를 멸망시키고 주왕조를 세웠다. 이것이 지금 쓰고 있는 중국말이 인도·유럽어와 같은 체계를 갖도록 만들어진 이유이다. 즉, 실제적인 중국문명은 언어학적으로 보면 이란계의 주나라부터 시작했다고 하는 것이 맞다.

이 당시 북이는 우르·훈족과 연합하여 산융(신한연맹)을 세우고 BC 770년경에는 연맹체 내의 에리두가 중심인 견융이 주나라의 호경을 공격한다. 그리고 주나라를 동쪽으로 몰아낸 후에 견융의 일부가 그곳에 정착한다. 여기서 견융이 에리두족인 이유는 별칭이 견이(犬夷)이기 때문이다. 그 후 춘추·전국시대에는 서이(융)를 중심으로 진나라를 세우고 진시황 때 비로소 중국을 통일한다. 그러나 다시 한나라에게 멸망하면서 에리두는 중국의 지배권에서 사라진다.

2) 하나라의 독립과 탁록대전

하나라는 BC 2100년경에 홍산에서 황하 지역으로 내려간 에리두족에 의해 건국되었다. 그 후 하나라는 황하의 지역적 조건에 힘입어 비약적으로 발전한다. 그리고 신시 배달국의 종속으로부터 독립하기 위해 배달국 14대 치우천왕과 맞서서 BC 1800년경 독립전쟁을 벌인다. 이것이 바로 '탁록대전'이다.

여기서 거명된 탁록은 베이징에서 서북쪽으로 약 100㎞ 가량 떨어진 하북성 영정하의 상류에 위치한다. 이곳은 위치상으로 배달국의 신시와 하나라의 이리두현의 중간지점이다. 그래서 탁록이 신시 배달국과 하나라 간의 전쟁이 벌어진 장소라는 가설이 성립하는 것이다. 이곳에서의 전쟁은 황제 헌원과 신시 배달국의 치우천왕 간 치러진 10년간의 전쟁으로 유명하며 기록상 중국 역사의 시작을 의미한다. 이 때문에 탁록이 중화문명의 3조상의 성지로 숭배받고 있는 것이다.

지금까지 중국은 황제 헌원을 BC 2700년경에 살았던 중화민족의 정통 시조로 여기고 있다. 그리고 배달국의 치우천왕을 동아시아 최초의 전쟁에서 물리치고 화하족 중심의 중국을 건설했다고 주장한다. 그러나 이는 역사적 오류이며, 그 시기도 BC 2700년경이 아니고 하나라가 배달국으로부터 독립된 시기인 BC 1800년경이다. 즉, 지금까지 알려진 중국 역사는 약 1,000년의 시기를 앞당겨 조작한 것이다.

전설에 따르면 탁록대전은 처음에 염제 신농과 황제의 싸움에서 시작했다고 한다. 신농이 황제와 싸워 패하자 치우가 신농을 도와 다시 황제와 싸우자고 제안했다. 그러나 신농이 이를 거부하자 치우가 황제와 직접 전쟁을 벌였다. 이후 황제와 치우가 10년간에 걸쳐 73회나 전쟁을 치르고 결국에는 탁록에서 황제가 승리했다고 한다. 그리고 치우가 죽은 자리에서는 붉은 피가 하늘로 치솟았다고 하며, 죽은 치우는 한을 품고 신이 되어, 치우가 노하면 가뭄이 들었기 때문에 중국인들은 가뭄이 들면 치우 사당에 비를 내리게 해달라고 빌었다고 한다. 그리고 그 이후 장수들은 전쟁터에 나갈 때 치우 사당에서 승리를 기원하는 제사를 드렸다고 한다.

이 전쟁으로 중국에서는 치우가 죽었다고 한다. 그리고 그의 무덤은 산동반도 서남쪽에 있으며, 이후 한나라의 유방에게 군신으로 추앙받았다는 기록이 있다. 이러한 것으로 보아 탁록대전에서 치우는 황제에게 잡혀 죽지 않았다는 이야기도 타당성을 갖는다. 또한 그 당시 정황으로 보아 탁록대전은 고삼국(배달국·하나라·고조선)간의 전쟁으로 보인다. 특히 여기서 나오는 신농은 농경의 신인 엔키를 숭배하는 키시·고조선의 단군이고, 황제는 에리두·하나라의 지배자이며, 치우는 우르·배달국의 천왕으로 그 각각이 전설화된 것으로 여겨진다.

그 후에 하나라는 탁록대전에서와 같이 독립전쟁을 통해 신시 배달국으로부터 독립을 쟁취하고 황하 유역을 중심으로 독자적인 발전을 해 나간다. 이것이 중화문명의 시작이다.

3) 하나라의 종교

하나라는 에리두가 세운 나라로 바람과 자연의 주신인 엔릴을 섬기는 나라이다. 여기서 엔릴은 자연과 삼라만상의 주재자로 수메르에서도 최고의 신이다. 삼라만상이란 하늘·번개·바람·물·불·못·산·땅을 총괄하는 의미로, 이것은 태호·복희의 팔괘(天·澤·火·雷·風·水·山·地)의 근원이다.

　지금 우리가 알고 있는 주역은 에리두의 신앙인 엔릴 숭배에서 나온 역술법이며 주나라 이후에 체계화시켜서 현대에 이르게 된 것이다. 그러나 그 근본은 팔괘를 통해 엔릴에게 길·흉·화·복을 알려달라고 기원하는 행위이다. 여기서 주역은 태호(복희)의 발명품이라고 말하나, 실제로는 수메르에서부터 이전해 온 엔릴 신앙의 한 방편이다. 또한 복희의 성씨는 풍씨라고 하였는데, 이것은 고사에 복희의 성씨가 풍씨이고 풍산 사람이라는 기록으로 보아 신분이 배달국의 풍백(風伯 ; 엔릴의 신관)이었던 것으로 여겨진다.

　이러한 주역의 사상은 후에 동이족과 같은 에리두족에게는 자연관과 연결되어 음양오행(木·土·水·金·火)과 태극원리에 적용된다. 그리고 도가(道家)사상이 혼합되어 풍수지리와 십간·십이지의 당사주로 발전하여 현대의 역술법으로 진화되어 왔다.

　또한 에리두족은 뱀신사상을 가지고 있다. 이것은 복희와 여와가 뱀의 몸체를 가지고 있는 형상에서 알 수 있다. 그리고 에리두는 삼라만상에 대한 종교적인 구현으로 다양한 동물의 형상을 만들어 숭배하였다. 특히 후기 에리두족은 엔릴 신앙에 따라 바람과 관계된 새의 깃털이나 흔들리는 버들가지(면류관), 사신도의 현무 등으로 종교적인 상징물을 형상화하고 일상에 사용하였다.

4) 하나라의 발전과 멸망

　하나라의 성립 역사를 보면, 실제적인 황하문명은 독자적인 문명이 아니다. 즉, 하나라의 황하문명은 신시·배달국의 칸연맹체 중의 하나인 에

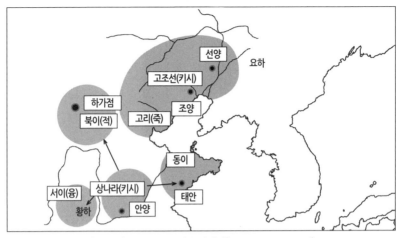

〈그림 12〉 하나라의 분화와 상나라(BC 1400~BC 100년)

리두족이 홍산에서 남하하여 BC 2070년경에 황하 중류 지역에 거주하면서 이룩한 청동기문명이다. 다시 말해 하나라는 배달국의 3종족 중에 풍백과 운사를 맡고 있는 에리두가 황하로 진출하여 세운 국가이다. 지금은 중국이 우리보다 크고 강력한 국가로 변하였지만, 원래는 우리 한민족의 한 갈래인 에리두족이 지배하던 하나라에서 시작된 국가라고 할 수 있다.

이렇게 성립한 하나라는 황하를 중심으로 중국의 새로운 문명을 시작하고 발전해가다가 BC 1600년경 걸왕 때 상나라의 탕왕에게 멸망한다. 그리고 그 이후에는 동이, 서이, 북이로 갈라진다. 여기서 이(夷)는 에리두의 변음인 이리두에서 나온 명칭이다.

하나라의 멸망과 함께 상나라를 중심으로 동쪽의 태산에 인접한 태안과 산동에는 동에리두(동이)족이 그리고 황하 서측 위수 강가에는 서에리두(서이)족이 또한 하북에는 북에리두(북이 또는 고리)족이 형성된다.

(1) 동이(에리두)족의 탄생과 이동

하나라의 멸망 이후 에리두는 동이, 서이, 북이로 갈라진다. 그중 태산의 동쪽 산동 지역으로 간 에리두의 한 분파가 동이다. 여기서 이(夷)는 활(弓)을 가진 큰(大)사람이라는 의미이다. 당시 에리두족은 우르족이나 키시족보다 체격이 크고, 활을 잘 쏘며, 전투에 능한 사람들이었다.

기록상 동이족은 중국 동북부 지방과 한국·일본에 분포한 종족을 중국인이 부르던 명칭이다. 그리고 동이는 상나라 때 인방이라는 이족(夷族) 집단으로도 불려졌다. 그러나 한나라 이후에 쓴 사서에는 동이를 중국의 동부 지방에서 활약한 동이와는 전혀 별개의 존재로 취급하기 시작했다. 그래서 중국인들은 변방의 종족을 동이(東夷)·서융(西戎)·남만(南蠻)·북적(北狄)이라고 불렀으며, 동이는 바로 동쪽에 있던 야만족을 가리키는 말이 되었다.

그러나 동이는 원래 에리두의 하나라가 키시의 상나라에게 황하 유역의 지배권을 빼앗기면서 사방으로 흩어질 때 동쪽의 태산과 산동 지방에 정착한 에리두족의 한 일파이다. 이때 형성된 동이족은 BC 770년경 주나

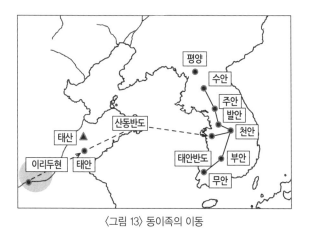

〈그림 13〉 동이족의 이동

라가 신한(견융)연맹에게 쫓겨 동주로 이전될 때 한반도로 이주한다. 그리고 그들이 한반도 내에서 마한연맹의 근간을 이룬다. 이들은 중국의 태안에서 산동반도를 거쳐 한반도의 중앙인 태안반도로 들어와 내륙으로 이동하고, 천안삼거리에서 남북으로 갈라졌다. 그리고 일단은 남하하여 이리를 거쳐 부안·진안·무안으로 가고 일단은 북진하여 발안·주안을 거쳐 황해도의 수안에 정착한다. 그리고 이들은 마한연맹을 구성하고, 충청도 지역에는 목지국을 그리고 황해도와 평안도에 낙랑(진)국을 세운 것으로 보인다.

(2) 북이(고리)의 탄생과 변천

동이와는 달리 북쪽으로 쫓겨간 에리두는 북이(적)로 내몽골의 홍산 지역에 정착한다. 그리고 그 지역을 하가점이라 칭하고, 그곳에 있던 우르배달국의 후예와 훈족과 다시 연합하여 새로운 칸연맹인 신칸(신한)연맹을 구성한다. 이것이 하가점 지역에 세운 산융이다. 여기서 산융은 각국의 역사적인 시각에 따라 서우여 혹은 신한연맹으로 지칭된다.

〈그림 14〉 흥륭와의 신한연맹 유적(발췌 : 코리안 루트를 찾아서)

그 시기는 BC 14세기경이며, 이렇게 구성된 신한은 키시·고조선의 다른 명칭인 번한과 한반도 내의 마한과 더불어 대륙삼한을 구성한다. 그리고 신한(산융)은 연맹 내의 에리두가 주축이 된 견융이 서주(西周)를 공격하여 주나라를 동쪽으로 몰아낸다. 이후 이 신한연맹은 BC 6세기경 스키타이의 침략을 받아 대능하 동쪽으로 이주하여 북이는 고리족과 통합된다. 여기서 고리족은 원래 상나라의 제후국인 고죽국의 지배족이었다. 그러나 상나라가 멸망할 때 기자에게 왕위를 선양하면서 지배권을 키시족에게 넘긴다. 그래서 그 후 고죽국은 기자조선으로 변한다. 그리고 고리족은 홍산으로 이주하여 북이와 통합하고, 우르족과 연맹체를 구성하여 다시 진한(동호)연맹을 세운다. 여기서 진한연맹은 구려로 불리며, 중국 측 기록으로는 동호이다. 그리고 이렇게 성립한 동호는 상당기간 발전하다가 후에 흉노족의 묵돌에게 멸망한다. 이 당시 동호에서 분리된 일부 우르족은 선비산으로 들어가 선비족이 되고, 일부는 동쪽으로 이동하여 예족을 지배하면서 부여를 세운다. 그 후 고리족은 남만주로 이주하여 고주몽에 의해 또 다른 우르족인 졸본부여와 동맹을 맺어 고구려로 재탄생한다.

〈그림 15〉 산융과 동호

(3) 서이(융)의 변천

서이는 황하의 서쪽으로 쫓겨 간 에리두·하나라의 잔존세력으로 최초 위수 강가에 거주하였다. 원래 서이는 황하 서쪽에 거주하다가 BC 1180 년경 히타이트의 이주민이 세운 주나라에 쫓겨 더욱 서쪽으로 이주한다. 그리고 사천성의 성도를 중심으로 고촉국(古蜀國)을 세우고 상나라의 제 후국이 되었으며, 이곳이 촉한 지역이다.

서이는 하나라의 후예로 3천여 년 전에 황하 유역의 중원문명은 별도로 서쪽 변두리인 사천성 성도 평원에서도 고도로 발달된 에리두문명을 이 루고 있었다. 특히 장강 유역의 고촉국은 황하와는 또 다른 독자적인 청 동문명을 이룩하여 상나라와는 별개로 고대문명의 중심지 역할을 하였던 것이다. 즉, 하나라의 멸망 이후 에리두족은 동북쪽에 고죽국과 서남쪽 에 고촉국을 세워 상나라와 병존하고 있었던 것으로 보인다.

그 후 BC 1100년경 상나라 말기에는 강태공을 중심으로 주나라의 문왕 과 연합하여 상나라를 멸망시켰다. 특히 상나라를 멸망시킬 때는 에리두 족 출신의 강태공이 위수 강가에서 낚시질로 소일하다가 주공을 만나 상 나라의 정벌에 참여했다는 일화가 남아있다. 이후 강태공은 서이의 군대 와 주나라의 전차를 이용하여 상나라를 멸망시키고 동이족의 땅인 산동 주변의 제나라 제후로 봉해진다.

그 후 BC 770년경에는 견융이 주나라의 수도인 호경을 공격하자 주나 라는 동쪽으로 천도한다. 그리고 주나라가 동쪽의 낙읍으로 천도하자 견 융의 일부 세력과 서이의 잔존세력이 연합하여 진나라를 세운다. 그 후 주나라의 지배권이 약화된 전국시대 말기에는 함양(장안)을 중심으로 강 력한 진나라를 만들어 중국을 통일한다.

3. 키시의 고조선(BC 2100년~BC 194년)

1) 고조선(아침나라)의 변천

적봉의 배달국에서 남쪽의 노노아호산을 넘어 대능하로 내려온 키시족은 우하량 지역에서 살고 있던 토착 맥족(貊族)과 결합한다. 이 맥족이 단군조선의 신화 속에 나오는 웅녀의 곰 토템족이다. 그리고 키시족은 맥족과 함께 우하량을 성도(聖都)로 삼고 조양(朝陽 ; 아사달)에 키시·고조선을 건국한다. 여기서 고조선을 키시·고조선이라고 하는 이유는 고조선을 세운 주체세력이 키시족이기 때문이다. 그러나 초기의 고조선은 우르의 신시 배달국 지배 아래에서 종속적인 관계에 있었다. 그 후 신시 배달국(치우)이 BC 1800년경에 에리두·하나라의 황제 헌원과 10년간 탁록대전을 벌이자 고조선(신농)은 중립적인 입장을 견지한다. 그 후 신시 배달국은 하나라와의 전쟁으로 인한 국력 손실과 내몽골 지역의 급격한 기후변화로 인해 급속히 쇠퇴하면서 멸망한다. 그래서 이 지역의 지배권은 조양(朝陽 ; 아사달)의 단군에게 넘어감으로써 본격적인 고조선시대가 개막된다. 여기서 단군(檀君)의 뜻을 풀이해보면 단(檀)은 '박달나무 단'자이다. 군(君)은 '윤(尹)'자와 '구(口)'자가 결합된 글자로 윤은 회초리를 들고 있는 손이고, 구는 입을 뜻한다. 따라서 군은 회초리를 들고 호령하는 사람이라는 의미가 된다. 더불어 왕검(王儉)이란 왕(王)은 지배자이고, 검(儉)은 곰의 변음이다. 즉, 왕검은 곰족의 지배자란 의미이다. 이와 같은 맥락에서 본다면 왕검성은 곰족을 지배하는 성이라는 뜻도 된다. 그래서 한민족 고대사 속에 존재하는 왕검성은 맥(곰)족의 중심지인 조양이 가장 타당하다. 이후 고조선은 단군 47대 약 1,900년간(환단고기 참조) 존속하다가 공신숙정의 난 때 연나라에서 망명해 온 노관의 부하 위만에 의해 국가를 찬탈당해 위만조선이 된다. 일설에 따르면 이 당시 한반도 내의 고조선 영역이었던 평양에는 최리의 낙랑국이 있다고 한다. 여기서 최씨는 에리두의 성씨이며, 이것으로 보아 낙랑국은 에리두의 국가임을 알 수 있다. 이 낙랑국은 대무신왕 때 호동왕자에 의해 고구려에 복속된다.

키시의 고조선은 수도를 정할 때 '키'자를 사용한다. 즉, 수메르 말로 '키'는 땅을 의미하므로 도시 이름에 땅, 양(壤, 陽)자를 붙이는 경향이 있다. 그래서 그들의 도시는 조양, 선양, 평양, 안양, 낙양, 심양, 요양 등의 양자가 붙어 있다. 그리고 그들이 섬기는 신은 '엔키'로 땅과 물을 지배하는 농경신이다. 그래서 고조선은 물의 푸른색을 지향하여 푸른 옥을 선호한다. 그 때문에 자연스럽게 고조선의 강역에서는 옥 문화가 크게 발달하였다.

더불어 하나라에 뒤이어 황하로 내려간 키시는 초기 중국문명을 이룩한 에리두의 하나라를 멸망시키고 상나라를 세운다. 이때의 상나라의 수도는 다른 키시의 국가들과 같이 도시 이름에 '양'이 들어간 '안양(安陽)'이다. 그리고 상나라가 멸망한 후에는 지배계층인 키시가 고죽국을 통해 고조선연맹으로 유입된다. 이때 이주한 상나라의 키시 중에 한 사람이 기자이다. 그 후 중원 지역은 주나라가 진나라에게 멸망하고, 진나라는 다시 키시의 한나라에게 멸망한다. 중국의 한나라 지배자가 키시족인 것은 한나라의 고조인 유방의 성씨가 유(劉)씨로 묘(卯), 금(金), 도(刀)의 합성된 글자이며, 김(金)이라는 바탕에서 시작했기 때문이다. 여기서 김은 키임(키-이다)에서 나온 성씨이므로 한나라도 고조선과 같은 키시족이 지배하는 국가로 보는 것이 타당하다. 더불어 한고조의 설화에서 용(龍)이 등장하는 것도 키시족의 일파라는 것을 나타낸다. 이것으로 한무제가 흉노와 싸우면서 먼저 고조선을 강탈한 위만조선을 멸망시킨 이유도 알 수 있다. 그 후 한나라가 멸망한 뒤에 키시족은 중원에서 멀어진다. 그리고 상당 기간이 지난 후에 한반도에 있던 키시족인 김씨가 만주에 들어가 금나라를 세우고, 그 금나라가 한동안 중원을 지배한다. 또한 금나라가 멸망한 후에는 다시 키시족의 김씨는 여진족을 통합하고 청나라를 세워 중국 전체를 지배한다. 여기서 금나라와 청나라가 키시족의 후예인 것은 금·청 왕조의 성씨가 김씨이기 때문이다. 김씨는 원래 '키임'에서 나왔으며, '키임'의 본뜻은 '키시족 사람이다'라는 말의 함축어이다.

원래 키시의 국가는 행정중심의 국가로 문자와 문화적인 측면에서 고삼국 중 가장 발달된 국가이다. 특히 상나라 때는 갑골문을 사용해서 한(칸)자를 만들었고, 그 한자를 현재까지 우리나라를 비롯해 중국·일본 등이 사용하고 있다. 여기서 갑골문과 갑골점이 키시의 것이라고 주장하는 것은 키시가 엔키(물·땅의 신)를 숭배하기 때문이다. 즉, 갑골점이 물의 상징인 거북의 배딱지와 땅의 상징인 소의 어깨뼈를 통해 점을 쳤기 때문이다. 엔키가 갑골을 통해 미래에 대한 예언을 준다는 믿음이 갑골점을 탄생시킨 것이다. 그리고 갑골점의 점글(卜詞)로 사용된 갑골문자는 현재 우리가 사용하고 있는 한자의 원류가 되었다.

'환단고기'의 기술에 따르면 역사 속에 나타난 고조선은 아사달에서 백악산 아사달 그리고 장당경 아사달로 세 번에 거쳐 천도한 것으로 되어 있다. 이것을 기준으로 보면 조선(朝鮮)이라는 국명이 왜 생겼는지를 알 수 있다. 즉, 키시라는 의미의 '양'자가 들어간 조양과 선양이 합쳐진 명칭에서 조선이란 국명이 생겼음을 알 수 있다. 그리고 고조선은 여러 개의 도시형 국가로 이루어진 연맹체 국가라는 것을 미루어 짐작할 수 있다.

2) 고조선의 도시

키시·고조선은 단군신화에서와 같이 성자산성(배달국)을 떠난 키시족이 우하량에서 맥족을 복속시키고 아사달(조양)에 도읍을 세움으로써 시작되었다. 우리는 이곳에서 초기 아사달의 위치를 추정해 볼 수 있는데, 그 위치는 조양 지역이 된다. 여기서 우하량 지역은 신시 배달국이 있었던 적봉 지역에서 남쪽 방향으로 노노아호산을 넘어 처음으로 접하는 양지 바른 땅이다. 그리고 현재 이 지역에서는 다량의 신석기와 청동기시대의 유물, 곰 토템의 모계사회에 존재하는 여신전이 발견되고 있다. 더불어 고대국가의 유물로 보이는 다수의 원형 및 사각형 제단(태백 ; 금자탑)도 발견되고 있다. 이러한 점을 고려하면 이곳은 고조선의 성지(聖地)로 보이며, 역대 왕 혹은 지배자들의 능묘를 집단으로 모아 논 장소로 여겨진다. 그래서 이곳의 지명이 능원(陵原)인 것도 이와 무관하지 않다. 또한 이곳에서 웅녀(맥)족과 신시 배달국의 환웅족 유적이 동시에 발견된 것으로 보아 초기의 아사달로 특정할 수 있다. 다만 아사달의 의미가 조양이므로 초기 이곳의 명칭은 아사달이 아닌 다른 명칭으로 불리어졌을 것으로 여겨진다.

(1) 조양의 고조선

조양(朝陽)은 고조선의 백악산아사달로 특정될 수 있다. 이러한 이유로는 남산인 봉황산이 석회암으로 이루어져 백악이라는 명칭에 합당한 곳이며, 주변에 산으로 둘러쌓여 있어 방어용 도읍지로도 적합하기 때문이다. 특히 조양이라는 명칭은 단군신화에서 고조선의 수도인 아사달로 특정할 수 있다. 여기서 조(朝)는 수메르 말로 '아사'이며, 양(陽)은 '달'을 의미한다. 이것은 일본어의 〈조일(朝日)신문〉이 '아사히'로 읽히는 것과 같다. 우리가 알고 있는 평양은 넓은 땅으로 넓은(㕧)은 '아스'이므로 '아스달'이 된다. 이러한 점에서 보면 '삼국유사'에 나오는 평양이 아사달이라는 것은 우리의 고어에 대한 상식 부족으로 생긴 오류이다. 즉, 우리 역사 속에서 나타나는 고조선의 수도인 왕검성은 조양(아사달)이다.

조양은 후에 모용족이 세운 후연의 수도인 용성이 되었다가, 카라 키탄(대거란)의 중심도시인 영주로 변한다. 이러한 점에서 보면 후연이나 거란이 고조선 땅에 세운 국가임을 알 수 있다. 그리고 카라(가락)라는 명칭은 가야와 같은 국명이고, 키탄의 키는 키시족이라는 뜻으로 거란이 고조선의 후예일 가능성이 크다. 다만 역사 속에서는 거란이 발해·고려와 적대적인 관계에 있기 때문에 이민족의 국가로 오인되고 있는 것 같다.

(2) 선양의 고조선

선양(鮮陽)은 우리말로 '센달', 즉 신선한 땅이라는 의미이다. 장당경아사달로 특정되며, 고조선의 또 다른 수도로 한때 이곳으로 천도했던 것으로 보인다. 그 이유로는 연나라의 진개에 의해 고조선이 공격을 받았을 때 대능하의 조양에서 서요하의 선양으로 일시적인 천도를 했을 가능성이 있기 때문이다. 그 후 정세가 안정되어 고조선은 다시 조양으로 되돌아 간 것으로 여겨진다.

그 후 한나라가 중국을 재통일하고 공신숙정의 난 때에는 연나라에서 귀화한 위만에게 국가를 찬탈당하기도 하고, 다시 한무제에게 위만조선이 멸망한 후에는 이곳에 한사군 중의 하나인 임둔군이 설치된다. 특히 고조선의 선양 지역으로 특정되는 심양은 후에 키시의 청나라가 세워지는 곳이다. 이곳에서 고조선의 후예인 청나라의 키시(김씨)가 상나라와 고조선의 뒤를 이어 또 다시 중국을 지배하는 국가의 초석을 닦은 곳이기도 하다.

(3) 평양의 고조선

평양(平壤)의 고조선은 상나라가 멸망하면서 키시족이 황하의 지배권을 잃어버리고, 그 대안으로 한반도에 3부 도시를 설치할 경우를 가정할 때 평양의 고조선은 성립한다. 특히 연나라의 진개가 고조선을 침입해 왔을 때 일부는 한반도로 이주하여 임시 수도로 삼았을 가능성도 있다. 그래서 고조선은 조양, 선양, 평양의 3중심도시의 체계를 갖게 되었던 것으로 볼 수 있다. 특히 평양의 경우는 고조선 멸망 이후 황해도 수안 지역에 있던 에리두의 최씨 왕조가 점령한 낙랑국의 수도로도 간주되며, 최리왕 때 고구려의 대무신왕에게 멸망했다는 삼국유사 기록이 전하기도 한다. 이곳은 호동왕자와 낙랑공주의 애틋한 사랑이야기가 전해지는 곳이다. 또한 이곳은 장수왕 이후에 고구려의 남진정책에 따라 수도가 되었으며, AD 670년경에 고구려의 멸망과 함께한다.

3) 고조선의 종교

고조선은 '엔키'를 숭배하는 키시족의 국가이다. 그래서 이들은 도시마다 양(陽 ; 키)이라는 명칭을 사용했고, 그중에 조양과 선양의 머리글자를 따서 조선이라고 명명했을 가능성이 크다. 여기서 엔키는 땅과 물을 지배하는 농경신(용왕, 하백)으로 그들의 도시 이름을 키시(땅의 도시)로 지칭하는 것도 이에 기인한다.

이들은 같은 키시족의 국가인 상나라와 같이 갑골로 그들의 점복을 행하였다. 그리고 토착 맥족의 신앙인 곰 토템의 여신숭배가 결합하여 다신교적인 경향을 띠었을 것으로 여겨진다. 특히 물 (水)신인 용(龍)과 청색을 지닌 옥(玉)을 중요시했으며, 이들의 신앙 대상으로 청룡이 형상화되어 숭배된 것으로 보인다. 그리고 훗날 고조선에서 이주한 가야의 신앙체계를 살펴보면 가야도 상나라나 고조선과 같이 갑골이 성행했음을 알 수

〈그림 16〉 우하량의 여신상(삼신할미)

있다. 즉, 키시족의 국가에서는 갑골을 통해 엔키에게 길·흉·화·복을 묻는 방법이 일반적으로 사용되었음을 알 수 있다.

4) 고조선의 유물

고조선의 또 다른 특징은 비파형동검과 다뉴세선문경(청동거울)과 옥도장을 들 수 있다. 여기서 청동검은 군권의 상징이고, 청동거울은 신권의 상징이며, 옥도장은 행정권의 상징으로 국가 지배 권력이 존재했음을 의미한다. 특히 고조선의 유물에서 가장 주목해서 보아야 할 것은 비파형동검이다. 여기서 비파형동검은 검의 형태가 비파처럼 생겼다고 해서 붙여진 이름이다. 그러나 청동검은 고대의 무기이므로 이러한 청동검을 비파형으로 만드는 것에는 나름대로 중요한 이유가 있었을 것이다. 다시 말해서 초기 청동검인 세형동검과는 어떤 다른 기능이 있어서 그러한 형상이 되었다는 것을 미루어 짐작할 수 있다. 즉, 비파형동검이 고조선시대의 BC 1000년경부터 사용된 것으로 보아 고조선이 비파형동검을 만들

어야 될 어떤 이유가 있었다는 것이다. 그 당시 중국은 주나라가 철제 무기와 전차를 사용하여 상나라를 멸망시키는 정복전쟁을 수행한 시기였다. 그렇기 때문에 일반 세형동검으로는 철제 무기를 당해낼 수가 없었을 것이다. 그래서 철기 제작 기술이 없었던 고조선은 철제 검에 대응할 수 있는 청동제 검을 만들어야 하기 때문에 그 대안이 비파형동검으로 나타난 것이다.

〈그림 17〉 비파형동검과 세형동검

본래 청동 무기인 세형동검은 구리의 특성상 철제 무기에 비해 무르기 때문에 쉽게 부러진다. 그러나 고조선이 사용한 비파형동검은 구조 공학적으로 상당히 잘 설계된 검으로 당시의 철제 검과 대응해서 사용할 수 있는 구리제품의 검이다. 즉, 일반 청동검과 철제 검이 맞붙을 경우 검신이 쉽게 부러지는 단점을 보완하기 위해 비파형동검은 검신의 부딪치는 부분에 돌출부를 두어 검 자체의 파괴 강도를 크게 키운 것이다. 그리고 외단 부분은 세형동검과 같이 뾰족하게 제작하여 검으로써 상대방에게 치명상을 줄 수 있게 되어 있어 철제 검과 대등한 대결이 가능하게 만든 것이다.

이러한 비파형동검이 갖고 있는 여러 가지 특징이 당시 중국을 지배한 주나라의 철제 검에 대항하여 마주 싸울 수 있는 무기가 된 것이며, 청동기시대에 머물고 있던 고조선이 철기시대의 주나라에 대항하여 국가를 유지할 수 있는 원동력이 된 것이다.

3절 상나라 역사의 재구성

1. 키시의 상나라(BC 1600년~BC 1018년)

1) 상나라의 성립

상나라의 역사가 언제부터 시작했는가에 대해서는 기록상 명확하지 않다. 그래서 상나라의 시조에 대한 의견도 분분하다. 다만 일부 기록에 의하면 전설상의 인물인 황제 헌원의 후손인 탕왕(湯王)이 상나라를 세웠다고 전해지는 것으로 보아 황제와 관계가 있는 것으로 보인다. 그러나이것은 다분히 허위적인 요소가 많다. 왜냐하면 하나라의 황제는 에리두족이고, 상나라의 탕은 키시족이기 때문에 서로 다른 종족으로 탕이 황제의 후손이 될 수 없다. 그리고 탕왕은 하나라의 마지막 왕이자 폭군인 걸(桀)왕을 물리치고 상나라를 개국하였으므로 오히려 상호 적대적이라고보아야 한다.

이러한 탕왕 설화에 따르면 상나라의 시조는 '설'로 그의 14대 후손이상나라를 건국한 탕왕이라고 한다. 또한 설은 하나라의 시조인 우를 도와 치수에 많은 공을 세웠다고 하며, 설에 대한 난생 설화가 전해진다.그 내용을 살펴보면, 고대에 유융씨에게 간적과 건자라는 두 딸이 있었는데 어느 날 천제가 보낸 제비를 잡으려고 하자, 제비가 옥 광주리 안에알 두 개만 남겨 놓고 날아가 버렸다. 그래서 간적은 이 두 개의 알을 먹고 상나라의 시조인 설을 낳았다고 한다.

이러한 설화에서 중요한 두 가지의 내용을 알 수 있는데, 그 첫째는 제비라는 존재이고, 두 번째는 옥 광주리이다. 여기서 제비는 달의 신 난나의 전령사로 신시 배달국에서 왔다는 의미이며, 옥 광주리의 옥은 키시족의 상징물이다. 즉, 상나라의 시조인 설은 배달국에서 온 키시족이라는 의미이다.

그 후 설은 우임금을 도와 치수공사에서 많은 공을 세웠으며, 그의 14대 후손이 상나라를 세운 탕왕이라고 한다. 이러한 탕왕은 명재상 이윤의 도움으로 하나라의 걸왕을 몰아내고 상나라를 세우게 된다. 이때 수도를 상(商)이란 곳으로 정했기 때문에 국호를 상나라라고 전한다. 그러나 상나라의 수도는 안양이다. 여기서 안양은 양(昜)이라는 명칭의 도시이기에 상나라가 키시의 국가라는 것이 명백하다.

기록에 따르면 하나라의 멸망은 걸왕의 학정(虐政) 때문이라고 한다. 그 때문에 제후들이 걸왕을 회피하고 명망 있는 탕을 따랐다고 한다. 그래서 걸왕은 탕을 하대에 유폐하여 죽이려 하였다. 그러나 재물에 욕심이 많은 걸왕은 재물을 받고 탕을 풀어 주었다고 한다. 그 후 탕은 걸왕을 명조에서 격파하고 하나라를 멸망시켜 상나라를 세웠다고 한다. 그리고 그는 13년간을 재위에 있었다. 이후 상나라는 무정 때 비로소 전성기를 맞아 주변의 종족들을 대거 복속시키고 국가의 영역을 크게 확대하였다. 그러나 왕조 말기의 왕인 제을과 제신 부자의 과도한 동방정책으로 동이족을 산동 지역으로 내몰았으나, 상대적으로 서방 지역에 대한 영향력을 상실하였다. 그래서 이 틈을 탄 주나라가 서이를 비롯한 서방의 부족을 모아 상나라를 공격해서 결국 멸망하고 말았다.

과거의 기록상 상나라는 전설상의 국가이다. 그러나 20세기 초에 은허(殷墟 ; 안양)가 발굴되고 각종 고고학적 증거가 드러나면서 실재했던 국가임을 알게 되었다. 특히 동시대에 출토된 청동기나 갑골문자가 해독됨으로써 상나라 사회의 실체가 드러나기 시작했다. 이러한 키시의 상나라가 한창 발전할 때 우르의 배달국은 이미 지리멸렬한 상태에 있었다. 특히 배달국이 18대 환웅에서 멸망한 것으로 보아 상나라가 생기기 직전인 BC 1600년경에 배달국의 지배권은 고조선으로 넘어간 것 같다. 그래서 홍산 지역의 하가점하층문명기는 종료되고, 내몽골 지역은 황폐화된 상태로 남아 있게 된 것이다. 그리고 그 당시 배달국에서 상당수의 우르와 키시족들이 황하의 하나라로 이주하여 정착하였으며, 그때 이주한 키시족과 그들의 지도자인 탕왕이 결국 하나라를 멸망시키고 상나라를 세운 것으로 여겨진다. 그래서 황하 지역에도 인접한 요하의 고조선과 같은 키시족의 상나라가 건국된 것이다. 이 당시 고조선과 상나라 간의 전쟁에 대한 기록이 없는 것으로 보아 상호 간에는 돈독한 관계가 유지되었던 것 같다. 그리고 이들 간의 관계는 그 후 상나라가 멸망한 BC 1018년경까지 계속 이어진 것으로 보인다.

2) 상나라의 종교

상나라는 키시족의 국가이기 때문에 종교적으로는 고조선과 같이 '엔키'를 섬기는 나라이다. 그래서 종교적 행사나 주술적인 면에서 엔키 신앙과 관련된 방법을 쓴다. 즉, 엔키는 땅·물의 신이므로 점술법으로는 땅과 물에 관계된 사물에 의존하여 답을 구하였으며, 이것이 지금 우리가 알고 있는 갑골점이다.

갑골(甲骨)이란, 우선 갑은 '거북껍질(龜甲)의 갑'이고, 골은 '소뼈(牛骨)의 골'이다. 즉, 갑골점이란 거북의 배딱지와 소의 어깨뼈를 이용하여 뼈의 한쪽을 파고 불로 태워 반대편에 생기는 균열 형상으로 점을 치는 행위이다. 이러한 갑골이 성립된 이유는 키시의 상나라가 섬기는 엔키가 물과 땅을 주재하는 농경신이라는 점에서 찾을 수 있다. 여기서 거북이는 물의 신(용왕)을 대신하여 신의 뜻을 전하는 전령사이고, 소는 땅을 대표하는 상징물이므로 땅의 신(지신)이 가진 뜻을 전하는 중개자이다. 그래서 갑골점은 그들의 뼈를 통해 엔키의 예언을 알아내는 행위에서 비롯된 것이다. 이러한 방식의 갑골점은 고조선에서도 행해졌으며, 고조선 멸망 후 한반도에 이주한 가야에서도 시행된 것으로 알려져 있다. 특히 가야에서는 구지가(龜旨歌 ; 거북이가 가르쳐준다는 노래)를 부른 것으로 보아 갑골이 상당히 성행했던 것으로 보인다.

기존에 발굴된 갑골의 연대는 대부분이 BC 1200년경~BC 1020년경으로 상나라 말기에 해당된다. 이 기간 동안 갑골은 문자를 기록하여 점을 치는 형식을 취하였다. 그리고 이렇게 갑골점을 시행한 갑골들은 주로 안양 지역을 중심으로 황하 유역에서 발견되었으며, 고조선의 영역인 요하 동부에서도 문자를 새기지 않은 갑골이 발굴되고, 한반도 내의 남해와 가야 지역에서도 발견되었다.

3) 상나라의 멸망

기록상 상나라는 주나라 시조인 무왕에 의해 멸망하였으며, 이 당시 상나라의 왕은 미희 달기와 함께 국민을 잔혹하게 다룬 30대 주왕(紂王)이다. 상나라의 멸망에 대한 여러 가지 설화가 전해지나, 상나라를 멸망시킨 주나라의 본질은 철기와 전차를 가지고 동방으로 이주한 이란계 히타이트인이다. 그들은 중동 지역에서 황하 서쪽으로 이주해 와서 본래 그곳에 거주하던 서이족을 파촉 지역으로 내몰고 국가를 건설한다. 그리고 후에 강태공을 중심으로 한 서이족과 연합을 하여 당시까지 청동제 무기에 의존하던 상나라를 정복한 것이다.

상나라의 멸망 연대에 대하여는 여러 가지 설이 있다. 그러나 주나라 무왕이 상나라를 멸망시킨 연대는 중국 역사의 해당 시기를 판단하는 데 중요한 요소이다. 만일 상나라의 멸망 연대가 잘못될 경우 그것을 기점으로 상나라와 주나라 역사는 모두 허위가 된다.

상나라의 멸망은 주나라의 무왕이 서이족의 강태공과 연합하여 일으킨 반란의 결과이다. 여기서 강태공의 일화를 살펴보면 그는 BC 1140년(?) 9월 12일에 태어났다고 하며, 키시의 상나라를 멸망시킨 인물로 염제 신농의 후손이라고 전해지고 있다. 그의 성은 강(姜)씨로 강태공의 본관은 천수 강씨이며, 이름은 상(尙)이다. 그는 주문왕이 항시 꿈에서라도 바라던 인물이 비로소 나타났다 하여 태공망이라고 불린다. 다만 여기서 강태공을 염제 신농의 후손이라는 것은 잘못된 오류이다. 왜냐하면 신농은 농경신(엔키)으로 키시족을 뜻하기 때문에 서이(에리두)족 출신의 강태공이 신농의 후손이 될 수 없다. 오히려 황제 헌원의 후손이 되는 것이 맞다. 이러한 강태공은 주나라 무왕을 도와 주나라를 건국한 일등공신으로 후에 제나라의 제후가 된다. 그리고 강태공의 후손들은 대대로 제나라를 다스렸으며, 이 시기에 중국의 고(高), 노(盧), 여(呂), 정(丁), 사(謝), 하(賀), 최(崔), 역(易)씨 등 수많은 성씨가 강태공의 자손으로부터 갈라져 나왔다고 한다. 그러나 이것은 이들 성씨가 에리두의 대표적인 성씨로 강태공을 에리두의 조상으로 섬기는 데서 나온 것이다. 현재 강태공의 후손은 한국의 진주 강씨와 중국의 천수 강씨라고 한다.

BC 1018년 겨울에 상나라 주왕의 방탕한 정치가 계속되어 천하가 어지러울 때 강태공은 4만 5천의 군사로 72만의 상나라군을 대파하였다고 한다. 그러나 이러한 멸망 연도에는 의문의 여지가 많다. 또한 기록상 그가 동이족이라고 하나, 그 당시 황하 서쪽 지역에는 서이족의 지배하고 있어서 그는 명백한 서이족이다. 그리고 그 지역의 서이족들은 후에 진나라를 세워 전국시대를 마감하고 다시 중국을 통일하는 역할을 한다.

2. 기자조선과 고죽국(孤竹國) * 다음 / 백과사전 / 편집

상나라가 멸망한 후 주나라에 의해 기자가 봉해진 곳으로도 알려져 있는 고죽국과 기자조선은 특별한 연관성을 가지고 있다. 여기서 고죽국은 상나라 때 제후국의 하나였다. 그리고 상나라가 멸망하고 주나라가 들어서자 고죽군의 아들인 백이와 숙제가 수양산에 들어가 충절을 지키다가 굶어죽은 전설이 내려오고 있는 곳이다.

수서(隋書)·구당서(舊唐書)·신당서(新唐書)의 배구전에 "고리(高夷 ; 고구려)는 본래 고죽국이다. 주나라가 기자를 봉하여 조선으로 삼았다."는 기록이 있다. 그리고 '삼국유사'에는 고죽국을 황해도 해주로 비정했으나, 이는 고대 지명에 대한 이해 부족으로 만든 오류이다.

고죽국의 고성(故城)이 지금의 하북성 천안현(遷安縣)에 있었던 것으로 보이며, 특히 고죽성(孤竹城)의 위치가 '노룡현 남쪽'이라고 기록된 것을 보면, 그곳은 지금의 하북성 노룡현으로, 천안현과 땅을 접하고 있는 지역이다. 그리고 그 당시 고죽국의 강역은 하북성 난하의 서쪽 부근에서부터 대능하 일대까지 포괄하는 지역이었다.

고죽국은 본래 상나라 때까지는 고리(에리두)족의 나라였으며, 그 수도는 '안'자가 들어간 천안(遷安)이다. 특히 고죽군의 아들인 백이(伯夷)는 이름 자체가 '백이−에(이)리두의 귀족'이라는 의미를 가지고 있는 것으로 보아 원래 고죽국은 고리족의 나라인 것이 명확하다. 이러한 고죽국은 상나라가 멸망할 때 이주해 온 기자(키시)에게 왕위를 넘겨주어 기자조선으로 변한 것으로 보인다. 특히 고죽국이라는 국명에서도 고(孤)는 고리에서 나온 명칭이며, 죽(竹)은 기자(箕子)의 이름에서 따온 것일 가능성이 크다. 즉, 고리(에리두)족의 백이가 키시족의 상나라 후예인 기자에게 선양한 것이 국명에 남아 있는 것으로 보인다.

이 당시 기자조선은 요하의 조양과 선양에 위치한 고조선과는 별개의 조선으로 존재하면서 번한조선연맹체의 일원이 되었다. 그리고 이곳은 훗날 진개에 의해 연나라에 복속된 고조선의 영토이다.

4절 주나라 역사의 재구성(BC 1018년 ~ BC 221년)

1. 주나라의 성립

1) 히타이트의 붕괴

주나라의 역사를 재구성하는 데 중동 지역에 있는 히타이트를 언급하는 것은 의외일 것이다. 그러나 주나라는 엄연히 중국의 초기 국가가 아닌 히타이트의 붕괴와 함께 동방으로 이주한 이란계의 국가이다. 그래서 지금의 중국말이 인도·유럽어족과 같은 어순을 갖는 것도 이 때문이다. 특히 주나라 사람들은 철기와 전차를 다룰 줄 알고 전투에 능한 사람들이다. 그래서 그들은 우수한 무기를 갖고 서이의 잔존 세력과 연합하여 그 당시 강성했던 상나라를 멸망시킬 수 있었던 것이다.

여기서 히타이트는 역사적으로 BC 2000년 무렵부터 BC 1190년에 걸쳐 소아시아를 중심으로 활동한 이란계 국가이다. 이들은 건국 후에 말과 전차 그리고 철제 무기를 사용하여 오리엔트 최강 국가를 이룩하였다.

흑해 넘어 코카서스 지역에서 기원한 것으로 보이는 히타이트인들은 처음에는 아나톨리아 중부를 장악하고 하루샤를 수도로 정하였다. 고왕국 초기에는 시리아 북부로 세력을 확장하였고 바빌론까지 원정하였다. 그 뒤 왕위계승을 둘러싼 내분으로 왕권이 불안정해지고 혼란한 시대가 계속되었으나, BC 15세기 중엽에는 다시 강력한 왕권을 확립하고 신왕국을 건설하였다. 그리고 BC 14세기에는 전성기를 이루고 아나톨리아 서남부에서 시리아까지 히타이트 영역을 확장하였다. 이때 히타이트인은 철제 무기와 2륜 전차에 의한 새로운 전술을 개발하였다. 특히 무와탈리시는

〈그림 18〉 히타이트 제국

BC 1299년 시리아의 패권을 둘러싸고 이집트 람세스 2세와 오론테스 강변의 카데샤에서 대규모 전투를 벌였다. 카르나크신전 비문에는 이집트가 승리한 것으로 기록되어 있으나, 그 후에도 시리아는 여전히 히타이트의 지배 아래 있었다. 그리고 16년 뒤 하투실리시 3세와 람세스 2세가 상호방위 조약에 의한 평화협정과 왕족 간 혼인을 맺고 전쟁을 끝냈다.

그러나 히타이트는 BC 1190년 무렵 소아시아 서쪽에서 몰려온 해양민족(미케네인)과의 대규모 전쟁에 의해 갑자기 붕괴하였다. 이때 히타이트를 지배하던 상당수의 지배층은 동쪽으로 이동하였고, 이들이 황하 서쪽의 관중(關中) 지역으로 들어와 서이족을 밀어내고 주나라를 세웠다.

히타이트 사회는 기본적으로 봉건적 농경사회였다. 평민은 자유인과 장인으로 구성되어 있었으며 노예가 있었다. 아나톨리아는 은과 철이 풍부했고, 히타이트제국시대에는 제철 기술을 발달시켜 철기시대의 막을 열었다.

2) 주나라의 성립과 서이(에리두)족

주나라의 근본을 따지면 중동 지역의 히타이트가 BC 1190년 멸망하면서 그들 중 일부가 동으로 이동하여 성립된 국가이다. 그들은 전차와 철기를 가지고 황하 서쪽으로 이주하여 상나라의 주변(周邊)에 국가를 세우고 후에 상나라를 멸망시킨다.

이러한 주나라의 중요한 특징은 첫 번째로 중국 역사상 처음으로 농경 중심의 봉건제를 실시하였다는 점이다. 이것은 히타이트의 사회 구조와 똑같다. 두 번째는 전투에 철제 무기와 전차를 사용했다는 것이다. 이 당시 중국은 청동제 무기를 사용하고 있었으며, 상나라 또한 청동 무기로 주나라와 싸웠기 때문에 몇 배나 더 많은 병력으로도 전쟁에서 지고 만

것이다. 세 번째는 주나라 때부터 중국말이 히타이트와 같이 인도·유럽어의 어순을 갖게 된 것이다. 그리고 가장 중요한 것은 주나라가 형성된 시기로 BC 1100년경에 황하 서쪽에 별안간 출현했다는 점이다. 이것은 중동 지역의 히타이트가 BC 1190년경에 멸망한 것과 직접적인 관련성을 유추할 수 있다.

기록에 따르면 주나라의 무왕이 상나라를 멸망시킨 연대는 BC 1127년~BC 1018년 사이일 것이라고 한다. 그러나 그 중에서 가장 타당한 시기는 오성취방 현상을 근거로 도출한 BC 1018년이 타당하다. 즉, BC 1019년 9월 17일에 오성취방 현상이 있었으므로 BC 1018년이 가장 근접한 시기이다. 여기서 오성취는 금성·목성·수성·화성·토성의 5개 별이 일직선으로 나열되는 매우 보기 드문 천체현상이다. 특히 오성취방이란 5성이 방수 부근에 모이는 것을 일컫는 말이다. 이와 같은 사실에 근거하여 상나라의 멸망과정을 정리하면 BC 1019년 9월 17일 중국 서쪽 하늘에 오성취방 현상이 있었다. 이를 관찰한 서쪽의 주무왕은 때가 되었다고 판단하고 서이족의 강태공과 연합하여 군사를 일으켰다. 그리고 드디어 군사를 이동하여 BC 1019년 12월 18일에 맹진에서 황하를 건넜다. 그 당시 주왕(제신)은 나라의 안녕과 번영을 위한 제사를 지낸 후에 주나라 정벌전에 임했다. 그러나 BC 1018년 2월 22일 목야대전에서 결국 주무왕이 승리하고, 상나라는 멸망되었다. 상나라가 멸망한 그 해 기자(箕子)는 동쪽으로 이주하여 고축국으로 망명하였다. 그리고 고축국은 고조선연맹에 속하면서 조선이라는 국명을 쓴다. 이것을 중국 역사서는 기자를 조선의 왕으로 봉하였다는 엉터리 역사 날조를 만든 것이다. 왜냐하면 그 당시 요하 지역에 강력한 고조선이 존재하고 있었기 때문이다.

3) 상나라의 기자가 고조선으로 망명

키시의 상나라 백성은 주나라에게 멸망할 때 같은 키시족의 고조선으로 대거 망명한다. 이것이 중국고사에서 기자 동래설로 이야기되는 것이다. 여기서 기자는 상나라 태정제의 아들로 주왕의 숙부이다. 주왕의 폭정에 대해 여러 차례 간언하다 받아들여지지 않자 미친 척하며 지냈다고 한다. 그러나 이것을 못마땅하게 생각한 주왕이 그를 유폐시켰다.

그 후 상나라가 멸망한 뒤 석방되었으며, 주무왕이 신하가 되기를 권하였으나 거부하였다. 그리고 상나라의 유민들을 이끌고 주나라를 벗어나 고죽국(기자조선)으로 이주했다. 이것이 기자가 한반도로 옮겨가 기자조선을 세웠다는 이야기로 와전된 것이다. 즉, 기자가 조선으로 이주했다는 것은 키시의 상나라가 주나라에 의해 멸망함과 동시에 같은 종족의

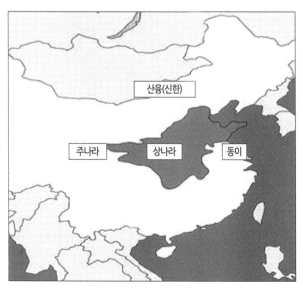

〈그림 19〉 상나라의 판도

나라인 고조선 인근 지역으로 망명해 온 것이라고 볼 수 있다.

4) 산융(신한연맹)의 공격과 동주시대(BC 770년)

산융(山戎)은 기록상 중국의 춘추시대에 지금의 황하 북부 지역에 살면서 연나라와 제나라 등의 여러 나라를 침입했던 부족연맹이다. 특히 이들 중의 하나인 견융은 서주시대에 주나라 수도인 호경에까지 점령하여 주나라가 동쪽의 낙읍으로 천도하게 만들었다.

주나라는 무왕 때부터 소왕 그리고 목왕에 이르는 동안이 주왕조의 전성기였다. 그러나 BC 9세기부터 제후들이 이반하기 시작했고, 견융의 침입이 잦아져 주나라는 쇠퇴기에 접어들었다. 그 후 11대 선왕은 한때 견융을 격퇴하여 일시적으로 세력을 회복하였으나 그의 아들 유왕은 포사를 총애하여 내정을 문란시켰고, 이것이 또 다시 견융의 침입을 초래하여 유왕은 살해되었다. 그 후 유왕의 아들인 평왕은 도읍을 성주(낙읍)로 옮기고 다시 주왕조를 부흥시켰다. 그래서 BC 770년 평왕이 동천하기 이전을 서주(西周)라고 하고, 그 이후를 동주(東周)라고 한다. 또한 주나라가 견융의 침입으로 낙읍으로 도읍을 옮긴 BC 770년부터 진(晉)이 한·위·조 3국으로 분열된 BC 403년까지를 춘추시대라고 하며, 그 이후를 전국시대라고 한다. 여기서 춘추시대라는 명칭은 공자가 편찬한 역사서 춘추(春秋)에서 비롯되었다.

이렇듯 중국의 역사에 자주 나타나는 산융과 견융은 중국식의 야만족이 아니라 우르족과 고리족 그리고 훈족을 중심으로 재편된 신칸(한)연맹으로 후기 청동기문명기에 속한 우리 한민족 국가이다. 이들은 하가점상층 문명으로 일컬어지며, 비파형동검을 사용하면서 지역적으로는 내몽골에서 요서·요동을 거쳐 한반도로 이어지는 청동기문명권에 속한다. 이들 신한연맹의 일파인 견융은 상나라를 멸망시킬 정도로 강력한 주나라를 공격하여 동쪽으로 천도하도록 만들었다. 그리고 이들이 서주를 점령하고 나서 일부가 호경 지역에 남아있던 서이족과 다시 결합하여 진나라의 기틀이 된다. 그리고 후에 전국시대를 마감하면서 중국대륙을 통일한다.

그 후 BC 5세기경 산융은 철제 무기로 무장한 기마민족인 스키타이의 침입을 받고 동쪽으로 이동한다. 그곳에서 훈족과 결별하고 우르와 고리(에리두)족 간의 결합체인 동호(진한연맹)국을 세운다.

이 같은 역사적인 흐름이 있음에도 중국 측 기록에서는 산융과 동호를 같이 보고 있다. 그러나 시기적으로 춘추시대에는 산융이, 전국시대에는 동호가 나타나는 것으로 보아 산융이 나중에 동호로 변화한 것을 알 수

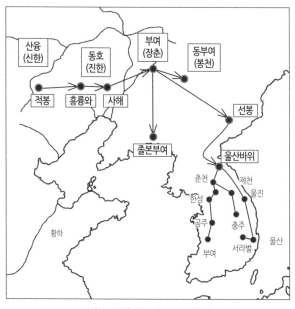

〈그림 20〉 우르족의 이동경로

있다. 이러한 변천과정을 살펴보면 초기 내몽골의 홍산 지역에 있던 우르가 중심이 되어 산융을 세우고, 다시 동으로 이동하면서 사해와 흥륭와 지역에서 동호국이 된 것으로 여겨진다. 그 후 동호는 신러까지 영역을 넓힌다. 그리고 BC 3세기경에 흉노에게 멸망한 후 다시 부여로 재탄생한다. 이후 부여는 또 다시 동쪽으로 이동하여 동부여를 만든다. 즉, 부여는 우르가 유목의 훈족과 결별하고 새로이 수렵·농경의 예(물길)족과 결합하는 과정에서 연속적으로 만들어진 국가이다. 이때 훈족은 다시 고리족과 연합하여 흉노가 되고 강력한 전투력을 바탕으로 북중국을 위협하는 세력을 구축하게 된다. 그 후 흉노의 묵돌 선우는 동호를 멸망시키고 내몽골에서 북만주에 이르는 강력한 흉노제국을 형성한다.

2. 춘추·전국시대 역사 재구성

1) 춘추시대 에리두의 진나라(BC 770년~BC 403년)

춘추시대는 공자가 지은 역사서인 춘추(春秋)에서 이름이 유래했으며, BC 770년에서 BC 403년 사이의 시기를 말한다. 주나라가 낙읍으로 동천(東遷)한 이후 진나라의 중국 통일까지의 시기를 부르는 춘추·전국시대의 전반기에 해당된다. 춘추시대와 전국시대를 구분하는 방법에서 전반기인 춘추시대는 당시 최강국인 진(晉)이 한·위·조의 3국으로 분열되고 동주로부터 승인을 받는 BC 403년까지이다. 춘추시대에는 제후 간 회맹의 맹주를 춘추오패라고 하며, 제환공·진문공·초장왕·진목공·송양공을 지칭한다.

그러나 춘추시대에 진(秦)나라는 별로 두각을 나타내지 못했다. 진은 황하 서북쪽에 자리 잡고 있던 서이족이 BC 10세기경에 주효왕에게 인정받아 생겨났다. 그 후 주 왕실의 혼란과 실정으로 산융의 침입을 받아 BC 771년 동천할 때 평왕을 호위한 공으로 제후국으로 승격하였다. 그리고 진목공 때는 백리해와 유여를 등용해 정치를 혁신하고 동쪽의 진(晉)나라와 싸워 이겨서 하서의 땅을 취했다. 그리고 서방 이민족인 12국을 통합하여 영토를 크게 확장하였다.

2) 전국시대 에리두의 진나라(BC 403년~BC 221년)

전국시대란 이름은 전한 때 유향이 편찬한 전국책(戰國策)에서 비롯되었다. 전국시대에 진나라는 점차 발전을 하여 두각을 나타내기 시작한다. 이 당시 진(秦)의 효공은 명재상 상앙을 등용하여 국정을 개혁하고 국력을 증강하였다. 이렇게 축적된 국력을 바탕으로 위를 공략해 하서 땅을 빼앗고 수도를 함양(咸陽)으로 옮겨 주나라의 옛 땅을 차지하였다. 그리고 동진정책을 추진하여 중국 통일의 기틀을 쌓았다.

혜공 때에 이르러서 진의 동진정책에 연·한·초·제·위·조의 6국이 연합하여 소진의 합종책이 나왔고, 혜공은 합종책을 분쇄하기 위해 장의에게 6국이 각각 진나라와 강화를 맺게 하는 연횡책을 세워 대응하였다. 이러한 합종연횡의 과정을 통해 진은 6국을 멸하고 중국을 통일하였다. 그후 에리두의 진나라 혜공은 혜문왕이 되고, 주나라의 왕실은 사실상 문을 닫았다.

3) 연나라와 키시·고조선

전국시대의 연나라는 고조선과 인접해 있으면서 상호간의 영토분쟁이 심했다. 특히 연나라가 고조선과의 전쟁을 통해 빼앗은 영토가 총 2천 리라고 기록된 것으로 보아 초기 고조선의 중심지였던 조양(백악산 아사달)을 연나라와의 전쟁을 통해 한동안 빼앗겼던 것으로 보이며, 이로 인해 선양(장당경 아사달)으로 천도한 것으로 여겨진다.

이 당시 연나라와의 전쟁 과정에는 진개라는 장수가 있다. 그는 전국시대의 연나라 소왕 때 장군으로 BC 3세기 초에 동호에 볼모로 잡혀 있었다. 이때 진개는 동호의 허실을 모두 정탐했고, 연나라로 돌아가서 다시 동호를 공격하여 1천여 리의 영토를 탈취했다. 그리고 인접한 고조선도 공격하여 2천여 리의 영토를 침탈하여 그 지역에 상곡, 어양, 우북평, 요서, 요동의 5개 군을 설치하였다고 한다. 여기서 나타나는 요서, 요동은 서요하를 중심으로 동쪽과 서쪽을 가리키며, 난하와 대능하 사이에 있는 유주 지역으로 여겨진다.

이 당시 기록을 보면 연나라와 고조선 사이에는 최소 두 번의 전쟁이 있었던 것 같다. 여기서 1차 전쟁은 상호간의 화해로 끝이 났으며, 2차 전쟁은 진개의 공격으로 고조선은 심각한 타격을 받은 것 같다. 그리고 진개 이후에는 연나라와 고조선이 전쟁을 했다는 기록이 없으며, 얼마 후 연나라는 진나라에게 멸망하였다. 그리고 중국은 진나라에 의해 통일이 되어 고조선은 대능하의 주도권을 영원히 잃게 된다. 그러나 일설에 의하면 진개가 점령한 지역은 난하와 대능하 사이의 지역이라고 한다. 이것은 중국 기록에 의한 것으로 한나라가 위만조선을 점령하고 만든 한사군의 위치가 주로 난하와 대능하 사이의 지역 이름을 사용했기 때문이다. 이 경우 위만조선의 수도인 왕검성의 위치는 한반도 내의 평양이 아니고 조양일 가능성이 크다.

4) 진시황제와 에리두·진나라의 중국 통일

진나라 소양왕 때 태자인 안국군과 하희라는 여자 사이에서 태어난 자초가 조나라에 인질로 가 있었다. 이때 부호인 여불위가 자초를 진나라의 후계자가 되도록 도와주었다. 그리고 자초는 여불위의 애첩을 부인으로 삼아 사내아이를 낳았는데 그가 훗날 시황제가 된다. 시황제가 아직 어릴 때 여불위는 상국이 되어 진나라의 전권을 장악하고 통일의 기틀을 세웠다. 그 후 시황제의 나이 22세가 되자 친정을 시작하고 명재상 이사 등을 등용하여 혁신적인 정치를 하였다. 이에 이사는 진나라의 통치이념을 엄격한 법치주의로 바꾸고, 그것을 바탕으로 부국강병과 중앙집권의 토대를 마련하였다. 또한 신분의 귀천을 불문하고 과감하게 인재를 등용했으며 병·농 일치 병역제로 개혁하여 국력을 키웠다. 그리고 BC 221년에는 한, 조, 연, 초, 위, 제나라의 순으로 6국을 무력으로 제압하고 중국을 통일하였다.

통일 후에는 3황과 5제를 능가하는 군왕이라는 칭호로 황제라 칭하고 자기를 중국의 첫 황제, 즉 시황제(始皇帝)라 부르게 하였다. 이렇듯 중국 역사상 최초의 통일을 달성한 에리두의 진시황제는 주나라의 봉건제를 폐지하고 군현제를 실시하였다. 군현제는 전국을 36개 군으로 나누고 군·현을 설치하여 중앙에서 관리를 보내 다스리게 하였으며, 황제가 백성을 직접 관장하는 중앙집권적인 전제군주국가를 이룩하였다.

5절 산융·동호·부여국의 역사 재구성

1. 산융의 역사(BC 14세기~BC 5세기)

1) 산융(신한)의 성립

산융은 BC 1600년경에 하나라의 멸망과 함께 분열된 에리두의 하나인 북이가 하가점 지역으로 다시 들어오면서 만들어진다. 북이는 그 지역에 있던 배달국의 잔여세력인 우르와 훈족을 결합하여 새로운 칸연맹체를 만든다. 이것이 후에 주나라를 동쪽으로 몰아낸 산(견)융이며 신한(新韓) 연맹이다. 이 당시 요하에는 키시의 고조선연맹인 번한(番韓)이 있고 한반도로 이주한 동이의 마한(馬韓)연맹과 더불어 전 삼한 혹은 대륙삼한을 구성한다.

하가점 지역에 산융의 신한연맹이 결성되었을 때는 이미 이 지역이 농사를 짓기에는 너무 척박해져 있었다. 그래서 신한연맹의 국가들은 주로 유목·수렵 등의 산업을 영위하였다.

신한연맹에서 북이는 원래 하나라에서 온 이주세력이다. 이들이 홍산으로 들어오면서 이곳 지명이 하나라가 점령한 곳이라는 의미의 하가점으로 바뀐다. 그리고 이곳에서 하가점상층문명를 이루어 번영한다. 이들이 중국 기록상 산융이 되어 그 중 한 분파인 견융이 BC 770년에 서주를 공격해 주나라를 동천하게 만든다. 그 후 BC 6세기 말경에는 중앙아시아에서 침범해 온 스키타이에 쫓겨 동쪽의 사해와 흥륭와 지역으로 이동하게 된다. 그곳에서 그들은 다시 모여 동호국을 건설하고, 동호가 흉노에게 멸망한 후에는 내몽골 각지로 분산한다. 그리고 그 중 일부는 다시 북만주로 이전하여 부여가 된다. 그 후 부여는 동부여와 졸본부여 등으로 나뉘고, 졸본부여는 후에 고구려로 이어진다. 이 당시 요서 지역에서 발생된 하가점상층문명을 통틀어 중국은 산융이라고 기록하고 있다.

이러한 하가점상층문명에서는 에리두의 전통에 따라 사슴·개·호랑이·말·소·양 등 다양한 동물 청동장식들을 사용하는 것이 일반적이다. 그러나 후기에는 주나라의 영향을 받아 주나라 양식의 청동투구를 쓰기도 하고, 중국식 청동기들도 사용하였으며, 전차도 사용하였다. 또한 하가점상층문명의 일부 유적에서는 인신공양의 흔적이 발굴되었으며, 이러한 풍속은 상나라에서 온 것으로 추정되고 있다. 또한 하가점상층문명에서 최초로 비파형동검이 제작되었으며, 이는 주나라의 철제 무기에 대응하기 위해 개발된 청동제 무기인 것으로 보인다. 이 당시 하가점 지역은 농·목축업이 병행 발전하였으며, 청동제 곡괭이가 사용되기도 하였다. 그들의 청동주조기술은 매우 발달하였으며, 무덤에서는 많은 청동제 무기와 공구들이 출토되었다.

중국 기록에 따르면 산융은 주나라의 북쪽 변경에 살면서 풀을 따라 소·말·양 등의 가축을 기르며 살아가는 야만 상태의 유목족으로 되어 있다. 그러나 이들은 이미 상당히 발달된 문명을 가진 신시 배달국의 후예로 우르·에리두·훈의 연맹체 국가이다.

이와 같이 하가점상층문명은 초기 하나라에서 이주한 북이족을 중심으로 형성된 것이고, 후에 상나라가 주나라에 멸망하면서 다시 중원을 도모하려는 한민족의 후예들이 모여 만든 것이다. 즉, 하가점상층문명이 BC 12세기~BC 10세기경에 갑작스럽게 내몽골 지역에 등장하는 것과 BC 770년경에 견융이 주나라를 공격하여 동쪽으로 몰아낼 수 있던 것도 이 때문이다.

2) 스키타이의 침입

스키타이는 현재의 이란 지역과 크림반도를 중심으로 BC 9세기에 시작하여 BC 4세기경에 사르마티아에 흡수, 합병될 때까지 강력한 제국을 형성하여 동방으로 세력을 넓힌 종족이었다. 이들은 전투 중 대단히 용맹하며, 말 타기 솜씨가 좋아서 다른 부족들의 경계 대상이었다. 또한 이들은 역사상 최초로 기마 전투기술을 터득한 민족이다. 이들은 초기 아시아에서 이동한 뒤 카프카스와 흑해 북부 평원을 점령하고 페르시아 서부에서 유대 땅을 지나 이집트 경계까지 영토를 넓혔다. 그러나 BC 6세기경 페르시아에게 밀려서 영토는 페르시아 경계 지역과 쿠반을 거쳐 러시아 남부로 축소되기도 하였다. 그러나 역사 속에서 스키타이가 중요한 것은 이들이 BC 6세기경 아시아권에서 영토를 확장할 때 아시아에 기마 전투기

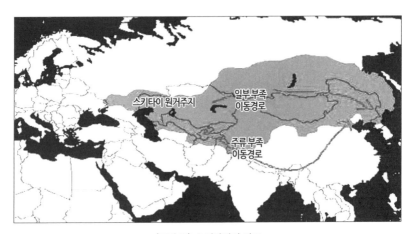

〈그림 21〉 스키타이의 판도

술을 전달했으며, 유목족인 훈족을 자극하여 훈족이 세계적인 제국으로 클 수 있는 초석을 닦아준 것이다. 그리고 우리 한민족에게는 이들의 침입으로 인해 내몽골의 산융이 사해와 흥륭와로 이주하여 동호를 세우게 되는 요인이 되기도 하였다.

스키타이문명에서 지배계급은 황금과 귀중품들로 가득 찬 무덤들을 남겼다. 그들의 장례풍속은 매우 정교했고 남자가 죽으면 그의 아내와 종 그리고 많은 말들을 함께 매장하는 순장제도가 시행되었다. 스키타이는 AD 2세기에 멸망했다.

2. 동호(구려)와 부여(북우르)의 역사

1) 동호(BC 5세기~BC 3세기)의 건국

동호의 건국은 산융이 동천하면서 예(물길)족을 복속시키는 것과 관련되어 있다. 이에 대한 내용은 '환단고기'의 대부여 역사에서 살펴볼 수 있다. 즉, "BC 425년 백민성 욕살 구물이 21대 물리단군의 명을 받아 군사를 일으켜 장당경(개원, 선양)을 먼저 점령하여 우화충의 난을 진압하고 오가의 추대를 받아 단군이 되어 국호를 대부여라 한 것이다." 장당경 지역은 중부여가 되고, 원래의 부여와 상춘(늘봄, 장춘, 백악산아사달, 녹산)은 북부여 지역이 되는데, 장당경을 중심으로 하여 국호를 대부여라 한 것이 된다."

이같이 '환단고기'에 표현된 대부여는 고조선과 혼동되어 있는 것으로 보이며, 실제로 BC 425년경에 성립된 대부여는 동호(구려)국으로 그 위치는 사해와 흥륭와 지역인 것으로 보인다. 여기서 부여나 구려의 '려·여' 자는 우르를 지칭하는 한자 표현으로, 구려는 '옛 우르'라는 의미이다. 동호(구려)는 산융(신한연맹)이 스키타이의 침입을 받아 하가점에서 서요하 상류와 북만주 쪽으로 이동하면서 성립된다. 이 당시 신한연맹의 우르족과 고리족이 연합하여 내몽골의 훈족과 산서성의 견융(견이)이 분리되면서 진한연맹체의 국가로 재탄생한다. 이것이 곧 중국 기록으로 남아 있는 동호이다. 이때 분리된 훈족은 후에 흉노가 되어 동호를 멸망시키고 북중국을 위협하는 세력으로 성장한다. 그리고 견융은 주나라를 동천시키고 진나라의 근간이 되어 중국을 통일한다.

2) 훈(흉노)족의 독립과 동호의 멸망

훈족은 원래 내몽골 지역의 토착 부족으로 최초에 칸연맹의 일원으로 존재하였다. 그 후 고삼국시대를 거치고 북이가 우르와 재결합할 때 같이 참여하여 신한연맹(산융)을 구성했다. 그리고 BC 6세기경 스키타이에게 신한연맹이 와해되고 우르와 에리두가 동쪽으로 이동하여 진한연맹(동호)을 세울 때 분리된다. 이때 내몽골 지역에 남은 훈족은 스키타이로부터 전수받은 기마 전투기술을 발전시켜 강력한 유목부족으로 거듭난다. 이들이 중국 기록에 나타나는 흉노이다.

흉노는 BC 3세기 무렵부터 몽골 고원 지역에서 점차 세력을 확대하여 전성기에는 시베리아 남부와 북만주, 내몽골, 신장, 위구르 지역까지 지배하였다. 이러한 흉노는 중국의 한나라와 군사적인 충돌을 자주하였으며, 한나라를 제압한 후에는 조공무역이나 결혼동맹을 맺는 등 복잡한 관계를 유지하였다.

초기 동호는 훈족과 함께 신한연맹체의 국가였으나 사해·흥륭와 쪽으로 이동하고, 진한연맹이 되면서 훈족과 결별했다. 그래서 중국 기록에 동호는 흉노의 동쪽에 살고 있는 모든 이민족을 총괄하는 이름이 된 것이다. 또한 기록상 이들은 전국시대에는 연나라에게 쫓겨 지금의 요하 상류인 사해·흥륭와 지역으로 옮겨가서 유목과 수렵생활을 하며 살았다고 한다. 그러나 그것은 동호의 일부 연맹체 상황을 과장한 것이다. 그 후 동호는 전국시대 후기에 세력이 강대해져서 흉노족으로부터 땅과 족장, 부인 그리고 명마 등을 빼앗기도 했다. 그러나 BC 3세기 말에 흉노족의 우두머리인 묵돌 선우의 공격을 받고 패하여 부족연맹이 와해되었다. 이러한 동호의 구성을 보면 우르족과 고리(에리두)족으로 오환산 일대에 흩어져 사는 동호는 후에 오환(에리두)족이라 부르고, 선비산 일대에 흩어져 사는 동호는 선비(우르)족이라고 불린다. 그리고 이들 중에 선비는 후에 북위, 북주를 거쳐 수나라와 당나라를 세운다. 동호가 흉노에게 멸망한 후에 에리두족은 고씨들을 중심으로 하는 고리족의 부족국가를 세우고, 우르족은 해모수를 중심으로 부여(북우르)를 건국한다. 여기서 고씨의 고리족은 후에 졸본부여(우르)와 연합하여 고주몽을 중심으로 하는 고구려를 건국한다.

3) 선비(우르)족과 오환(에리두)족 * 다음 / 백과사전 / 위키백과 / 편집

선비족은 BC 1세기~AD 6세기에 남만주와 내몽골 지방에서 산 우르족 계통의 유목민족이다. 선비(鮮卑)라는 명칭은 '조선의 비천한 종족'이라는 의미를 가지고 있는데, 이는 과거 중국인들을 지배했던 이민족을 폄하하기 위해 붙여 놓은 이름이다. 그러나 선비라는 명칭에서와 같이 선비족은 고조선과 직접적인 관계가 있음을 알 수 있다.

이들 선비족은 동호에서 갈려나와 흉노족이 힘을 잃은 후 내몽골 지방에서 형성됐으며, 위·진 남북조시대에는 남하하여 중국에 북위 등의 나라를 세웠다. 특히 탁발선비족은 사해와 흥륭와에 살던 동호(진한연맹)가 흉노에게 멸망하면서 선비산으로 도주한 우르족의 일파이다. 이들은 흉노, 돌궐, 말갈과는 태생의 기반이 전혀 다르다. 또한 같은 선비족이라고 하더라도 부족에 따라 다소 차이가 있었다. 즉, 내몽골 지역의 탁발선비와 우문선비는 우르족 계통이고, 요동과 요서 지역의 모용선비와 단선비는 키시족 계열이다. 그래서 모용선비는 후에 신라로 들어가 김씨 왕조의 바탕이 된다. 또한 탁발선비족 출신인 당 태종이 황제 헌원의 후손이라고 주장한 것도 이들이 칸연맹 3족 중의 하나인 우르족의 후예라는 의미도 된다.

BC 127년 한무제가 위청을 보내 하투(河套) 지역을 흉노로부터 빼앗을 때 흉노의 공격을 막기 위해 하투 지역에 계속해서 정착촌을 건설하는 정책을 추진했다. 이 시기에 내몽골 동부 지역은 선비족이 점령했다. 본래 흉노에 예속된 민족이던 선비족은 흉노가 한과의 전쟁을 치른 후 약해진 틈에 독립하여 이 지역에서 활발하게 활동하게 된다. 그들은 동호족의 북쪽 일파이며, 동호족의 남쪽 일파는 오환(烏桓)이다. 선비족의 흥망은 AD 1세기경 흉노족의 몰락과 때를 같이 한다. AD 87년과 AD 93년에 선비족은 흉노족의 두 선우(單于)를 처단했다.

원래 선비족은 대흥안령산맥 기슭에서 목축·수렵을 생업으로 하는 흉노에 복속했었다. 그 후 흉노가 북과 남으로 분열하자 전한에도 결합되는 부족이 나와 반독립상태가 되었다. AD 1세기가 되자 북흉노가 후한과의 항쟁을 계속하는 사이에 힘을 모아 북흉노를 몽골고원으로부터 서쪽으로 내쫓았다. AD 2세기경 단석괴(壇石槐)가 등장하여 부족의 통합에 성공하여 강대하게 되었다. 그러나 단석괴 사후 다시 분열되었다.

후한시대에는 한나라가 남흉노와 연합하여 북흉노를 서아시아로 밀어낸다. 이 시점에서 사실상 흉노는 와해되고, 남흉노는 한나라에 종속 관계를 갖게 된다. 그 후 한나라가 멸망하고 삼국시대가 시작되자, 이때부터 유목민족이 남하하여 한족과 통합되는 과정이 있었다. 흉노의 지배를 받았던 갈족과 말갈족도 하북성, 산동성 등으로 남하했다. 이러한 과정은 삼국시대와 5호16국, 북위, 동위, 서위, 북제, 북주까지 계속되었다.

그 후 수나라의 양견(楊堅)에 의하여 중국이 통일되었으나, 양견은 우문부가 세운 북주의 외척이고 자신도 선비족 출신이다. 동일시기 북주의 귀족이었던 당의 이연(李淵)도 선비족 출신이다. 그러나 북위의 한족화 정책으로 선비족은 한족에 동화되었다.

선비족으로 분류되는 요서 지역의 민족은 키시족으로 당나라 후기에는 거란(카라키탄)이 되었으며, 요나라를 세웠다. 이때 그 휘하에 있던 말갈족, 갈족들 일부가 동만주로 이동했다. 말갈족, 선비족, 타타르 혼합 민족인 여진이 거란을 정벌하고 거란족이 반란을 일으키지 못하도록 그 주위에 여진족을 배치하여 감시하였으나, 그 때문에 거란과 여진의 민족 통합이 이루어졌다. 그래서 키시계의 요서 지역 선비족은 거란족을 거쳐 여진족으로 전환되었고, 금나라 멸망 이후로 해서 여진, 야인 여진, 건주 여진으로 나누어진다.

요사(遼史)에는 "요나라의 선조는 거란이고 본래는 선비의 땅이다. 요택(遼澤)에 살았다."고 한다. 이 요택(요하의 삼각주 유역)은 대능하와 요하 유역의 습지로 원래 키시·고조선 땅이었다.

또한 요사에는 "요나라는 조선의 옛 땅에서 유래했으며, 고조선과 같이 팔조법금의 관습과 전통을 보존하고 있다."고 했다. 또한 요사의 지리지에는 "(수도의 동쪽 관문인) 동경요양부는 본래 조선의 땅"이라고 기록되어 있다.

이것은 고조선 후예들이 고구려와 선비·오환으로 나눠지고, 선비·오환은 다시 모용부(慕容部)·탁발부(拓拔部)·우문부(宇文部)·단부(段部) 등으로 분화되었다는 것을 알 수 있다.

오환족은 하북성, 요령성, 산서성과 베이징 근처 그리고 내몽골 등 중국의 북부에 거주한 유목민이었다. 이들도 동호의 후손으로 흉노에게 멸망한 후 오환산으로 도주한 고리(에리두)족 계열이다. 이들은 한 왕조의 후반에 활동적이었으며, 한나라의 정규군에 참여하기도 하였다. AD 190년경 후한이 멸망할 당시 오환은 중국의 반란과 내전에 참여하였다. AD 200년경에는 오환의 3부는 황하 이북의 중요한 군주였던 원소를 지지하였다. AD 207년 조조는 오환의 영토로 깊숙이 행군해 들어오고 그들을 백랑산(白狼山)에서 격파하였다. 그 후 다양한 오환족 지도자들이 AD 3

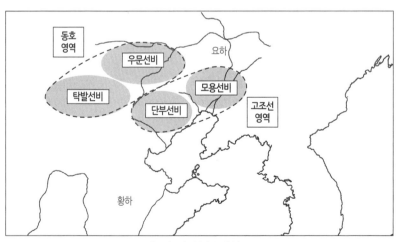

〈그림 22〉 선비족의 분포

세기~AD 4세기에 산발적인 반란을 이끌었지만, 결국에는 선비족과 한족에 흡수되었다.

4) 부여(북우르)의 성립(BC 239년~ ?)

흉노에게 멸망한 동호(진한)국 우르족 출신의 해모수가 BC 239년(?) 군사를 일으키니 주변국 제후들이 그를 따랐다고 한다. 여기서 해모수는 이름이 보여주듯이 우르족 출신이다. 즉, 해모수란 '해를 모시는 사람'이라는 의미로 태양신을 섬기는 우르족이다.

'환단고기'에 따르면 "해모수는 BC 238년 고열가단군이 명령에 따르지 않고 국가 재정도 어려워 나라를 오가에게 맡기고 아사달 산으로 들어가 수도하였다. BC 232년 해모수가 장당경(장춘)을 찾아가 오가들을 설득하여 오가연맹을 철폐하고 접수하였다. 해모수 선조의 고향이 구려이므로 해모수의 나라를 고구려라고도 한다. 해모수는 성을 해씨라 하였지만, 원래는 고씨이다. BC 239년부터 AD 668년까지를 따지면 고구려의 역사는 907년이 되고, BC 232년부터 따지면 900년이 된다. 해모수가 직접 북부여라 칭하지 않았으며, 장당경의 북부인 난빈에 수도를 정하였으므로 북부여로 부르게 된 것이다. 난빈은 웅심산 아래에 있다. 웅심산은 대흥안령산맥에 있는 산이다. 대흥안령산맥의 동쪽에는 부여, 난빈, 상춘, 장당경이 위치한다. BC 108년에 위만조선이 한나라에 망하자 졸본 출신의 고두막한이 동명왕이라 칭하면서 의병을 일으켰다. 그리고 한나라 군사들을 물리친 후 서압록(지금의 요하)을 지나 구려하(대능하)까지 진격하였다. 그는 BC 86년에 자신을 천제자라 칭하면서 해부루단군을 동부여(분릉, 가섭원)로 옮기게 하고 난빈을 차지하여 북부여라 칭했다.

그 후 해부루를 동부여 제후(왕)로 삼고 북부여를 차지하여 단군이 되었다. 이를 동명이 새로이 왕업을 열었다라고 기록한다. 이리하여 천제자인 고두막한이 천제인 고두막단군이 된 것이다."라고 한다.

이와 같이 '환단고기'에는 부여의 역사를 살필 수 있는 중요한 내용이 담겨져 있다. 그러나 이 시기의 역사적 고증은 명확하지 않아 '환단고기' 내용의 진위 여부에 대해서는 논의의 여지가 있다. 그럼에도 불구하고 부여의 역사는 우리 한민족의 국통맥을 이어주는 중심에 있어 앞으로 우리가 연구하고 바로 찾아야 할 우리 한민족의 소중한 역사이다.

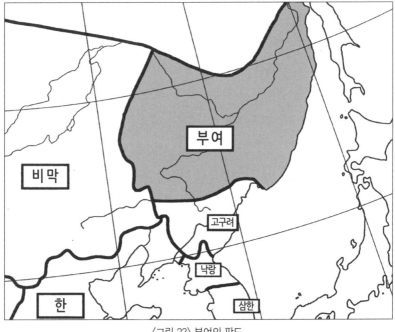

〈그림 23〉 부여의 판도

5) 부여 우르족이 한반도로 이주

부여의 멸망 시기는 정확하지 않지만, 이후 동부여가 건국하는 BC 87년과 밀접한 관계가 있는 것으로 보인다. 이때 부여가 멸망하면서 지배층인 우르족의 일부는 아무르(흑룡)강을 거쳐 한반도의 동쪽 해안선을 따라 남하한다. 그들은 지금의 속초 부근의 울산바위 근처에서 둘로 나누어지고, 그 중 한 갈래는 계속 남하하여 울진을 거쳐 울산의 태화 강가에 도달한다. 이들이 후에 울산 서쪽의 벌판으로 이주하여 그곳이 서벌(서라벌)이 되고 신라의 근간이 된다.

그리고 울산바위에서 갈라진 다른 우르족 일단은 미시령을 넘어 소양강을 따라 이동하여 춘천의 중도에 이르고, 그곳에 우두국을 세운다. 여기서 우두국은 소머리국으로 수메르국의 변음이다. 그리고 그들이 다시 이동하여 북한강을 따라 내려가 양평에 이른다. 그 후 양평에서 다시 남하하여 하남 위례에 이르렀으며, 그곳에 한성 백제를 세운다. 이곳이 후에 백제가 탄생되는 근간이 된다.

3. 동부여(동북우르)의 역사(BC 87년~AD 494년)

1) 동부여(東扶餘)의 역사

'환단고기'에 따르면 "졸본 출신의 고두막한이 BC 108년에 의병을 일으켜 위만조선을 멸망시킨 한나라 군사를 물리쳤고, BC 87년에 고우루단군에게 천제자라 칭하면서 나라를 비키라고 위협하니 고우루단군이 근심으로 붕어하고 동생인 해부루가 단군이 되었는데, 계속하여 고두막한이 천제자라 칭하면서 사자를 보내어 나라를 비키라고 위협하니 해부루의 재상 아란불이 해부루를 설득하여 동쪽의 분릉(가섭원)으로 옮기고 고두막한이 해부루를 동부여왕으로 삼았다. BC 79년 고주몽이 동부여 분릉에서 탄생하였으며, 해부루 왕가에서 자랐고, BC 77년에 해부루왕이 금와를 곤연에서 얻어 양자로 삼았으며, 고주몽은 동부여 왕실의 시기질투로 BC 59년 21세에 어머니 유화부인의 명을 받아 동부여를 탈출하여 졸본에 도착하였다. 이때는 동부여 해부루왕 때이다. BC 48년에 해부루왕이 죽고 금와가 왕이 되었으며, 금와는 여러 아들을 두었는데 장자인 대소가 왕위를 이었다. 동부여는 BC 86년부터 대소왕에 이른 AD 22년에 고구려의 대무신왕에게 망한다. 이후 동부여는 AD 68년에 서쪽의 연나부로 옮겼는데, 차츰 강해져 요동반도 서쪽까지 세력을 떨쳤고, AD 494년 문자명제 때 다시 고구려에 복속되어 동부여는 없어졌다. 역사상 기록에 나타나는 부여왕 의라, 의려 등은 바로 고구려 연나부의 동부여 왕이 된다. 동부여는 북부여의 동쪽에 위치한 부여라는 말로서 분릉은 난빈의 동쪽에 해당하고, 졸본은 분릉의 동남쪽에 해당한다. 그리하여 졸본도 난빈의 동남쪽에 해당하며, 글자를 풀이하면 동부여는 곧 동명(東明)과 같은 말로 서라벌과 통하는 말이 된다."고 한다.

이와 같이 동부여는 부여에서 나와 별도로 존재하다가 AD 494년에 고구려에게 복속된 것으로 기록되어 있다. 그러나 동부여의 존재는 고구려의 탄생과 맞물려 있어, 이 또한 우리 한민족의 뿌리를 찾는 데 중요한 근거가 된다. 다만 동부여가 신라와 직접 관계가 있는 것으로 표현되어 있으나 신라의 건국연대가 BC 57년으로 동부여와는 직접적인 관계가 없고, 오히려 부여의 멸망과 관계가 있는 것으로 보인다. 즉, 신라를 세운 박혁거세는 북만주의 부여에서 온 이주민일 가능성이 크다.

2) 졸본부여의 역사

졸본부여는 부여의 역사를 뒤이은 국가로 부여에서 동부여가 떨어져 나가고, 졸본에서 구려의 뒤를 잇는다는 의미로 졸본부여라고 지어진 것 같다. 특히 졸본은 홀본에서 나온 말로 '새벽별'이라는 의미를 가지고 있다. 이러한 졸본부여는 해모수의 부여를 이은 국가로 후에 고구려로 통합되는 과정을 거친다. 이 과정에서 고주몽의 설화는 시기적으로 차이가 있는데도 고주몽이 해모수의 아들이라고 하는 이유도 설명이 된다. 이러한 졸본부여의 역사는 전해지는 사료가 적어 '환단고기'의 내용에 따른다.

"BC 60년 고두막단군이 붕어하자 아들 고무서단군은 졸본에 장사지내고 졸본을 수도로 삼았으며, BC 59년 동부여에서 졸본으로 도망해 온 고주몽을 둘째 딸 소서노의 신랑으로 삼아 사위로 삼았다. 고무서단군이 BC 58년에 붕어하면서 고주몽에게 유언을 남겨 대통을 잇게 하니, 고주몽이 졸본을 수도로 삼고 단군이 되었다. 이리하여 고주몽의 졸본부여가 된 것이다. 이후 고주몽은 단군조선의 영화를 되찾기 위하여 새로이 업을 열어 고구려를 건국하게 되는데, 이를 동명의 업을 이었다라고 기록한다. 고두막단군은 졸본의 고두막한으로 의병을 일으켜 나라 이름을 동명이라 칭하고 동명왕이 되어 한나라 군사들을 물리쳤으며, 고주몽은 동명의 업을 이어 고구려를 열어 동명성제라 부른다."

이러한 '환단고기'의 내용에서 보면 고구려는 부여를 이은 직계국가로 부여를 건국한 해모수가 고구려의 원시조가 되는 것으로 표현되었다. 그래서 실제적으로 고구려가 건국한 연대는 부여가 건국한 BC 239년으로

소급할 수 있다. 다만 해모수와 고주몽의 관계는 4대의 차이가 나는 점과 해모수의 해씨는 우르족인 점에 반해서, 고주몽의 고씨는 고리(에리두)족으로 종족 자체가 다르기 때문에 직접적인 부자 관계는 성립되지 않는다. 또한 동호가 흉노에게 BC 200년경에 멸망했기 때문에 해모수와 관련된 BC 239년은 부여의 건국연대로 타당성이 적다. 왜냐하면 부여는 동호가 멸망한 이후에 우르족에 의해 건국된 국가이기 때문이다. 이와 같은 관점에서 본다면 부여의 건국연대는 BC 195년~BC 180년 사이일 것으로 짐작된다.

4. 대륙삼한시대의 역사

대륙삼한시대를 다른 말로 전 삼한시대라고 한다. 이 시기는 상나라가 멸망하고 주나라에 의해 동이족이 한반도로 들어온 BC 11세기경부터 시작한다. 이 당시 이미 내몽골에는 북이·우르·훈족의 신칸(신한)연맹이 형성되어 있고, 요하 지역에는 키시·고조선의 벌칸(번한)연맹이 있었다. 그래서 한반도에 동이족이 이주하여 만든 뫼칸(마한)연맹까지 합쳐서 전기 삼칸(대륙삼한)시대를 이루고 있었다. 즉, 이러한 대륙삼한은 내몽골 지역의 신한(진한)과 요하의 번한 그리고 한반도 내의 마한연맹을 지칭한다.

1) 신(진)한연맹과 우르

내몽골 지역에 신한(신칸 ; 새로운 칸연맹)이 존재하고 있으며, 이는 하나라가 멸망한 후에 북이가 하가점 지역으로 들어오면서 기존의 우르·훈족과 함께 재결합하여 신한연맹인 산융을 만든 것이다. 이때의 중심 지역은 하가점상층문명의 홍산 지역이다. 이것이 후에 스키타이의 침입으로 동쪽의 사해와 흥륭와 지역으로 이동하면서 동호(진한연맹)국이 되며, 이때 훈족과 산융이 분리된다. 그리고 동호가 멸망한 후에는 장춘 지역으로 이동하여 예족과 결합하면서 부여가 된다. 이후에 부여가 다시 멸망하면서 더욱 동쪽으로 이동하여 동부여를 건국하고, 일부는 남쪽으로 이동하여 신라와 백제의 기틀이 된다.

부여가 멸망한 후에는 남만주에 있던 진한연맹의 잔여 국들과 고리족이 연합하여 새로운 국가체제를 이루면서 만든 나라가 고구려로, 후에 만주 전체를 지배하는 강력한 국가가 된다.

더불어 초기 신한연맹의 구성원이었던 훈(흉노)족은 스키타이 침범 이후 연맹에서 분리되면서, 우르와 북이가 동쪽으로 이동하자 독자적인 발전을 시작한다. 그리고 그들은 흉노가 되어 중국의 북방을 위협하는 세력으로 커진다. 본래 훈족은 수메르에서 온 칸연맹과 결합하여 칸훈(환웅)연맹의 배달국 구성원이며, 우리 한민족의 다른 한 축으로 존재하였다. 그러나 우르족이 동쪽으로 이동하면서 연맹은 와해되고, BC 6세기경에 우르족이 고리족과 결합하여 진한연맹을 결성하자, 훈은 독자적인 세력으로 성장하였다. 그리고 BC 3세기경에는 내몽골 쪽의 흉노족이 세력을 크게 키우면서 당시의 진한연맹(동호)을 멸망시킨다. 그리고 흉노는 영토를 크게 확장하여 번한(고조선)연맹과 중국 북방을 위협할 정도로 성장한다. 그 후에 우르족은 북만주의 예족을 병합하여 부여국을 만든다.

동호국의 멸망 후에는 진한연맹의 유민들이 한반도로 들어와서 경상도 지역에 진한으로 이어진다. 이것이 후에 박혁거세의 신라가 된다.

2) 번한연맹과 키시

초기 칸연맹이 있던 내몽골의 신시에서 키시는 동남쪽 서요하 지역으로 이동하였다. 그곳에서 우하량의 선주민인 맥족과 결합하여 번한연맹(벌칸 ; 넓은 벌에 있는 칸연맹)을 구성한다. 그 후 농경지가 넓은 동쪽으로 이동하면서 조양(아사달) 지역을 중심으로 고조선을 세우고 선양까지 영향권을 넓힌다.

BC 1100년경에 황하 유역을 차지하고 있던 키시의 상나라가 주나라에게 멸망한다. 그리고 상나라의 왕족인 기자가 고조선으로 망명해 왔을 때 난하와 대능하 사이의 고축국을 다스리게 하면서 조양, 선양, 평양(천안)의 3도시체제를 구성한다. 그리고 후에 고조선이 멸망하자 김해 지역으로 이동하여 한반도 내에서 변한연맹을 만든다. 그것이 김수로의 가야연맹이다.

우리 역사 속의 고조선은 중국의 만리장성에 인접해 있는 대능하 지역과 요하 지역의 번한연맹이다. 그리고 그 고조선의 수도는 조양으로 왕검성이며, 중국 측 인접국가인 연나라와 계속적인 문화적 교류를 해왔다. 그러나 BC 194년 연나라의 망명객 위만에 의해 고조선은 멸망하고, 준왕은 한반도의 청주 지역으로 이주한다. 이렇게 만들어진 위만조선은 후에 한무제에 의해 다시 멸망하게 된다. 그리고 그곳에 한사군이 설치되면서 우리 한민족의 요하 지역 지배권은 영원히 상실하게 된 것이다.

3) 마한연맹과 에리두(동이)

BC 1600년경 황하 지역에서 에리두의 하나라가 멸망한 후에 에리두족은 동쪽, 서쪽, 북쪽으로 분산된다. 그 중에 동쪽으로 이동한 에리두족이 동이족이다. 이들은 산동과 태산 서쪽의 태안을 중심으로 세력을 키운다. 그러나 BC 1018년 주나라에게 상나라가 멸망하면서 그들도 주나라에 쫓겨 상당수는 더욱 동쪽으로 이동한다. 그리고 산동반도와 한반도 내의 태안반도를 거쳐 반도 내륙으로 이동한다. 한반도로 이주한 동이족은 천안에 이르러서 두 갈래로 갈라진다. 이것이 천안삼거리의 유래이다. 그중에 한 무리는 발안을 거쳐 황해도 수안으로 북상하여 진국을 세웠으며, 다른 무리는 이리를 거쳐 무안으로 남진하여 목지국을 세운다. 이것이 마한(뫼칸 ; 산지에 있는 칸연맹)이다. 여기서 마한의 '마'는 산이라는 의미의 뫼에서 나왔다. 그 당시의 한반도는 지금과 달리 해안선이 내륙으로 후퇴해 있었기 때문에 평야가 그다지 넓지 않은 산악지대로 이루어져 있었다. 이 때문에 산지의 칸(뫼칸)연맹이라는 의미로 마한이란 명칭이 붙어진 것으로 보인다.

6절 진·한시대 역사의 재구성

1) 에리두 · 진나라의 멸망(BC 221년~BC 206년)

BC 221년 주나라의 지배력이 약해지면서 전국시대에 가장 강력한 국가인 서이(에리두)의 진나라가 중국을 통일한다. 그러나 중국을 통일한 진시황제는 만리장성과 같은 대규모 토목공사와 혹독한 법 집행 등을 통해 황제의 권력과 왕권을 강화했다. 여기서 우리는 진시황의 만리장성을 통

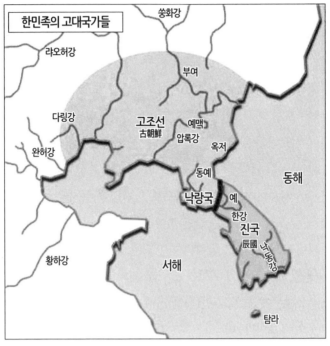

〈그림 24〉 진국과 목지국

해 에리두족의 특성인 축성술과 토목공사를 볼 수 있다. 즉, 칸연맹 3족 중에 에리두는 축성기술이 발달해 있어 배달국의 성곽과 축성을 맡아 축조했다. 그래서 내몽골의 삼좌점이나 성자산성의 성곽에 치(雉)와 같은 축성술이 보이는 것이다. 이러한 특징은 후에 같은 에리두 계열의 고구려 및 고려의 장성 및 산성 축성술 등에도 잘 나타난다. 그리고 진나라 또한 장성을 잘 축조하는 특징을 보이는 것도 같은 맥락에서 살펴볼 수 있다. 하지만 결국 진나라에서는 만리장성과 같은 대규모 공사와 지속적인 폭정 등으로 인해 국민들의 불만이 고조되어 전국적으로 반란이 일기 시작했다. 이 틈에 조고를 비롯한 환관 세력이 권력을 잡으면서 부패하기 시작했고, 왕권은 더욱 약화되었다. 이로 인해 진왕조는 전국적으로 일어난 반란을 수습하지 못하고 국력은 급격히 쇠퇴하기 시작했다.

이러한 과정을 거쳐 결국 BC 206년 한나라의 유방과 초나라의 항우가 연합한 공격을 받은 후에 진나라는 시황제의 중국 통일 후 불과 15년 만에 멸망하게 된다. 그리고 다시 유방과 항우가 경쟁하여 유방이 승리함으로써 한나라로 재통일된다.

2) 키시의 한나라(BC 202년~AD 220년)

(1) 초나라와 항우

항우(項羽)는 강소성 하상에서 태어난 초(楚)의 명문 출신이다. 그는 키가 8척의 장대한 기골의 에리두족 특성을 가지고 있으며, 숙부인 항량에게 기숙하였다. 그러나 항량이 사람을 죽이고 보복이 두려워 항우를 데리고 장강을 건너 오나라로 피해 가게 된다. 그 당시는 진승과 오광이 일으킨 난으로 진나라가 몹시 어지러운 상태였다. 그래서 이 틈을 타서 항량은 회계군의 태수를 죽이고 스스로 회계 태수가 된다. 그리고 진나라의 타도에 앞장서서 활동을 하기 시작했다.

이 당시 항량은 진나라에게 멸망한 조국 초나라를 부흥시킨다고 하면서 양치기로 있던 왕족 심(心)을 초나라의 왕으로 추대하였다. 그리고 반란군을 진나라 타도의 혁명군으로 바꾸고 자신은 무신군이 되어 항우를 부장으로 삼았다. 그 후 항량이 죽자 항우가 그 뒤를 이어 초나라를 지배하게 된다.

(2) 한나라의 유방

한나라를 세운 유방(劉邦)은 빈농 출신이다. 유방은 모금도(卯金刀) 유씨로 쇠(金)자가 들어간 성씨이며, 키시족이다. 그는 진나라 말기에 900여 명의 죄수와 걸인들을 모아 여산릉을 축조하고, 그곳의 경비를 맡는 임무를 받았다. 그러나 그것을 수행할 부대를 인솔하고 가는 도중에 장마로 여러 날 지체하게 되자, 처벌이 두려워 인솔 상관을 죽이고 폭동을 일으켰다. 그리고 인솔하던 죄수와 걸인들을 규합해 무장 농민군을 구성하였다. 그 후 항량의 군문에 들어가 진나라 타도에 앞장서게 되었다. 이당시 진나라의 폭정에 봉기한 세력 중 유방과 항우가 가장 부각되었다. 그들 모두 처음에는 진나라 타도라는 공통의 목표로 출발하였으나, 목표가 달성된 후에는 천하를 차지하는 것을 두고 싸움이 시작되었다. 이것이 중국 역사에 기록된 초·한전이다.

(3) 초나라와 한나라의 전쟁

초나라는 항량이 초회왕을 옹립하여 부흥시켰으나, 진나라는 이를 진압하기 위해서 반군의 중심인 초나라를 공격한다. 그 과정에서 항량은 전사하고, 진나라군은 그 여세를 몰아 다시 초나라를 공격했다. 그 때문에 초나라는 일대 위기에 빠지게 되었다. 그래서 초왕은 항우로 하여금 초나라를 구하게 하고, 유방에게는 한중을 공격하게 하였다.

항우는 거록에서 승리하고 장한의 항복을 받았으며, 이때부터 항우가 진나라와의 싸움에서 주도권을 잡는다. 이때 유방은 진나라의 수도인 함양을 향해 진군하고 있었으며, 팽월과 장량이 합세하면서 그 위력이 크게 커졌다. 그리고 그는 큰 저항 없이 함양 근교에 이르자 진왕은 황제의 상징인 옥쇄를 들고 유방의 군문에 나아가 항복하였다.

진나라의 수도인 함양을 점령한 유방은 항우와의 갈등이 생기자 항우에게 승리의 공을 넘기고 맞설 뜻이 없음을 밝혀 위기를 넘겼다. 그러나 함양에 입성한 항우는 진왕을 죽이고 궁성을 불태웠다. 그리고 진시황제의 능을 파헤치고 보물을 탈취하였으며, 수많은 사람들을 잡아서 생매장시켰다.

항우에게 굴복한 유방은 항우로부터 한중의 왕으로 봉해져 파촉으로 들어갔다. 그리고 외부로 나오는 잔도를 태워 황우와 맞설 뜻이 없음을 보이고 내실을 기했다. 항우는 초회왕을 의제로 승격시키고 자신은 팽성에 도읍하여 서초의 패왕이라고 칭했다. 그리고 공적이 있는 공신들에게 봉토를 주어 봉건제를 다시 실시했다. 그러나 논공행상에 불만을 품은 자들이 각지에서 봉기하였다. 항우는 황제 의제를 구강왕 영포를 시켜 죽였으며, 이것이 유방에게는 초나라를 칠 수 있는 대의명분을 주었다. 그래서 유방이 토벌군을 형성하니 많은 제후들이 모여들었고, 그 후 항우와의 싸움은 4년간이나 계속되었다. 항우와 유방 간의 전쟁은 해하의 일전에서 결판이 난다. 그리고 항우는 안휘성 화현의 북동쪽 오강에 이르러 죽음으로써 초·한전은 막을 내린다.

그 후 한왕 유방은 조주에서 즉위하여 한고조가 된다. 그리고 한제국의 수도를 낙양으로 정한다. 그러나 다시 진나라의 수도였던 함양으로 옮기면서 장안이라고 개명하고 진나라 때의 궁궐을 수리하거나 새로 지어서 한제국의 기틀을 마련한다.

4년간에 걸친 항우와의 싸움에서 천하통일의 대업을 이룬 한고조는 공이 큰 장수와 부하를 왕과 제후로 삼았다. 그리고 그들에게 봉토를 주고 나라를 다스리게 하였으며, 중앙은 직할지로 하여 직접 다스렸다. 이것을 한나라의 군주제도라고 한다.

그 후 한나라는 중앙집권을 강화하기 위해 공신숙정을 단행하였으며, 그때 연왕 노관이 흉노로 피신하게 된다. 그 과정에서 그의 부하인 위만이 난을 피해서 고조선으로 들어왔으며, 준왕은 그를 받아들여 변경 수비에 임하도록 했다. 그러나 우수한 철제 무기와 전투경험을 가진 위만은 왕검성을 점령하여 준왕을 몰아낸다. 그리고 그는 위만조선을 세웠다가 한무제에게 멸망한다.

3) 한제국과 키시·고조선의 관계

한나라의 지배족은 유씨로 금(金)자를 가진 성씨이다. 이는 키시족으로 초기의 수도를 주나라의 수도였던 낙읍으로 정하고, 그 이름을 낙양(洛陽)으로 개명한다. 그러나 한고조의 황후인 여후의 성씨가 여(呂)씨로 에리두의 성씨이다. 그래서 한나라의 수도를 진나라의 수도였던 함양으로 옮기면서 장안(長安)으로 개명한다. 이후 중국을 재통일한 한나라는 이제 흉노와 고조선을 직접 마주하게 된다.

본래 흉노는 전국시대부터 중국을 공격해 왔다. 그래서 중국은 이에 대한 대응으로 만리장성을 쌓았다. 초기에 흩어져 있던 흉노족은 선우라고 불리는 지도자가 부족연합으로 통합하였으며, 그 후부터 강성해지기 시작했다. 그리고 두만 선우 때는 더욱 강성해지고 그의 아들인 묵돌 선우는 몽골 전 지역을 통합하였다. 그리고 그들은 북중국 일대를 침입하기 시작했다. 이 때문에 한고조는 직접 흉노의 정벌에 나섰지만 도리어 흉노에게 크게 패했다. 그 후 한고조는 흉노에게 굴복하여 공주를 시집보내고 해마다 많은 공물을 바치며, 동시에 흉노의 선우와 형제의 맹약을 맺었다. 이 시기에 고조선은 한나라와 직접 싸웠다는 기록이 없는 것으로 보아 상호간의 사이는 나쁘지 않았던 것으로 보인다. 그러나 한무제 때에 이르러서는 당시 고조선을 점거한 위만조선을 공격하여 멸망시킨 후 그 자리에 한사군을 설치하였다.

이 당시 설치된 한사군의 위치를 중국 기록에 따라 배치해 보면 낙랑군은 대능하 하류 지역이고, 임둔군은 서요하 중류 그리고 진번군은 과거 진한과 번한의 접경 지역인 홍륭와 지역 주변이며, 현토군는 동요하 상류에 세워진 것으로 보인다. 여기서 진번은 진한과 번한연맹의 머리글자를 따서 만들어진 군현의 이름으로 후에 고구려와 선비족의 발호(跋扈)에 의해 임둔군과 함께 사라진다. 그리고 낙랑군과 현토군, 요동군은 고구려에 점령되어 고구려 땅이 된다.

위만조선을 멸망시킨 한무제는 흉노에게 토벌대를 파견하기도 하고 서역의 여러 나라들과 동맹을 맺어 흉노를 양쪽에서 협공하였다. 이러한 한나라의 공격으로 흉노는 점차 세력이 약화되고, 그들을 공격했던 한나라도 과도한 군비 지출로 국력이 피폐해졌다.

7절 키시 · 고조선 멸망과 위만조선의 역사 재구성

고조선의 멸망은 한고조의 공신숙정의 난과 관련이 있다. 즉, 공신숙정의 난 때 연(燕)왕 노관의 부하인 위만이 고조선으로 망명해 옴으로써 일어난 일이다.

1) 노관과 공신숙정의 난

노관은 한고조인 유방과 같은 마을 사람이며, 유방이 거병하기 전부터 행동을 같이했고, 동료로 그를 따랐다. 유방이 한왕이 되자 장군이 되고,

유방이 항우와 싸울 때에는 태위가 되어 전쟁을 치렀다. 그리고 항우가 격파되자 노관은 임강왕 공위를 공격해 멸망시키고 연왕의 반란을 진압했다. 그래서 한고조 유방은 노관을 연왕으로 봉했다.

노관은 한고조 11년에 진희가 반란을 일으키자 흉노에게 도움을 요청했는데 부하의 배반으로 모함을 받았다. 그 때문에 한고조가 노관을 소환했으나, 노관은 병을 칭하고 가지 않았다. 그 당시는 한제국이 기틀을 잡기 위해 공신숙정을 진행하고 있던 때였다. 그래서 한고조는 연나라를 공격했고, 노관은 연나라를 탈출해 흉노에 투항했다. 그리고 흉노의 선우인 묵돌은 노관을 동호의 왕으로 삼았다. 이렇게 노관이 흉노에 투항하자 연나라의 장수인 위만은 고조선으로 망명했다.

2) 위만조선의 성립

한나라의 고조 유방이 천하를 통일한 후 친구 노관을 연왕에 봉했으나 공신숙정의 난으로 노관이 모반하고 흉노로 달아났다. 이때 연나라의 장수 위만은 유민 1,000여 명을 이끌고 고조선의 땅으로 망명해 왔다.

이 당시 고조선의 준왕은 위만의 망명을 받아주었으며, 이후에도 준왕은 위만을 신임하여 박사로 임명하였다. 그리고 100여 리 땅을 하사하고 고조선의 서쪽 변방을 지키게 하였다. 그러자 위만은 한나라의 유랑민들을 모아 자기 세력을 키웠다. 그 후 한나라가 고조선을 침공해오자 수도 방어를 구실로 군사를 이끌고 들어와 정변을 일으켰다. 그리고 준왕을 몰아내고 왕위를 찬탈하였으며, 스스로 조선왕이라고 칭하였다. 이 당시 준왕은 남쪽으로 내려와 군산(어래산)을 거쳐 목지국으로 망명하여 한(韓)왕이 되었으며, 청주(淸州) 한씨의 시조가 되었다.

위만이 고조선에 망명한 시기는 노관이 흉노로 망명한 BC 195년일 것으로 여겨지나, 그의 왕위 찬탈 연대는 분명하지 않다. 다만 BC 194년~BC 180년경에 해당될 것으로 보인다. 그리고 기록에 따르면 위만은 노관의 부하 장수로, 국적은 연나라 사람이라고 되어 있다. 그러나 위만이 망명할 때 조선옷을 입고 상투를 틀었으며, 정변 후에도 국호를 계속 조선이라 한 점을 들어 위만은 본래 연나라에 거주한 조선 계통의 키시족 인물일 가능성이 크다. 또한 노관이 흉노로 망명했음에도 그의 부하 장수로서 노관을 따라가지 않고 고조선으로 망명한 것은 키시족과의 연관성이 있었음을 미루어 짐작할 수 있다. 더불어 정권 찬탈 이후에도 고조선 내부에서 심각한 반발이 없이 왕권이 원만하게 이양된 것도 이와 같은 사실을 반증해 준다.

위만이 왕위를 찬탈했을 당시는 중국 한제국의 국가체계가 아직 확립되지 못했으며, 계속적인 흉노의 침입 때문에 위만조선에 대한 정책은 소극적이었다. 그래도 인접한 요동태수는 위만에게 한나라의 신하가 될 것을 요구했다. 그러나 적극적으로 강요하지는 않은 것 같다. 다만 변방의 야만족들이 한나라의 변경을 침범하지 못하게 지켜주고 그들의 군장들이 황제를 입조(立朝)할 때 막지 말라고 하였다. 그래서 위만은 그 대가로 한나라의 군사와 물자를 원조받았다. 그리고 위만은 한나라에서 원조받은 군사와 물자로써 진번과 임둔을 쳐서 조선의 지배하에 두었으며, 그렇게 취한 땅이 수천 리에 달했다.

3) 위만조선의 멸망

위만은 고조선의 왕위를 찬탈한 후에도 나라 이름을 계속 조선이라 했으며, 고조선의 주민들도 적극적으로 반발하지 않았다. 이러한 점을 미루어 보면 위만의 집권이 고조선 내에서의 단순한 정권교체로도 볼 수 있다. 그리고 위만조선은 한나라의 철기문화를 적극적으로 받아들여 주변 지역을 활발히 정복하고 중개 무역으로 막대한 이익을 취했다. 그 후 위만조선은 세력이 커지면서 진국과 한나라와의 직접적인 교역을 가로막았다. 그래서 한무제는 흉노와의 전쟁에 방해가 될 것을 염려하여 섭하를 위만조선에 사신으로 보냈다. 그러나 그가 살해되자 그것을 빌미로 BC 109년에 대대적으로 침공하였다.

한나라와의 1년간의 전쟁 끝에 위만조선에서는 내분이 발생하였고, 이 과정에서 위만의 손자이며 마지막 왕인 우거왕이 살해되었다. 그리고 우거왕의 대신인 성기도 주살되면서 BC 108년에 왕검성이 함락되고 위만조선은 멸망하였다. 그리고 그 자리에 한사군이 설치되었다.

8절 진국·목지국·낙랑국 역사의 재구성

진국·목지국·낙랑국은 모두 한반도 내에 있는 에리두의 나라이다. 이들은 BC 11세기경 중국의 산동 지역에서 이주해 온 동이족이 세운 나라로 주로 서해안의 평야나 낮은 구릉 지역에 부족연맹체 국가로 이루어졌다. 이들은 초기에 마한연맹을 구성하여 신정국가 형태를 취했으나, 그 후 제정일치 국가로 변화하면서 다소 중앙집권적인 경향을 띠게 된다. 그러나 우리의 역사 속에서는 진국·목지국·낙랑국을 반도삼한 내의 마한과 혼동하거나 별개의 국가로 보고 있다.

1) 에리두의 진국(辰國)

　초기 진국은 춘추·전국시대에 중국의 동쪽에 있었던 동이(에리두)족이 전란을 피해 한반도의 태안반도로 건너오면서 성립되었다. 그리고 진국은 BC 8세기~BC 2세기경에 청동기 및 초기 철기문명을 바탕삼아 본격적으로 부족연맹을 결성하고, 한반도 중북부인 주안과 수안 지역에 분포하였다. 이들은 초기 고조선과 공존하였으며 제정일치 사회로 세형동검을 사용한 것으로 보아 일찍이 상나라가 멸망한 시기에 이주한 집단일 가능성도 있다. 또한 진국은 삼한의 각 부족국가 간 명칭이 생기기 이전부터 있었으며, 초기 진왕 세력하의 부족연맹체 국가로 결성되었다. 이 당시 진국의 지배자는 각종 천신 제사의식과 교역을 주관하는 동시에 행정과 군사를 겸하였다. 그리고 진국의 지배계급의 묘제는 석관묘와 석곽묘였으며, 경제적으로는 석제와 목제 농기구를 사용하여 벼와 함께 조·기장·수수 등의 잡곡을 경작하는 농업경제를 기반으로 하였다. 이러한 진국이 중국으로부터 금속문화를 받아들이기 위하여 한나라와 통교하고자 하였지만, 위만조선이 방해하였다고 한다. 그러나 고조선이 멸망할 때는 준왕을 비롯한 다수의 고조선 유민들이 이주해 오면서 한반도 내에 삼한을 형성하는 변화를 갖게 된다. 특히 전남 화순 지역에서 발견된 팔주령은 8개의 방울이 달려있어, 이것은 주역의 팔괘와 동일한 의미를 가지고 있다. 즉, 이 지역은 청동기시대 때 동이족이 거주하던 곳이라는 뜻이다. 이들은 팔주령을 통해 자연신인 엔릴(에리두의 신)에게 주술을 행하는 행위를 한 것으로 보인다. 그래서 팔주령의 존재를 통해 우리는 이곳이 에리두족 지역임을 알 수 있다. 여기서 팔주령은 팔괘의 천·택·화·뢰·풍·수·산·지의 8가지 자연현상을 의미한다.

2) 에리두의 목지국(目支國)

목지국은 월지국이라고도 한다. 초기 철기시대 이래 충청남도와 전라 남·북도 지역에서 형성되고 발전되어온 토착 정치집단과 에리두의 연맹 체 국가이다. 이들은 후에 부여(우르)족의 백제가 마한의 주도 세력으로 성장하기 전까지는 마한연맹체의 중심 세력이었다.

목지국의 위치는 한반도의 중남부 지역에서 청동기 유물이 비교적 풍부 하게 발견되는 전라북도 익산(이리)과 금강 유역으로 초기 동이족이 한 반도에 정착할 때의 지역에 해당된다. 특히 이리는 이리두와 직접 관련된 도시로 목지국의 주체 세력인 에리두족의 도시라는 의미도 된다.

이러한 목지국의 멸망 시기를 분명하게 알 수 있는 기록은 없다. 다만 목 지국의 쇠퇴는 백제의 성장에 그 원인이 있는 것으로 보인다. 특히 백제의 웅진 천도는 목지국 세력이 백제에 병합되는 과정을 보여주는 것이다.

3) 에리두의 낙랑국

(1) 왕망의 신나라

왕망(BC 45년~AD 25년)은 전한의 관료이며, 신(新)나라의 황제이다. 그는 전한 원제의 황후인 왕정군의 조카이며, 전한 성제의 외사촌 형제이 다. 그의 성씨는 원래 김씨인 김망으로 키시족이다. 왕망은 왕정군이 효 원황후가 된 후 그녀의 도움으로 섭정이 되었다. 그 후 백부인 대장군 왕 봉이 병들자, 그를 간병을 하면서 백부의 인정을 받았다. 왕봉이 죽은 후 대사마가 되면서 왕망은 권력을 장악하게 되었다. 애제 때는 잠시 물러났 다 다시 정계 복귀를 한다. BC 1년에 애제가 급사하고 평제가 즉위하면서 왕정군은 태황태후가 되어 조카 왕망을 대사마에 임명하였다. 그 후 평제가 독살되고 유영이 황제로 옹립되면서 왕망은 황제를 자칭하였다. 그리고 결국 천하를 노리고 있던 왕망은 거섭(居攝) 3년(AD 8년)에 황제에 즉위하고 신나라를 세웠다.

왕망은 주나라의 치세를 이상으로 삼고 국가 정책을 실시했으나 잘못된 정책들로 인해 국가 경제는 파탄이 났다. 더불어 흉노·선비·고구려 등의 주변국가와 갈등을 일으켜 자주 전쟁을 하였으며, 이로 인해 신나라의 재정은 회복할 수 없는 지경에 이르게 되었다.

결국 실정과 생활고에 못 견딘 농민들이 신 왕조에 맞서 반란을 일으켰으며, 특히 AD 18년에 일어난 '적미의 난' 이후 유수에게 패배하고 각지에서 군웅이 할거하면서 대혼란에 빠진다. 그 혼란 중에서 왕망은 두오에게 살해당했으며, 결국 왕망의 신나라는 멸망하고 말았다.

AD 16년 신나라가 세워지고 AD 25년 멸망할 때까지의 시기는 혼란기로 한나라가 낙랑군의 통제 능력을 잃었던 시기이다. 만일 한사군 중의 하나인 낙랑군이 평양에 있었다면 낙랑국은 에리두족 출신의 최리가 낙랑 태수를 축출하고 세운 나라가 된다. 그래야 후에 낙랑공주와 호동왕자에 대한 설명이 가능하다. 그러나 역사적 기록에는 낙랑군이 최리에게 찬탈당했다는 내용이 없다. 그래서 낙랑군과 낙랑국의 관계에 대해서는 보다 깊은 성찰과 연구가 필요하다.

(2) 낙랑국의 역사 재구성

'삼국사기'에 따르면 낙랑국의 멸망 과정에 호동왕자와 낙랑공주의 일화가 기술되어 있다. 기록에 따르면 낙랑공주가 고구려의 호동왕자를 사랑한 나머지 전쟁 경보장치로 추정되는 자명고를 찢었다. 그래서 무방비

상태의 낙랑국 군사들은 고구려에게 참패를 당하게 되었다. 그 후 낙랑국 왕 최리는 공주를 제 손으로 죽이고 고구려에 항복한다.

이렇듯 고구려와 관련하여 역사 속에 나타나는 낙랑국은 그 위치와 이름 때문에 한사군의 낙랑군과 항상 논란이 되고 있다. 특히 역사서에는 고구려의 대무신왕 때 호동왕자를 보내 낙랑국을 멸망시켰다고 했으며, 그때의 낙랑국왕을 최리라고 했다. 그러나 낙랑군과 낙랑국을 비교해보면 낙랑군의 경우는 태수가 다스리기 때문에 왕으로 칭하지 않는다. 그러나 최리는 왕으로 칭해지므로 평양 지역의 낙랑은 군이 아니라 국이 된다. 또한 여기서 최씨는 에리두족의 성씨이므로 가능성이 있는 가정은 초기에 낙랑군인 이 지역을 고조선 사람들과 함께 황해도 수안 지역에 있던 에리두의 진국 사람들이 낙랑군체제를 정복하고 최리를 왕으로 내세웠을 가능성이다. 실제로 낙랑국에 대해 기록한 고구려의 대무신왕 때는 전한이 멸망하고 왕망의 신나라가 세워졌으나, 실정을 거듭해서 혼란한 시기였다. 그래서 중앙 권력이 공백상태에 있기 때문에 낙랑군과 같은 외지의 군은 독립 왕국을 지향하는 일이 가능했었다.

이러한 낙랑국은 AD 37년경 대무신왕 때 고구려에 멸망하나, AD 44년에 다시 후한의 광무제가 군대를 보내 다시 낙랑군으로 삼았다고 한다. 그래서 또 다시 살수(薩水) 이남의 땅이 한나라에 속했다고 하며, 이때 만들어진 낙랑군은 미천왕시대에 고구려에 완전히 복속된다고 주장하는 역사가들이 있다. 그러나 이러한 낙랑군과 낙랑국에 대한 논란은 우리 후손들이 바로 정립해야 할 역사적 난제 중 하나이다.

제2장
한민족 중고사의 재구성

1절 한반도 삼국시대 역사의 재구성

우리민족이 한반도를 중심으로 만주 일대를 본격적으로 지배하기 시작한 때는 고구려, 백제, 신라의 삼국이 성립한 이후이다. 그 시기는 신라의 경우 BC 57년이고, 고구려는 BC 37년 그리고 백제는 BC 18년이다. 이러한 삼국 중에 신라의 성립연대가 가장 빠른 것은 박혁거세의 출신이 부여가 멸망한 후 한반도로 내려온 부여의 유민일 가능성이 크기 때문이며, 고구려의 고주몽은 부여에서 갈라져 나온 동부여에서 자라서 졸본부여와 통합하여 국가를 세웠기 때문에 시기적으로 늦을 수밖에 없다. 또한 백제는 고구려에서 갈라져 나온 온조에 의해 세워진 국가로 삼국 중에 성립 시기가 가장 늦다.

이들 삼국은 초기에 지배계층이 우르·키시·에리두의 연맹 형태로 성립되었다. 그러나 차츰 고구려는 에리두(고씨) 중심의 국가가 되고, 백제는 우르(부여씨)가 지배하는 국가로, 그리고 신라는 키시(김씨)가 세습하는 국가로 변한다. 즉, 우리가 알고 있는 삼국시대는 수메르의 삼족이 한반도를 중심으로 재편되어 상호 견제하고 발전해가는 시기인 것이다.

1. 고구려의 성립

(1) 북이(에리두)가 내몽골로 이동

하나라의 후예인 북이(北夷)가 내몽골로 이동하여 처음 정착한 곳이 적봉의 하가점(夏家店) 지역이다. 이곳은 원래 배달국의 땅이었으나 기후변화 등의 영향으로 농경에 어려움이 생기자, 우르 배달국이 동쪽으로 이동했거나 주변으로 흩어져 비어있는 상태였다. 그래서 이 지역을 황하 유역에서 쫓겨난 북이가 다시 차지하면서 지명을 '하나라가 점유한 곳'이라는 의미로 하가점이 된 것이다.

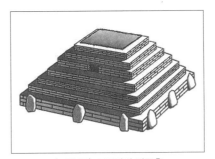

〈그림 25〉 고구려의 장군총

(2) 북이가 고리족으로

북이가 하가점 지역으로 들어가 내몽골 지역의 훈족을 지배하면서 우르와 재결합하고, 신한연맹을 세운다. 후에 이들이 주나라를 공격하여 성주로 천도하게 만든 견융(견이)의 실체이며, 우리 상고사에서는 신한연맹(산융)이다. 이후 신한연맹은 BC 6세기경에 스키타이의 침입을 받아 사해와 흥륭와 지역으로 이주하면서 훈족과 분리된다. 여기서 북이는 고리족이 되고, 우르와 연합하여 진한연맹의 동호로 재탄생하게 된다. 그리고 후에 동호가 흉노에게 멸망하면서 다시 고리족과 우르족은 분리된다. 이때 우르족의 해모수는 부여를 건국하고, 고리족은 후에 남만주의 키시족과 우르족의 부족국가인 졸본부여 등과 연합하여 3족 동맹체를 구성하고 고구려(高句麗)가 된다.

(3) 고리족이 고구려를 세움

고구려의 동명성왕 설화에서 보면 에리두·우르·키시의 삼족이 결합체임을 잘 나타나고 있다. 즉, 고주몽의 성씨가 고씨로 고리(에리두)족의 후예인 것을 알 수 있다. 그러나 아버지 해모수는 태양을 의미하는 해가 성씨인 것으로 보아 고리족이 아니고 우르족이다. 그래서 부자간에 종족이 다르다는 것은 모순이 된다. 이러한 모순점은 우리가 앞으로 규명해야 할 역사적 내용이다. 다만 어머니 유화부인의 출신은 설화 속에서는 강물의 신(엔키)인 하백의 딸이라는 것으로 보아 키시족의 여인임을 알 수 있다. 그래서 고주몽은 태생적으로 에리두족과 키시족의 결혼동맹 과정에서 태어났다는 것을 알 수 있다. 그리고 성장해서 우르족인 졸본부여의 송양과 소서노의 도움으로 고구려를 세웠기 때문에 에리두·키시·우르의 삼족동맹이 고구려의 탄생을 주도했음을 알 수 있다. 여기서 송양의 송(松)씨가 나무(木)자가 들어간 성씨이므로 우르족이다.

또한 고구려(高句麗)의 국명을 살펴보면 '고'는 고리(高夷 ; 에리두)족을 상징하고, '구'는 구야(狗耶 ; 키시)국에서 따왔으며, '려'는 졸본부여(夫餘 ; 우르)를 의미한다. 이와 같이 고구려라는 명칭 자체가 칸연맹 삼족의 연합체인 것을 잘 나타내고 있다. 그리고 고구려의 상징은 삼족오이다. 이 삼족오는 다리가 세 개로 삼족이 떠받치는 형상이며, 앞서 밝혔듯이 삼족의 색깔은 각각 붉은색(우르), 파란색(키시), 노란색(에리두)으로 삼색을 합치면 검은색이 된다. 즉, 삼족오는 우르·키시·에리두의 삼족동맹임을 상징하는 표상인 것이다. 특히 고구려는 제천 행사에서 동맹(東盟)이라는 표현을 쓴다. 이것은 삼족오와 같이 이들 삼족이 동쪽을 향해 맹세를 하는 제천 행사를 통해 동맹을 공고히 했다는 의미이다.

더불어 부여의 영고(迎鼓)는 북맞이 행사로 우르족의 태양신 숭배사상에 의한 제천 행사이며, 이러한 풍습은 백제를 거쳐 일본의 마쯔리 축제에서 북을 두드리는 행사로 지금까지 그 흔적이 남아있다.

〈그림 26〉 삼국시대의 판도

2. 신라의 성립

(1) 서라벌과 우르족의 박혁거세

'서라벌'은 '서벌'에서 나왔다. 서벌은 서쪽 벌판이라는 뜻으로 울산의 서쪽을 의미한다. 또한 울산은 '우르의 산'이라는 의미에서 서벌에 나라를 세운 박혁거세가 우르족의 후예임을 알 수 있다. 이러한 박혁거세의 설화를 살펴보면 옛날 경주 땅에 살고 있던 6촌장들이 자신들의 왕을 선출하려고 하는데 하늘에서 말이 내려왔다고 한다. 그래서 6촌장들이 말에게 가보니 말은 알을 낳고 하늘로 다시 올라가버렸다. 그 후 알이 부화되자 알 속에서 아기가 나왔으며, 그 아기가 바로 경주 박씨의 시조인 박혁거세로 사로국의 초대 왕이 되었다고 한다.

이것은 박혁거세의 난생 설화로, 6촌장은 토착 부족장이고, 말이 알을 낳았다는 것은 난생의 의미 외에 기마민족이 내려 왔음을 알 수 있다. 이당시 이곳으로 내려올 수 있는 기마민족은 부여(우르)족이다. 특히 박혁거세의 성씨가 박(朴)으로 나무(木) 옆에서 점(卜)을 친다는 의미이며, 이때의 나무는 신단수이다. 여기서 신단수는 태양신과 관계가 있고, 태양신은 우르족의 신앙이다. 이러한 점을 살펴보면 박혁거세가 우르족 출신이며 점을 친다는 것을 보아 신관 출신이라는 것을 알 수 있다.

(2) 사로국과 에리두의 석탈해

사로국은 신라 4대 왕인 석탈해의 석(昔)씨가 지배하던 시절이다. 석탈해는 박씨 왕조의 사위로 왕권을 이어받은 사람이다. 이러한 석탈해의 설화를 보면, 남해왕 때에 아진포에 살고 있는 노파가 바다에서 까치들이 나는 것을 보고 가보니 배가 한 척 있었고, 배 안에는 큰 궤짝이 있었으며, 그 안에 사내아이와 보물 그리고 노비들이 들어 있었다고 한다. 그 사내아이를 7일 동안 보살펴 주자 "나는 용성국의 왕비에게서 알로 태어나 버림을 받고 이곳에 왔다."고 하였다. 그 아이는 토함산에 돌무덤을 파고 7일 동안 머물렀다가, 성 안의 호공 집에 몰래 숫돌과 숯을 묻어 두고 다음날 관가에 자기 집이라고 송사를 제기하고 숫돌과 숯을 증거물로 그 집을 차지하였다. 그 소문에 남해왕은 탈해를 슬기로운 사람이라고 생각하여 맏사위로 삼았다고 한다.

여기서 살펴보면 석탈해란 이름은 '탈출해서 해방되었다'는 의미이다. 이것은 탈해가 용성국에서 왔다는 것과 일맥상통한다. 즉, 용과 관련된 것은 키시족의 나라라는 뜻이므로 고조선과 관련된 국가에서 배를 타고 이주해 왔다는 의미이다. 특히 용성이라는 명칭은 고조선 땅에 후속으로 세워진 후연의 수도로 용성국이 키시족과의 연관성이 있음을 나타낸다. 또한 돌무덤이 상징하는 것은 에리두의 축성술을 뜻하고, 성씨의 석(昔)은 토토(土土)로 성을 쌓는다는 의미를 가지고 있으며 에리두족의 성씨이다. 그리고 숫돌과 숯은 철기제조에 사용되는 것으로 신라에 철기제조법을 몰래 들여왔다는 의미도 된다. 이러한 공로로 왕의 사위가 되고, 결국 신라의 왕이 된 것으로 보인다.

(3) 계림과 키시족의 김알지

신라의 김씨 왕조에서 태종 무열왕은 죽은 후에 동해의 용왕이 되어 신라를 지킨다고 하였다. 이것은 김씨 왕조가 키시족으로 물의 신인 엔키(용왕)를 숭배하고 있다는 것을 단적으로 보여주는 좋은 예이다. 더불어 가야가 신라에 쉽게 복속된 것도 같은 키시족이기에 가능했던 것이다. 그리고 가야왕족을 신라의 진골에 편입시킨 것 또한 같은 맥락에서 찾아볼 수 있다.

김알지의 설화는 석탈해왕 때 왕이 금성 서쪽 시림 숲속에서 닭이 우는 소리를 듣고, 호공을 보내어 살펴보도록 하였다. 그래서 호공이 가보니 금 궤짝이 나무에 매달려있고 흰 닭이 그 아래서 울고 있었다. 이 사실을 듣고 왕은 궤짝을 가져와 열어 보고 작은 사내아이가 그 속에 있기에 기뻐하며 하늘이 그에게 아들을 내려 보낸 것이라 하여 거두어 길렀다. 그 아이는 박혁거세와 같이 총명하고 지략이 뛰어나서 알지라고 이름을 지었으며, 금 궤짝에서 나와 성을 김씨로 불렀다. 그런가 하면 처음 발견 장소인 시림을 계림이라 하고, 이것을 나라 이름으로 삼았다고 한다.

여기서 금 궤짝이란 배를 의미한다. 특히 금 궤짝에서 나온 김알지는 배를 타고 이주해 온 북방계 키시족이라는 의미이다. 그리고 나무에 매달려 있다는 것은 나무가 신단수를 의미하고, 신단수는 우르계의 박씨족을 가리킨다. 그래서 나무에 매달린 것은 김알지가 박씨족의 영향 아래 있었다는 것이다. 특히 '계림의 닭'은 태양신의 전령사로 우르족의 영역을 지칭한다.

(4) 신라 성골 삼성의 성립

신라의 성골 삼성은 왕족을 거친 박(朴), 석(昔), 김(金)을 말한다. 여기서 나무(木)자가 들어간 박씨는 우르족이고, 흙(土)가 들어간 석씨는 에리두족이며, 쇠(金)의 김씨는 키시족이다. 즉, 신라의 성골 삼성은 칸연맹의 삼족이 중심이 되어 만든 국가임을 알 수 있으며, 이들이

〈그림 27〉 신라의 금관

성골을 구성하여 신라를 지배하였던 것이다. 그러나 신라는 중기 이후 완전히 키시족의 김씨가 지배하는 국가가 된다.

이러한 연맹의 결과는 신라의 금관에서도 잘 살펴볼 수 있다. 즉, 금관은 정면에 출(出)자 모양의 신단수가 있어 우르족을 상징하는 것임을 알 수 있고, 주변에 매달린 청색 옥과 용의 뿔을 나타내는 사슴뿔은 키시족을 상징하고, 황금관의 황금색은 에리두족의 색깔이다. 그래서 신라의 금관도 신라가 우르·키시·에리두의 삼족연맹으로 구성된 국가임을 나타낸다.

(5) 가야연맹과 키시족의 김수로

가야의 김씨는 조양(아사달) 지역에서 이동해 온 키시족이다. 이들은 기자와 같이 상나라에서 고조선으로 이동했다가 고조선이 멸망한 후에 한반도로 들어 온 것으로 보인다.

가야에서는 갑골점에 해당하는 구지가를 노래하고, 그것으로 점을 쳤다. 이것은 갑골이 상나라와 조양 지역의 고조선에서 유행했기 때문이며, 이들의 후손인 카라(Kara ; 韓)가 한반도에 이주해 와서 가락(가야, 구야)국을 만든 것으로 보인다. 여기서 카라는 큰(大) 또는 한(韓)으로 일본말에 한신(韓神)은 '카라가미'라고 하며, '가락국의 신'이라는 의미로 남아 있다. 또한 요나라인 거란도 '카라 키탄'에서 나온 한자명으로 여기의 카라도 '큰' 또는 '한'이

〈그림 28〉 가야 기마상

라는 의미이며, 거란도 넓은 의미에서 우리 한민족의 일파임을 짐작하게 한다.

가야의 시조 김수로의 설화를 살펴보면, 옛적에 가야의 촌장들과 마을 사람들이 모여서 구지봉에서 왕을 선택하고 있었다고 한다. 그래서 사람들은 봉우리 주위를 돌면서 구지가(龜旨歌)를 불렀는데 하늘에서 궤짝이 내려왔고, 촌장들은 궤짝을 열어 그 안에 알들이 들어 있는 것을 보았다. 이때 가장 먼저 알에서 부화한 아기가 바로 김해 김씨의 시조이며 가야 연맹의 초대 왕인 김수로라고 한다.

이러한 김수로의 설화에서 가장 중요한 것은 구지가이다. 구지가란 거북이가 가르쳐 준다는 의미의 노래로, 이는 갑골과 직접적인 관련이 있다. 즉, 갑골점도 거북의 배딱지에 불을 이용하여 점을 치는 것이므로 구지가에서 거북을 굽는다는 것도 같은 행위이다. 또한 여기서 갑골은 '땅·물의 신' 엔키(용왕)에게 답을 구하는 행위로 키시족의 신앙에서 기인한다. 즉, 구지가를 부르면서 답을 얻고자 하는 가야연맹은 키시·고조선과 같이 키시족이라는 의미이며, 궤짝에서 나왔다는 것은 이들이 조양 지역에서 배를 타고 바다 건너 이주해 왔다는 것을 뜻한다. 또한 여러 개의 알 중에 제일 먼저 부화한 알을 선택했다고 하는 것은 여러 인물 중에 가장 뛰어난 인물을 선택했다는 것이다. 더불어 여러 개 알 중에 하나를 고르는 것은 가야연맹이 지도자를 선출하는 방법으로 민주적인 절차를 거쳤다는 것이다. 이것을 보면 가야의 선도 국가인 고조선(번한연맹)도 같은 방법의 민주적인 절차를 통해 단군을 선출해 왔다는 것을 미루어 짐작할 수 있다. 즉, 최소한 우리 한민족에게는 이미 2,000년 이전부터 민주적인 국가체제가 있었다는 것을 알 수 있다.

3. 백제의 성립

1) 우르족의 소서노와 한성백제

백제의 성립과정에서 나타나는 우르의 흔적은 이들이 북만주 쪽에서 이주해 온 것으로 보이며, 그 시기는 부여의 멸망과 때를 같이한다. 즉, 부여가 동부여와 졸본부여 등의 소국으로 갈라지고, 이 당시 장춘과 봉천에 거주하던 우르족 사람들이 동해안을 따라 남하하였던 것이다. 그리고 그들이 남하하다가 속초에 도달하였으며, 다시 울산바위 주변에서 양분하여 갈라졌다. 그래서 그들 중 일단은 미시령을 넘어 북한강으로 들어가고, 일단은 계속 남하하여 울진을 거쳐 울산에 도착한 것으로 보인다. 그리고 울산에 도착한 우르족은 다시 서쪽으로 이동하여 서벌에 '서라벌'이라는 국가를 세우고, 후에 신라가 된다. 여기서 우르족이 갈라진 곳이 속초의 울산바위라는 것은 울산바위의 원래 의미가 우르의 산인 울산(蔚山)이 아니고, 우르가 분산된 울산(蔚散)이라는 뜻에서 나왔을 가능성이 크다. 즉, 울산바위는 '우르가 갈라진 바위'라는 의미에서 만들어진 명칭일 가능성이 크기 때문이다.

이렇게 울산바위에서 갈라져 미시령을 넘어 북한강으로 들어간 일단의 우르족은 춘천의 중도 지역에 도달한다. 그리고 그곳에 거주지를 형성하고 청동기문명의 우두(牛頭 ; 소머리)국을 건국한다. 그래서 이 때문에 일제 강점기에 춘천을 일본의 신인 스사노의 출생지로 지명하여 신사를 세우려한 것이다. 그리고 후에 졸본의 소서노와 우두국의 일부 우르족은 다시 한강을 따라 남하하여 양평을 거쳐 암사동 지역의 선주민을 제압하고, 하남(신장) 지역에 정착한다. 그리고 그들은 한성백제인 위례성을 건립하여 후에 백제를 이루는 근간이 된다.

또한 춘천에 있던 우르족의 일단은 홍천과 제천을 거쳐 충주 지역에 정착하여 후에 신라에 복속된다. 이것이 충주 지역에서 청동기문명이 존재한 이유이다. 여기서 언급된 지역의 청동기는 모두 북만주의 부여에서 이주해 온 우르족의 유물들이다. 그리고 이들이 남하하면서 자신들이 쓰던 것들을 가지고 내려와 원래 부여국이 있던 곳에서는 청동기 유물들이 별로 발견되지 않고 있다.

2) 백제의 천도 * 다음 / 블로그 / 백제의천도 / 편집

우르족의 백제는 북만주의 부여에서 이주해 와 한강변에 정착하면서 고구려·신라와의 지속적인 전쟁으로 국가의 안위가 위태로운 적이 많이 있었다. 그래서 백제는 성립 초기부터 국가의 안정을 위해 자주 천도를 하였다. 특히 강력한 군사력을 가지고 있는 고구려의 영향권에서 벗어나려고 최초에는 하남 위례성에서 한산 그리고 웅진과 사비로 천도하여 국가의 안정을 꾀했다.

(1) 위례성 천도

백제는 성립 초기 국가의 안정을 위해 천도를 자주했던 국가이다. 그래서 수도의 천도는 백제의 발전과정을 이해하는 데 중요한 단서가 된다. 최초에는 BC 6년 온조왕 13년에 하남 위례성으로 천도를 하고, 그 후 AD 371년 근초고왕 26년에는 한산으로 그리고 웅진과 사비로 천도가 진행되었다. 특히 온조왕 때의 천도는 국방상의 이유로 이루어졌으며, 근초고왕 때에는 정치적이고 경제적인 이유가 주 요인이다.

(2) 웅진(공주) 천도

우르 백제는 초기 왕권이 확립되자 에리두 고구려에 대한 공격을 시도하였다. 그러나 백제는 개로왕 21년에 오히려 고구려의 역공을 받아 수도인 한성이 함락되는 상황이 벌어졌다. 그래서 백제는 문주왕 즉위년(AD 475년)에 고구려의 국경과 멀리 떨어진 웅진으로 수도를 옮기게 된다. 그러나 아무리 위급한 상황이라도 도읍지를 새로이 옮긴다는 것은 정치적인 입지가 변화되는 것을 막을 수 없다. 그래서 기존의 토착세력들은 이러한 변화를 받아들일 수 없기 때문에 크게 저항을 했다. 그러나 고구려의 침입으로 문주왕을 비롯한 백제의 지배세력은 한성에 계속해서 머물고 있기 어려웠다. 이 때문에 백제를 새롭게 중흥시킬 필요가 있는 문주왕은 고구려의 영향권을 벗어나 도읍지를 세워야 했으며, 이러한 점에서 웅진 천도가 계획적으로 이루어질 수밖에 없었던 것이다.

백제가 한성에서 웅진으로 새로운 도읍지를 선택한 이유로는 고구려와의 국경으로부터 멀리 떨어진 것도 있지만 웅진이 갖고 있는 교통과 경제 그리고 군사적으로 방어가 유리한 지리적인 요인이 크게 작용했다. 웅진은 북쪽으로는 차령산맥과 금강에 둘러싸여 있으며, 동쪽으로는 계룡산이 있어서 고구려로부터의 침략을 방어할 수 있는 천연의 요새였다. 그리고 한성에서 남쪽으로 내려오면서 온양 지역까지는 대부분 낮은 구릉지라고 할 수 있는데, 이러한 지형적인 조건으로는 고구려의 침략을 막을 수 없기 때문이다.

(3) 사비(부여) 천도

문주왕 원년에 웅진으로 천도한 백제는 AD 538년 성왕 때에 다시 사비로 천도하였다. 이러한 사비 천도에 대해서는 여러 가지 이유가 있다. 동성왕 때에도 사비(부여)로 왕이 빈번히 출행하였으며, 이것은 동성왕이 사비 천도를 계획하고 있었다는 의미가 된다. 이러한 사실은 백가의 동성왕 시해 동기가 사비 천도에 대한 반대였다는 사실에서 잘 나타나 있다.

당시에 수도인 웅진이 매우 협소하여 비옥한 토지의 확보라는 경제적인 요인과 정치적인 불안정 극복 등의 이유로 천도의 필요성이 요구되고 있었다. 더욱이 무령왕 이후에 강화된 왕권이 천도를 할 수 있는 힘이 되었다. 이에 성왕에 이르러 전제왕권을 확립하고 수도를 옮겨서 새로운 국가발전을 획책하게 된다. 그래서 사비 천도의 실현이 중요한 정치적인 요건이 되었다. 이것은 사비 천도 이후 성왕이 보여준 대내외 활동에서 보면 쉽게 알 수 있다. 특히 사비 천도 이후 백제가 멸망하고 약 1,400년이 지나 일본이 한국을 식민화했을 때 한국 내에 설치하려고 한 신사가 서울(한성), 춘천(우두주), 부여(사비)의 3곳이었다. 이것으로 보아도 일본 천황계가 부여와 백제 출신의 우르족 후손이라는 것을 알 수 있다.

(4) 익산(이리) 천도

백제의 익산 천도는 역사적으로 입증이 되지 않았다. 그러나 백제 역사에서 웅진이나 사비로의 천도 이외에 천도와 관련해서 언급되는 지역은 익산이다. 특히 익산은 이리라는 별칭이 있는데, 이것은 마한시대에 에리두의 중심지이며 목지국이 있던 곳일 가능성이 큰 지역이다. 즉, 백제의 또 다른 뿌리인 동이족이 있던 곳이다. 그래서 무왕 40년(AD 639년)에 익산으로 천도하였다고 하며, 그리고 얼마 후 익산에서 사비로 다시 환도했다고 한다. 이렇듯 익산에서 사비로 다시 환도하게 되는 이유는 백제와 신라와의 격화되는 전쟁이 원인이었다. 익산은 넓은 평야를 끼고 있으나, 전시에는 방어기능이 상대적으로 취약하여 문제가 된다는 점이다. 즉, 익산은 신라의 침공 위협에 쉽게 노출되기 때문에 신라와의 전쟁이 격화되면 사비성이 가지고 있는 방어적 기능이 필요하다는 것이다. 이에 익산으로부터 사비로의 환도가 이루어졌다고 본다.

그러나 익산은 사비성의 방비에 가장 중요한 교통 및 군사상의 요충지로서 백제가 가야 지역으로 진출하는 데 매우 중요한 군사적인 거점이었다. 또한 신라가 전라도를 통해 사비에 도달하기 위해 반드시 거쳐야 하는 요지이기 때문에 익산이 그만큼 중요한 지역이었다.

그러나 백제의 역사상 중요한 지역은 사비를 제외하고 익산이 아니라 웅진이었다. 그리고 백제의 마지막 왕인 의자왕이 나·당연합군의 침공을 받아 도피한 곳도 웅진이다.

2절 훈(흉노)족의 역사 재구성

1) 훈(흉노)족과 한나라

훈족은 BC 2000년경부터 내몽골 신시 배달국의 한 구성원으로 우리 한민족의 한 갈래이다. BC 6세기 산융(신한)이 스키타이에게 밀려 동쪽으로 이동하면서 동호(진한)국을 만들었을 때 이들은 동호의 외부 피지배계층을 구성했다. 그리고 BC 4세기 무렵 몽골 고원 지역에서 세력을 크게 확대하기 시작하여 결국 BC 3세기경 동호를 멸망시켰다. 바로 이즈음에 고조선도 위만에게 나라를 찬탈당해 우리 한민족 역사의 공백기가 생기게 된다. 그 후 훈족은 한나라를 위협하는 흉노로 성장한다. 그리고 흉노는 그 전성기인 AD 3세기부터 AD 5세기까지 내몽골을 중심으로 시베리아 남부, 만주 서부 그리고 신장 위구르까지 지배하였다.

흉노는 세력이 확장될 때 중국과 군사적 충돌을 계속하였다. 그리고 한 고조 때는 중국을 제압하여 조공무역이나 결혼동맹을 하는 등의 관계를 유지했다. 이러한 흉노에 대한 기록은 주로 중국의 사료에만 있기 때문에 정확한 역사에 대하여 파악하기는 어렵다. 훈족에 대하여 헝가리와 터키, 몽골, 한국은 각각 이들을 자기 민족 역사의 일부로 편입하여 쓰고 있다. 그리고 과거 흉노의 지배를 받았던 만주 지역의 민족으로는 동호와 예족 등이 있다. 이들 중에 동호는 구려이며, 산융에서 흉노족과 결별하고 동쪽으로 이동하여 만든 국가이다. 부여는 동호 멸망 후 다시 예족과 결합한 우르족 국가이다. 그리고 북흉노가 서아시아로 이동한 후 동호에 속했던 우르족 일부는 선비족이 되어 후에 수·당나라를 세우고 중국을 지배한다.

흉노가 중국사에 처음 등장하는 시기는 BC 4세기 말로 중국은 전국시대이다. BC 318년에 흉노는 한·조·위·연·제의 다섯 나라와 연합하여 진나라를 공격했으나, 진나라의 승리로 끝났다. 이후 흉노는 중국에 대해 영향력을 주지 못했다. 그 후 전국시대를 마감하고 중국을 통일한 진시황제는 BC 215년에 몽염장군을 보내 흉노를 토벌하여 하남의 땅(오르도스 지방)을 점령하였다. 그리고 그 지역의 흉노를 축출한 뒤에 감숙성에서 요동(지금의 난하 동쪽)까지 장성을 쌓아 북방 기마민족들의 침공을 막았다.

그 당시 흉노의 두만 선우는 흉노를 통합하여 여러 차례 중국을 공격했다. 그리고 자신의 태자였던 묵돌을 서쪽의 월지국으로 인질로 보냈으며, 곧 월지국을 공격하여 고의적으로 아들을 죽이려 했다. 그러나 가까스로 목숨을 건지고 월지를 탈출한 묵돌은 귀국해 자신을 따르는 자들을 모아 아버지인 두만 선우를 살해하고 스스로 선우가 되었다.

묵돌 선우는 정권을 강화시킨 후 동쪽의 만주 서부 지역에 위치한 동호를 쳐서 동호를 합병하고, 서쪽의 천산산맥과 감숙 지방의 월지국을 쳐서 몰아내고, 남쪽으로 누란을 병합해 북방 최대의 유목국가를 수립하였다.

중국이 한고조 유방에 의해 재통일된 BC 200년, 흉노는 마읍성을 쳐서 그곳의 한왕(韓王)의 항복을 받아내고 태원으로 진출한다. 그러자 유방은 한군을 이끌고 친히 원정을 했으나, 큰 눈과 강추위로 많은 병사가 곤욕을 치렀다. 그래서 묵돌 선우는 한나라 군대를 북쪽으로 유인하여 백등산에서 포위를 하였다. 이렇게 포위된 유방은 진평의 묘책에 따라 묵돌의 처 알지를 포섭하여 공격을 늦추고 가까스로 달아났다. 이후 한나라는 흉노와 굴욕적인 화친을 맺었다. 화친의 결과 다음과 같은 굴욕적인 형제 관계를 맺었으며, 유방은 흉노와 전쟁하지 말도록 유언을 남겼다.

첫째, 한나라의 공주를 흉노 선우에게 출가시킨다.

둘째, 한나라는 매년 술, 비단, 곡물 등 일정량의 공물을 바친다.

셋째, 한나라와 흉노가 형제맹약을 맺는다.

넷째, 만리장성을 경계로 양국이 서로 상대의 영토를 침범하지 않는다.

BC 192년부터 BC 135년까지 수차례에 걸쳐 한나라는 흉노에 조공을 계속했다. 이 시기 흉노의 영토는 동쪽으로 예맥 지역, 북쪽으로 예니세이강 상류, 서쪽으로 투르키스탄, 남쪽으로 중국의 오르도스 지방에 이르렀다. 그 후 BC 141년에 즉위한 한무제는 흉노와 맺은 조약을 파기하고 흉노와 전면적인 전쟁을 시작하였다. 무제는 BC 129년부터 위청과 곽거병을 파견하여 흉노를 공격하고 서역을 정벌하였다. 이때 한나라는 흉노를 고립시키기 위해 위만조선을 침범하여 BC 107년 위만을 멸망시키고 한사군을 설치하였다. 특히 한나라군이 서역을 정벌하고 비단길을 통제하게 되자 흉노는 경제적으로 고립되었다. 그 시기에 한나라도 흉노와의 전쟁으로 막대한 손실을 입었다. 그러나 흉노의 피해는 더 커서, 그 이후 흉노의 세력은 크게 위축되었다.

BC 60년경 흉노에서는 선우 자리를 놓고 내분이 일어났으며, 호한야 선우는 BC 51년 중국에 입조하여 지원을 얻었다. 이후 흉노는 재통일되었고 전한과 화친을 맺었다. 이때 질지 선우는 서흉노를 이끌었으나, 동흉노에 패하여 다시 재통합되었다. 그러나 그들 중 일부는 서쪽으로 이동하였다.

왕망이 신나라를 건국한 후 흉노와 중국과의 관계는 악화되어 흉노는 다시 중국을 침입하기 시작하였다. 그러나 후한이 건국된 이후 흉노는 다시 분열, 남흉노는 후한에 복속되어 오르도스 및 산서성 일대에 거주했고, 북흉노는 몽골 고원에 남았다.

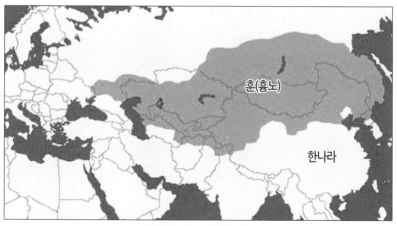

〈그림 29〉 흉노제국의 판도

2) 훈족의 서진과 멸망

후한이 건국된 이후 흉노는 다시 분열되어 남흉노는 후한에 복속되고, 북흉노는 몽골 고원에 남았으며, 그 후 AD 89년에 후한과 남흉노 연합군의 공격으로 멸망당했다. 그래서 북흉노의 일파는 서방으로 피신하였으며, 이때 서방으로 향한 북흉노를 훈족이라고 말한다. 이러한 북흉노는 서진하여 유럽으로 향하였으며, 가는 길목의 여러 민족을 통합했다. 그래서 훈족은 북흉노와 여러 민족의 연합집단으로 이루어진 것이다. 따라서 흉노와 훈족은 약간 다르지만 북흉노가 주도 세력이므로 동일 종족으로 볼 수 있다.

훈족의 서진과정에서 아틸라라는 위대한 지도자가 나타난다. 아틸라(제위 AD 434년~AD 453년)는 훈족의 지배자로 AD 434년 백부인 루아왕이 죽은 뒤에 처음에는 동생과 함께 통치하였다. 그러나 뒤에 동생을 권좌에서 밀어내고 단독으로 지배하였다. 그는 서진하여 카스피해에서 라인강에 이르는 지역을 정복하고 여러 민족을 지배하였다. AD 437년 흑해 북쪽의 동고트족을 쳐서 그 대부분을 지배하에 두었다. 이어서 다뉴브강 하류의 서고트족을 침범했다. 그래서 서고트족의 일부는 훈족의 압박을 피하여 동로마로 이주하였다. 이것을 게르만 민족 대이동의 시작으로 본다.

아틸라는 서방 진출 과정에서 알란족을 대파하고, 훈족의 군대에 편입시킨다. 또한 서진하는 과정에서 맞닥친 또 다른 민족은 유명한 사르마타족이다. 이들은 역사상 가장 용맹한 민족 중 하나인 스키타이를 격파한 민족이었다.

이후 훈은 헝가리평원을 거점으로 비잔틴제국을 침략하여 공납을 강요하였다. 그 후 AD 451년에는 갈리아에 침입하였으나, 서로마의 장군 아이티우스에게 패하였다. 그리고 이듬해에 이탈리아를 침입하여 공격하다가 교황 레오 1세의 설득으로 철군하였다. 아틸라가 AD 453년 신혼 첫날밤 신부에게 살해된 뒤 훈제국은 급속히 와해되었다.

훈(흉노)과 한민족이 연계성을 갖고 있다는 것은 그들의 풍습이나 유물에서 잘 나타나 있다. 특히 로마와 서유럽을 공격하여 새로운 유럽 질서를 만들게 한 훈족의 지배집단이 우르와 훈족의 연합체라는 것은 고구려와 가야, 신라의 지배계급에 남아 있는 훈족의 특징에서 잘 나타난다.

3절 수·당나라 역사의 재구성

1. 수·당나라의 역사

1) 삼국과 남북조시대(중국)

후한이 멸망한 이후에는 위·촉·오의 삼국이 치열한 싸움을 거쳐 위나라가 통일을 이룬다. 그리고 위나라를 무너뜨린 사마염이 다시 진나라를 세우고 100여 년간의 삼국시대를 마감한다. 그러나 진은 북쪽에서 공격해 온 5개의 유목민족(흉노·선비·강·갈·저)의 침입으로 남쪽으로 쫓겨나서 남북조시대가 열린다. 그리고 북쪽의 5개의 유목민족이 세운 나라(북위·북제·북주)와 남쪽의 한족(송·제·양·진)이 200~300여 년 동안 대립하게 된다.

이 책에서는 우리 한민족과 관련성이 적은 삼국(위·오·촉)시대와 남조 (송·제·양·진)시대는 생략한다.

〈그림 30〉 남북조시대

(1) 키시의 후연(AD 384년~AD 407년) * 다음 / 백과 / 위키백과 / 편집

후연은 5호16국시대에 모용선비족인 모용수(慕容垂)가 건국한 나라이다. 여기서 모용족은 보통 선비족으로 분류되나 후연이 위치한 곳은 과거 고조선이 있던 요하 지역으로, 이들의 실체는 키시·고조선의 후예들이다. 그래서 모용선비족이 세운 후연은 키시족의 국가로 볼 수 있다. 또한 그들 모용족 중의 일단이 한반도로 들어오면서 성씨를 김(키시)씨로 바꾸고 내물왕 이후 김씨 왕조를 세워 신라를 지배한 것으로 알려져 있다. 특히 후연의 국호는 원래 연(燕)이지만, 동시대에 같은 이름을 가진 나라가 4개나 되기 때문에 두 번째로 건국된 나라로 후연이라고 부르게 된 것이다. 그 후 후연은 고구려 왕족 출신인 에리두족의 고운(高雲)이 왕위를 찬탈하고 북연(AD 407년~AD 436년)을 세우면서 멸망한다.

후연의 성립과정을 살펴보면, 전연이 멸망한 뒤 전연의 왕족이었던 모용수는 전진의 부견 밑에서 복무하였다. AD 383년에 부견이 비수대전에서 패배하자 모용수는 이를 기회로 부견의 곁을 떠나 낙양 근방에서 반란을 일으킨 적빈을 토벌하고 그의 군대를 흡수하였다.

AD 384년 정월에 모용수는 연왕에 즉위하면서 후연을 건국하였다. 모용수는 전진의 부비와 1년 동안 공방전을 벌였으며, 그 과정에서 하북성 대부분을 점령하고, 결국 하북을 평정하였다. 그러나 AD 385년 6월에는 고구려의 고국양왕이 군사 4만 명을 내어 후연의 요동을 습격하였으며, 마침내 요동과 현도를 함락시켰다. AD 386년 모용수는 중산에 수도를 정하고 황제에 즉위하였다.

이후 후연은 AD 394년에 서연을 멸망시켰으며, 동진을 축출하고 산동반도 일대까지 점령하였다. 이 당시 우르계열의 탁발선비족 탁발규가 북위(北魏)를 세우자 위협을 느낀 모용수는 AD 394년 북위를 공격하였다. 그러나 오히려 참합피에서 대패하였으며, 이듬해 2차 정벌을 하였으나 도중에 병사하였다.

모용수의 뒤를 이은 모용보(慕容寶)는 무리하게 개혁을 시도하다가 민심을 잃었으며, AD 396년 8월 북위의 침공을 받았다. 그 후 모용보는 중산을 버리고 요서의 용성(조양)으로 수도를 옮겼으며, AD 398년에 영토를 수복하기 위해 진격하던 도중 군 내부의 모반으로 난한에게 살해되었다.

난한은 창려왕을 자칭하면서 후연을 다스렸다. 그러나 모용보의 아들인 모용성(慕容盛)에게 살해되었고, 모용성이 후연의 황제가 되었다. 모용성은 종친과 공신들을 무자비하게 숙청하면서 공포정치를 하여 많은 모반사건이 일어났지만 모두 진압하였다. AD 400년에는 고구려를 공격하여 신성 등 700여 리의 땅을 탈취하였으며, AD 401년에 모반으로 모용성이 죽고 모용수의 아들 모용희(慕容熙)가 즉위하였다.

모용희는 사치를 일삼고 폭정을 행하여 민심을 잃었다. 또한 AD 402년 과 AD 404년에 고구려의 침입을 받아 요동 일대, 요서 일부, 유주 지방 과 만리장성 일대까지 모두 상실하였다. AD 407년 고구려의 5만 대군이 6개의 성을 점령하자 정변이 일어나 모용희가 살해되었다. 그리고 모용 보의 양자인 고구려 출신 모용운(고운)이 옹립됨으로써 후연은 멸망하고 북연이 성립되었다.

(2) 우르의 북주(AD 557년~AD 581년)

북주는 우문선비족이 세운 나라이다. 우문선비는 동호가 멸망한 후 선 비산으로 들어간 우르족의 일파이다. 이 당시 우르족의 또 다른 일파는 북만주로 이주하여 부여를 세우고, 후에 한반도로 내려와 백제와 신라를 건국하였다.

북주의 실질적인 창시자인 우문태는 북위 6진의 난에 참가하여 하발악 에게 귀순하고, 하발악이 죽자 그의 기반을 바탕으로 관중 지방에서 세 력을 키웠다. 이후 북위의 효무제가 재상 고환을 피해 그에게 오면서 고 환은 동위를 건국하였다. 우문태는 효무제를 독살하고, 문제를 옹립하여 서위를 건국하고, 우문태는 승상이 되었다.

우문태 사후에 승상 자리를 이은 우문각은 AD 557년 서위의 황제로부 터 선양을 받고 제위에 올라 북주를 건국했으나, 실권은 우문태의 조카 인 우문호가 쥐고 있었다. 우문호는 초대 효민제부터 3대 무제까지 전권 을 휘둘렀다. 그러나 그의 전횡에 불만을 품고 있던 무제가 그를 주살하 고 왕권을 되찾았고, AD 577년 북제를 멸망시키고 화북을 통일했다.

제4대 황제인 선제가 포악무도한 짓을 자행했기 때문에 사람들은 수국공 양견을 밀어 그의 세력이 강해졌으며, 선제가 죽자 양견은 섭정으로 실권을 쥐게 되었다. 그리고 AD 581년에 제5대 황제인 정제는 양견에게 선양하여 수나라가 세워지고, 북주는 멸망하게 되었다.

2) 우르의 수나라(AD 581년~AD 618년)

동호가 멸망한 이후 우르의 후예인 선비족이 북주를 세우고, 북주의 대승상이며, 수나라 왕인 양견(楊堅)이 AD 581년에 주정제를 폐위시키고 수나라를 세운다. 그리고 양견은 스스로 황제가 되어 수문제가 된다. 여기서 수문제의 성씨가 양(楊)씨라는 것은 나무(木 ; 신단수)자를 가진 우르족 사람이라는 의미이다. 그리고 이것을 통해 선비족이 우르족의 후예임을 알 수 있다. 그는 정권을 공고히 함과 동시에 전국을 통일하는 전쟁을 일으켰다. 그래서 AD 589년 남방에 마지막으로 남아 있던 진나라를 공격하여 남북조를 통일하였다. 이로써 위·진 남북조 이래 근 4백년간 분열되었던 중국은 다시 통일이 되었다.

수문제가 죽고 수양제가 황위를 계승한 후에는 막대한 경제력을 바탕으로 동경을 건설하였다. 그리고 대운하를 파서 대대적으로 양자강 남북 간의 교류를 원활히 하여 국가의 통합을 공고히 하였다. 그 외에 수문제가 시작한 여러 가지 제도는 수양제에 이르러 완성을 보게 되었다. 그리고 이것이 추후 당나라의 제도로 넘어가서 더욱 발전되어 중국문명의 꽃을 피우는 계기가 된다. 또한 수양제는 서역 및 동남아시아 인근 국가와의 관계를 강화하여 수양제 말년에 수나라의 영토는 크게 확장되었다. 그러나 수문제시대에 축적된 재화가 수양제의 호전적인 성격으로 전쟁을 일삼고, 여러 차례 고구려를 침공하면서 급속히 소진되어 국가 재정은 파탄 나게 된다. 더욱이 국가 재정이 파탄났음에도 불구하고 대규모 공사를 일으켜 민생을 도탄에 빠지게 하였으며, 그 때문에 수나라의 전역에서 끊임없이 봉기가 일어났다. 그리고 지배계급의 내부 분열은 수나라의 왕권을 신속하게 와해시켰다. 이 때문에 AD 618년 당나라의 이연이 수공제인 양유를 폐위시키고 황제가 되어 당나라를 세우면서 수나라는 멸망하였다.

3) 우르의 당나라(AD 618년~AD 907년)

당나라는 수나라가 혼란스러울 때 수양제의 친척인 이연이 당에서 나라를 일으켜 수나라를 멸망시키고 세운 나라이다. 당제국의 지배 성씨가 이(李)씨로, 이 또한 수나라의 양씨와 마찬가지로 신단수를 지칭하는 나무(木)자를 가진 우르족의 후예이며, 선비족 출신임을 알 수 있다.

당나라는 중국 봉건사회에서 가장 강성한 국가로 자리 잡기 위해 수나라의 혼란을 잠재우고 사회의 안정과 정치적 안정을 중시하였다. 특히 당태종 이세민은 나라를 정치적으로 안정시키고 백성이 평안한 생활을 누리게 한 '정관의 치'를 이루었으며, 후기에 현종의 치세인 '개원의 성세'와 더불어 당나라의 극성기가 된다.

당나라는 동북아에서 가장 강력한 국가로 주변의 인접 국가들과 원활한 관계를 유지하였으나, 현종 후기인 AD 755년에 발생한 8년간의 안록산과 사사명의 '안사의 난'으로 당나라의 국력을 전부 소진시켰다. 이로써 당나라는 재기불능 상태가 되었으며, 후에 헌종의 중흥정책에도 불구하고 다시는 국력을 회복하지 못했다.

더욱이 AD 875년에 일어난 '황소의 난'은 당나라가 더 이상 재기하기 어려울 정도의 치명적인 타격을 주었다. 그래서 당나라는 각 지역에서 일어난 군벌들의 반란과 내전 속으로 들어가 급기야는 AD 907년에 주온에 의해 멸망을 맞게 되었다.

2. 고구려와 백제의 멸망

1) 우르의 수 · 당나라와 에리두의 고구려간의 갈등

우르족의 수·당나라는 동호(진한연맹)와 선비족의 후손으로 그 터전이 고구려 땅이 된 요서와 서안평 지역이기 때문에 자신들의 선조의 땅을 되찾으려고 하고, 고구려는 고리(에리두)족의 후손이므로 황하와 중원 지역을 회복하려 했다. 그러나 그 당시에는 지역적으로 서로 엇갈려 지배하고 있어서 수 · 당과 고구려와의 갈등은 필연적이다.

이러한 갈등관계는 수나라가 멸망하고 당나라가 세워지면서 극대화된다. 당나라의 초기에는 국내 혼란을 바로 잡기 위해 내치에 힘을 쓰고 있어서 고구려와의 갈등을 표출할 수 없었다. 그래서 이 시기를 틈타 고구려는 전쟁으로 흐트러진 국내 상황을 바로잡기 위해 노력하였다. 특히 당나라에 자주 사신을 보내서 호의적인 태도를 유지했으며, 당나라와 평화적인 관계를 맺고자 했다.

고구려 말기 영류왕 때는 고구려를 침공했다가 붙잡힌 포로들을 송환하고 고구려의 포로들을 되찾아왔다. AD 624년에는 당에 조공을 하고 당으로부터 고구려왕에 봉해졌다. 더불어 영류왕은 당에 고구려의 봉역도를 바치고 제후국임을 자처하였다. 그러나 당태종 이세민이 즉위한 후 당나라는 고구려에 노골적으로 적대적인 행위를 하면서 고구려가 당나라와의 전승을 기념하기 위해 만든 경관을 헐어버렸다. 그래서 영류왕은 당나라와의 전쟁에 대비하여 동북의 부여성에서 발해에 이르는 천리장성을 축조하였다. 이때 장성 축조의 감독을 연개소문에게 맡겼으나, 연개소문은 전쟁에 대한 강경파로 온건파 귀족들과의 갈등을 빚고 있었다. 그리고 AD 640년에 영류왕은 세자를 당나라에 볼모로 보냈다. 그러나 그 이듬해 당나라는 진대덕을 사신으로 보내 고구려의 정세를 염탐하는 등 고구려와 당나라의 관계는 점차 악화되었다. 이때 고구려에서는 연개소문이 정변을 일으켜 정권을 장악하고 대당 강경책을 추구하게 되면서 고구려와 당나라간의 긴장은 고조되었다.

2) 당나라에 의해 고구려와 백제 멸망

키시의 신라와 연합한 우르의 당나라에게 우르의 백제가 멸망하고, 이어서 에리두의 고구려가 멸망을 한다.

(1) 우르·백제의 흥망

백제는 AD 5세기 이후부터 고구려의 장수왕이 취한 남하정책에 밀려서 개로왕이 전사하게 된다. 그래서 백제는 한강 유역의 수도인 한성을 포기하고 금강의 웅진(공주)으로 수도를 옮긴다. 더욱이 백제는 중국과 일본의 정세 변화로 대외무역도 침체되어 경제적으로도 위축되고 있는 중이었다. 이 과정에서 왕권이 약화되고 귀족세력이 국정을 주도하면서 문주왕 때는 해구와 같은 무인 실권자가 등장하여 백제의 사정은 더욱

나빠졌다. 그러나 동성왕이 등극한 이후부터는 다시 사회가 안정되면서 국력을 회복하기 시작했고, 신라와 나·제동맹을 통해 고구려에 대항하였다. 그리고 무령왕 때는 지방의 22담로에 왕족을 파견함으로써 지방에 대한 통제권을 강화했으며, 비로소 백제는 다시 중흥의 발판을 마련하였다.

성왕은 대외 진출이 쉬운 부여의 사비성으로 수도를 옮기고 나라 이름을 남부여로 고쳤다. 그리고 중앙관청과 지방제도를 정비하고 불교를 진흥하였으며, 중국대륙의 남조와 활발하게 교류하였다. 또한 일본에 불교를 전파하였으며, 고구려의 내정이 불안한 틈을 타서 신라와 연합하여 한강 유역을 수복하였다. 그러나 신라의 진흥왕에게 한강 유역을 빼앗기고 말았으며, 복수를 하려다 성왕은 관산성 전투에서 전사하고 말았다.

고구려가 수·당나라의 침략을 막아내는 동안 백제는 무왕과 의자왕이 신라에 공격을 계속하여 의자왕 2년에는 대야성을 비롯한 신라의 성 40여 개를 점령하기도 했다. 이에 신라는 고구려에 도움을 청했으나, 실권자 연개소문이 거부하자 당나라와 동맹을 맺었다.

의자왕은 신라와 직접 군사 대결을 시도하며 신라를 공격하였으며, 이로써 돌궐과 고구려, 백제와 일본, 당과 신라가 연합하는 동북아 대전쟁이 시작된 것이다. 이후 당나라가 백제를 공격하여 결국 AD 660년 사비성이 함락되면서 백제는 멸망하였다.

백제가 멸망한 이후 복신과 흑치상지 등은 왕자 부여풍을 왕으로 추대하고 주류성과 임존성을 거점으로 백제의 부흥 운동을 일으켰다. 이들은 200개의 성들을 되찾고 사비성과 웅진성에 주둔한 당나라군을 공격하면서 4년간 저항하였으나, 신라와 당나라 연합군에 의하여 괴멸되고 말았다.

이때 왜가 백제에 원군을 보내어 신라와 당나라 연합군과 싸웠으나 또다시 백제와 왜의 연합군은 대패하고, 백제는 역사에서 사라진다. 이후 왜는 독립하여 일본(부여)으로 국명을 바꾸고 우르·백제계의 천황가가 다스리는 새로운 국가로 변신한다.

(2) 에리두·고구려의 멸망

고구려 영류왕 때 연개소문이 변란을 일으켜 온건파 귀족들을 숙청하고 보장왕을 앞세워 정권을 장악한다. 이와 같은 대내적인 정국의 변화 속에서 고구려는 대외적으로도 여러 차례 위기를 겪는다. 우선 남쪽의 삼국 관계에서 AD 551년에는 백제와 신라가 동맹하여 고구려가 내분으로 혼란한 틈을 타서 한강 유역을 기습 점령한다. 그리고 백제는 한강 하류를, 신라는 상류 지역을 차지하였다.

이 당시 고구려의 서쪽에서는 북제가 세력을 키우고 돌궐이 동쪽으로 세력을 확장하면서 고구려에 공세를 가하고 있었다. 그래서 고구려는 남쪽을 경계할 여력이 없어 신라와 밀약을 맺고 한강 유역에 대한 지배권을 인정하였다. 이를 기회로 신라는 동맹국인 백제를 공격하여 한강 유역을 독차지하였다. 이어서 관산성전투에서 백제군을 대패시킴으로써 한강 유역의 주도권을 갖게 되었다.

이때 중국에서는 당나라가 수나라를 멸망시킨 후 내부의 혼란을 수습하고 전국을 통일하였다. 그래서 처음에는 고구려와 당나라 양국이 평화관계를 유지하기도 했었다. 그러나 당나라는 돌궐을 복속시키고 수나라와 마찬가지로 중국 중심의 국제질서를 세우려고 고구려와의 갈등을 시작하였다. 이때 고구려와 백제의 지속적인 공격에 시달리던 신라는 당나라와 군사동맹을 맺어 동아시아 국제질서의 재편을 시도하게 된다. 보장왕 4

년에 당태종은 고구려를 침공하였으나, 안시성전투에서 패배하여 원정은 실패했다. 그리고 그 후에도 당나라는 고구려를 지속적으로 침략했으며, 그로 인해 고구려의 국력은 피폐해졌다.

AD 660년에 나·당연합군의 공격으로 백제가 멸망하고 나서 고립된 고구려는 나·당연합군의 집중적인 공격을 받아 위기에 처하게 되었다. 더욱이 연개소문이 죽고 그의 아들들 간에 내분이 일어나면서 AD 668년에 마침내 평양성이 함락되어 고구려는 멸망하고 말았다.

4철 발해국과 신라 역사의 재구성

1. 발해국의 역사 재구성(AD 698년~AD 926년)

1) 에리두의 발해(대진국) 건국

고구려가 멸망한 후에 에리두족의 대조영이 고구려의 옛 땅에 발해국을 세운다. AD 668년 고구려가 멸망한 후 당나라는 고구려의 땅을 지배하기 위해 평양에 안동도호부를 설치하였다. 그러나 고구려 유민들의 저항이 심해지자 안동도호부를 요동의 신성으로 옮겼다가 그 후 30년 만에 폐쇄했다. 이후 AD 696년경 요서 지방의 영주(조양)에서 거란족이 반란을 일으켰다. 이 와중에 강제로 이주된 고구려 장수인 대조영을 중심으로 고구려 유민들과 말갈족들이 영주를 벗어났다. 그리고 이들은 만주 방향으로 이동하였으며, 이를 저지하던 당나라 군대의 추격을 물리치면서 동만주 지역으로 들어갔다. 그러나 당시 당나라는 티베트 등의 주변 민족들의 침입으로 인해서 고구려의 북쪽 지역에 대한 통제력이 약화되어 있었다. 그래서 그 틈을 이용하여 대조영은 고구려 유민과 말갈족을 규합하여 발해를 건국한다. 그리고 AD 698년 당시 계루부의 옛 땅인 지린성 둔화현 육정산 근처에 성을 쌓고 나라를 세워 대진국(발해)이라 했다.

2) 발해의 발전

지배계층이 에리두족인 발해는 당시 당나라까지 위협할 정도로 강력한 국력을 가진 나라로 발전한다. 발해의 최대 영토는 고구려보다 더 넓었다. 그리고 한때 발해는 당나라의 수도까지 공격할 만큼 강한 국력을 가지고 있었으며, 이 때문에 당나라는 발해와 화친을 맺기도 했다. 발해의 문화는 고구려와 당나라의 문화를 혼합해 더욱 세련되었다. 그리고 국가 조직은 2대 무왕 때부터 본격적으로 정비되기 시작하여 10대 선왕 이후 완전하게 정비되었다. 중앙의 조직은 3성 6부제이고, 지방은 5경 15부 62주로 이뤄졌으며, 국가의 중대사는 귀족들이 정당성에 모여 회의를 통해 결정했다.

사회적 신분은 성씨의 유무에 따라 구분했으며, 지배층은 왕족인 대씨, 에리두계의 고씨, 장씨와 우르계인 양씨, 이씨 등이 귀족을 구성했다. 즉, 성씨가 없는 말갈족들은 평민과 노비계층을 형성하여 피지배층을 이루었다. 여기서 노비는 주인이 죽으면 같이 순장되기도 했다.

왕족과 귀족들은 주자감에서 교육을 받았으며, 여성 역시 여성 교사에게 개인지도를 받기도 했다. 주된 종교는 불교로 왕족과 귀족들이 주로

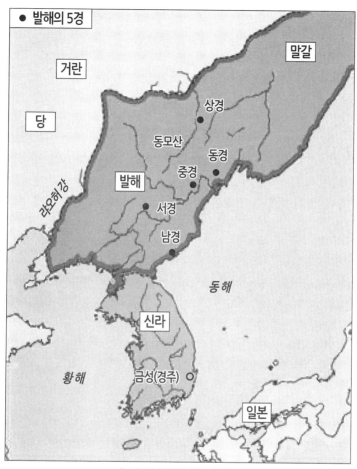

〈그림 31〉 발해와 신라의 영토

믿었으며, 불상과 석등 등 불교 관련 유물들이 많이 출토되었다. 에리두의 종교인 도교 역시 많은 사람들이 믿었으며, 말갈족은 부여 때부터 이어져 온 태양신 숭배의 무속신앙을 주로 믿었다.

군사제도는 중앙이 10위제이고 각 위에 대장군 1인과 장군 1인을 두는 군사조직을 갖고 있었다. 이러한 군사제도는 발해가 멸망할 때까지 줄 곧 유지되었다. 그리고 발해의 사회구성에 있어서는 수령의 역할이 컸다. 즉, 지방의 군사조직은 촌장인 수령을 지휘관으로 하고 촌락민을 병사로 하는 병·농일치의 군사조직이다. 이것이 후에 금나라의 군사조직에서 천호장과 만호장의 기원이 된 것으로 보인다.

3) 키시 · 요나라와 에리두 · 발해의 멸망

(1) 키시 · 요나라의 역사 재구성 * 다음 / 백과사전 / 브리태니카 / 편집

요나라는 거란족이 세운 나라로 지금의 내몽골 자치구를 중심으로 중국 북쪽을 지배한 왕조였다. 원래 중국에서는 요나라를 거란국 또는 카라 키탄(Kara Khitan)이라고 했으며, 이것은 대거란이라는 의미이다. 여기서 키탄은 한자음으로 거란이라고 한다. 즉, 거란족들은 자신들이 세운 나라를 키탄이라고 했는데 여기서 키탄의 '키'는 땅이고, '탄'은 산(단-탄)의 변음으로 땅과 산, 즉 영토라는 뜻이다. 이러한 점에서 보면 거란은 키시(카라)족의 국가라는 것을 알 수 있다. 더불어 거란이 건국한 지역이 영주(상경임황부)로 이곳은 지금의 조양이며 키시·고조선의 도읍지인 아사달이다. 다시 말해서 거란은 고조선의 후예일 가능성이 크다. 이러한 거란족이 우리민족과 또 다른 외연적인 관계를 가지기 시작한 것은 고구려 장수왕 때이다. 그리고 더욱 밀접하게 접촉하여 갈등을 일으킨 것은 고려시대에서이다.

초기 거란의 여러 부족은 AD 9세기 말 당나라의 정치적 혼란을 틈타 발흥하기 시작하였다. 그리고 AD 916년에 질라부(迭剌部)의 야율아보기가 이들을 통합하여 거란국을 세웠다.

그 후 야율아보기는 황제로 즉위하여 상경임황부(上京臨潢府)를 도읍으로 정한 후 서쪽으로는 탕구트·위구르 등 여러 부족을 제압했고, 동쪽으로는 발해를 공격하여 AD 926년에 멸망시킴으로써 외몽골에서 만주에 이르는 지역을 지배했다. 그리고 그 여세를 몰아 태종 때에는 중국 침략에 주력했다.

그 후 후진의 건국을 도와준 대가로 연운 16주를 획득하고 국호를 요(遼)라 한 후 다시 후진을 멸망시키고 개봉까지 진출했다. 그러나 중국의 통치에 어려움을 느낀 나머지 철수했으며, 이후 왕위 계승을 둘러싼 내분으로 불안한 정국이 이어지다가 성종 때 다시 안정을 되찾았다. 그리고 성종은 AD 1004년 송나라를 공격하여 강화를 맺었다. 그리고 송에서 받은 돈으로 재정을 확충했으며, 송과 무역을 하여 경제·문화적으로도 현저히 발전했다. 또한 성종은 정치조직과 군사조직을 정비하고 법전을 편찬·공포하는 등 강력한 중앙집권적인 체제를 갖추었다. 이때 고려와 북만주의 여진을 침략하여 동아시아 최고의 강국이 되었다.

이 후 거란족 지배자들은 중국인 고문을 두고 중국식 행정기술을 본받

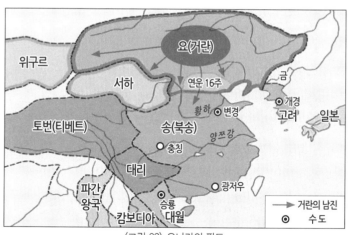

〈그림 32〉 요나라의 판도

았다. 그러나 자신들의 민족적 주체성이 흐려질 것을 두려워한 나머지 그들 고유의 의식·음식·복제 등을 유지하려고 노력했다. 그리고 그들은 중국식 한자를 쓰지 않고 자신의 고유한 문자를 고안해냈다. 그러나 성종 이후인 흥종과 도종 때는 황실의 내분으로 반란이 일어났다. 이때 동북 만주에서 일어난 여진족 완안부의 추장 아골타(김민 ; 金珉)가 세운 금나라와 연운 16주를 되찾으려는 송의 협공을 받아 AD 1125년 황제 천조제가 사로잡힘으로써 멸망했다.

이때 황족이었던 야율대석은 서쪽으로 망명하여 중앙아시아 지역에 서요(西遼)를 건국했다.

4) 에리두·발해의 멸망

대진국 에리두의 발해는 AD 926년에 멸망했다. 그러나 어느 문헌에도 멸망에 대한 기록이 남아 있지 않아 명확한 멸망의 이유는 밝혀지지 않고 있다.

다만 몇 가지의 가정이 설로 남아 있다.

첫째는 흉사가 있다는 설로, 발해의 마지막 왕이었던 대인선이 거란에 항복을 할 때 사람들이 모두 소복을 입고 있었다는 점에서 발해에는 흉사가 발생했고, 그로 인해 멸망에 대한 기록이 없다는 것이다.

둘째는 고구려 유민과 말갈족 간의 갈등으로 국력이 약화되었다는 설로, 이것은 멸망 직전에 다수의 발해인들이 고려로 망명했다는 기록에서 살펴볼 수 있다.

셋째는 백두산 폭발이라는 설로, 당시 백두산 폭발로 인해 화산재가 반경 100km를 뒤덮고 발해 영토를 초토화시켰을 것이라는 가설이다.

이러한 발해 멸망에 대해서 요나라의 역사서인 '요사'에는 "거란의 군사들이 상경성을 포위하자, 발해왕이 소복을 입고 신하와 함께 양을 몰고 도성을 나왔다."라고 기록하고 있으며, 특히 "발해인의 갈린 마음을 틈타 움직이니 싸우지 않고 이겼다."라고 하며, 발해 멸망이 손쉽게 이루어진 것으로 묘사하고 있다.

이 후 발해인들은 대다수가 같은 에리두계열의 고려로 망명하고 상당수는 일본 열도와 알류산 열도를 건너 아메리카로 이주하여 '아즈택문명'을 이룬다.

2. 후삼국과 신라의 멸망

신라의 말기인 AD 900년경 한반도는 극도의 혼란기였다. 이 당시 신라의 국력은 극도로 약해졌고, 국가 재정은 바닥이나 백성들에게 무리한 세금을 거두었다. 이 때문에 도처에서 농민들이 들고 일어났으며, 이를 통제하지 못한 신라는 더 이상 통치권을 유지할 수 없었다. 그리고 이런 틈을 타 후백제의 견훤과 태봉의 궁예가 나라를 세웠다.

견훤은 농민 출신으로 군인이 되었고 나라가 혼란스러워지자 AD 892년 5,000명의 병사로 무진주(광주)를 점령하여 왕이 되었다. 그리고 전라도 지역을 중심으로 세력을 형성하여 국호를 후백제라 하고

〈그림 33〉 첨성대

도읍을 완산주(전주)로 정하였다.

한편 궁예는 신라의 왕족 출신으로 출가하여 중이 되었다가 나라가 혼란스러워지자 환속하여 철원을 도읍으로 하여 태봉이라는 나라를 세웠다. 이 당시 왕건은 궁예의 부하였다. 그리고 왕건의 합류로 세력이 강력해진 궁예는 송악에 거점을 잡고 AD 901년 국호를 후고구려라 하여 나

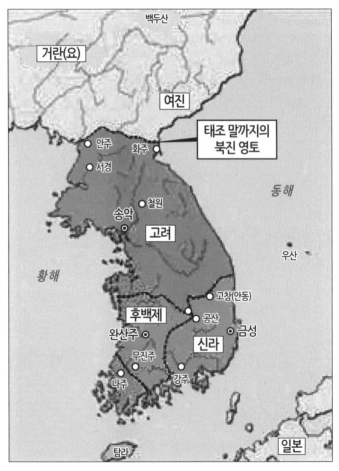

〈그림 34〉 후삼국의 분포

라를 세웠다. 그 후 다시 도읍을 철원으로 옮기고 국호를 태봉으로 바꿨으며, 이렇게 해서 신라와 후백제 그리고 태봉의 후삼국이 성립되었다.

후삼국이 대립하는 과정에서 궁예의 부하인 왕건은 궁예를 몰아내고, 국호를 고려로 바꾸고 연호를 천수라 했다. AD 920년 견훤이 신라 지역인 합천을 침범해서 신라를 위협했다. 이에 합천이 무너지자 위협을 느낀 경상도 북부의 호족들이 고려로 투항하였다. 그래서 고려는 본격적으로 후백제와 전쟁을 시작하게 된다. 그리고 양국은 곧 화의를 맺고 서로 인질을 교환했다. 그러나 고려에 잡혀있던 후백제의 인질이 죽자 견훤은 공주성을 기습 공격한다. 이로써 고려와 후백제간의 본격적인 통일 전쟁이 시작되었다. 그리고 거란에 의해 멸망한 발해의 유민들이 고려로 몰려들기 시작하였으며, 그들에 의해 고려의 세력은 크게 강화되었다.

AD 927년 견훤은 경주를 공격해서 경애왕을 비롯하여 많은 왕족을 죽이고 경순왕을 신라왕으로 삼았다. 이 경순왕이 신라의 마지막 왕이 되며, 이후 그는 고려에 투항한다.

고려가 이처럼 국력을 신장시키고 있을 때 후백제에서는 내분이 일어났다. 바로 견훤의 아들들이 후계자 자리를 놓고 내분을 일으켰으며, 이 때문에 견훤은 금산사에 유폐되고 장남 신검이 후백제의 왕위에 오른다. 그래서 견훤은 금산사를 탈출하여 자신도 고려에 투항한다. 이렇게 되자 왕건은 후백제를 공격하여 멸망시키고 마침내 통일의 대업을 이룬다.

5절 고려와 금나라의 역사 재구성

1. 에리두·고려의 역사 재구성(AD 918년~AD 1392년)

1) 고려의 건국

고려를 세운 왕건은 처음에는 궁예의 부하였다. 그러나 지방 호족세력들을 배경으로 AD 918년 궁예를 추방하고 왕위에 올랐으며, 나라 이름을 고려라고 하였다. 왕건의 왕씨는 에리두의 성씨로 처음에는 철원에서 즉위를 하고 도읍을 송악(개경)으로 옮긴 다음에는 호족세력을 규합하였다. 그리고 고구려의 옛 땅을 찾는 북진정책과 불교를 숭상하는 숭불정책을 펴서 세력을 구축하였다. 그 후 AD 935년에는 신라를 병합하고, AD 936년에는 후백제를 멸망시켜 한반도 내의 후삼국을 통일했다.

2) 고려의 발전

태조 때는 호족세력 통합의 방법으로 지방호족과의 정략적인 결혼을 시행하여 왕권의 강화를 꾀했다. 그 후 광종 때는 노비안검법과 과거제도를 시행하고 공복제도 등을 실시하였으며, 경종 때는 전시과라는 토지제도를 마련하여 관리들의 생활안정을 도모하였다. 또 성종 때에 이르러서는 유교적 사상에 입각한 2성 6부의 중앙관제를 마련하고 지방관을 파견하는 등 중앙집권체제 강화에 힘썼다. 제11대 문종은 율령, 관제, 병역제 등을 완비하여 중앙집권적 국가체제를 완성하였다.

고려의 계급사회는 문반 중심의 사회였다. 그래서 고려 후기에는 무인들의 불만이 폭발하여 정중부의 난을 기점으로 무신정권이 성립되었다. 그리고 최충헌 이후 4대에 걸친 최씨 무신정권으로 인해서 귀족사회의 지배기반은 확대되고 농민에 대한 수탈은 더욱 심해지는 결과를 가져왔다. 이 때문에 농민과 노비들의 반란이 크게 일어났으며, 권력이 약화된 문신들은 패관문학 속에 도피하는 경향이 생겼다. 특히 무인정권시대 고려는 몽고의 침입을 받아 강화도로 천도하였으며, 약 40여 년 간 항몽전쟁을 치렀다. 이 덕분에 고려는 몽고제국으로부터 국가의 독립을 보장받았다. 그러나 불평등 강화조약을 맺고 정치·경제·외교·국방 등에서 몽고의 내정간섭을 받았다. 그럼에도 불구하고 공민왕은 과거시험에 의해 등용된 사대부를 우대하여 안으로는 권문세족을 억압하고, 밖으로는 몽고의 간섭을 배격하는 정책을 썼다. 그러나 이 개혁은 실패하고 말았으며, 결국 고려왕조는 몰락하였다.

3) 고려의 멸망

고려의 멸망은 원나라의 내정 간섭으로 인해 극도로 문란해진 정치 기강과 함께 이를 둘러싸고 일어난 권문세가들과 신진사대부 사이의 갈등과 대립이 원인이 되었다. 또한 원나라의 세력이 쇠퇴하고 명나라가 등장하면서 두 세력 간의 대립도 또 다른 배경이 되었다. 특히 경제적으로는 사대부들이 대규모화시킨 농장으로 부가 집중되어 국가 재정은 고갈되었다. 그리고 땅을 잃은 농민들은 소작인 또는 노비로 전락하거나 유민화하였다.

그러나 변화를 바라는 신진 사류들의 개혁 정책은 권문세족들의 방해로 모두 실패하였다. 이 과정에서 우르계열의 이성계가 부각되었다. 그는 동북 지방에서 여진족과 홍건적의 침입을 격퇴하고 왜구를 무찌르는 등 전공을 세우고 세력의 기반을 닦고 있었다.

그러나 중국을 통일한 명나라가 철령 이북 땅에 철령위를 설치하려 하자 우왕과 최영은 요동을 공격하자는 강경책을 세우고 이성계를 앞세워 요동 정벌을 추진했다. 그러나 이성계는 위화도까지 진군하다가 회군하여 정변을 일으켰다. 이후 고려 조정을 주도하게 된 이성계는 공양왕을 폐하고 고조선을 계승한다는 의미로 국호를 조선으로 하고 새로운 왕조를 세웠다.

2. 키시·금나라의 역사 재구성(AD 1115년~AD 1233년)

1) 금나라의 건국

에리두·발해국의 멸망 후 만주의 완안부 생여진에 대한 거란족의 학정이 심해지자 민족적인 적개심이 팽배해졌다. 그리고 이것이 금나라가 세워지는 명분이 되었다. 우리가 알고 있는 금나라의 시조는 김함보이다. 그는 김씨 성을 가지고 있으며 키시족이라는 의미이다. 그가 신라 말기에 황해도 풍산에서 완안부로 왔을 때는 이미 나이가 60세가 넘었고, 그의 동생인 김보활(보활리)과 함께 이주해 왔다. 그리고 완안부에 거주했으며, 완안씨라는 성을 갖게 된다. 이 당시 여진족은 자신들도 고려를 부모의 나라로 여기고 자신들의 시조가 되는 조상이 고려에서 왔다고 하였다. 여기서 여진은 말갈의 후예이며, '여'는 우르의 변음으로 원래 여진의 지배계층은 부여계의 후손으로 우르족이다. 그러나 김함보의 후손들이 이주해 온 이후에는 키시족이 주된 지배계층이 되었음을 알 수 있다.

금나라 역사에는 아골타의 아버지가 핵리발이고, 할아버지가 오고내이다. 그리고 오고내의 아버지가 석로이며, 할아버지가 수가라고 구체적으로 서술되어 있다. 또한 수가의 할아버지인 오로가 금나라의 시조인 김함보의 아들이라고 했다. 즉, 아골타는 김함보의 7대손이 된다.

금사 태조기의 내용에 있는 아골타(김민)의 말을 빌리면 금나라라는 명칭의 근원은 금의 변하지 않는 성질에서 국호를 취했다고 한다. 그러나 다른 측면에서 살펴보면 금(金)은 키시족의 성씨로 후에 청나라의 경우와 같이 금나라는 키시족의 나라라는 의미가 된다.

금나라의 태조 아골타는 핵리발의 둘째 아들로 태어났다. 숙부와 형을 도와서 완안부가 영토를 넓히는 데 크게 기여했으며, AD 1113년에는 동만주의 생여진과 숙여진을 통합했다. 이듬해에 출하점에서 요나라의 진압군을 격퇴하고 뒤이어 여러 주를 점령했다.

아골타는 AD 1115년 금나라를 세우고 황제가 되었으며 그 여세를 몰아 요동 지역의 요양을 함락시켰다. 당시 요나라의 황제인 천조제 야율연희는 70만의 대군으로 금나라를 공격해 왔으나, 오히려 대패를 당했다. 그리고 그는 요동으로 진출해서 송나라와 함께 요나라를 공격하자는 동맹을 맺었다. 이후 아골타는 요나라의 수도인 상경임황부와 중경대정부를 함락했다. 이에 반해 송나라는 강남에서 일어난 반란으로 인해 내부 혼란을 겪고 있었다. 그리고 겨우 반란을 진압하고 북방으로 출병하여 요나라의 연경을 공격했다.

그러나 송나라 군대는 요나라의 군대에 연전연패를 당했다. 그래서 송나라군의 지휘관인 동관은 금나라에 원군을 요청하게 되고, 금나라는 출병하여 순식간에 연경을 함락시켰다. 본래 연운 16주 중에 연경 이남의 6주는 송나라에 할양하기로 약속이 되었지만, 금나라는 이 약속을 어겼다. 그리고 연운 지역을 모두 점령하여 연운 16주의 백성들도 금나라로 이주시켰다. 그러나 아골타는 AD 1123년 병에 걸려서 회령부로 돌아가던 중에 서거했으며, 그의 뒤를 금태종이 계승하였다.

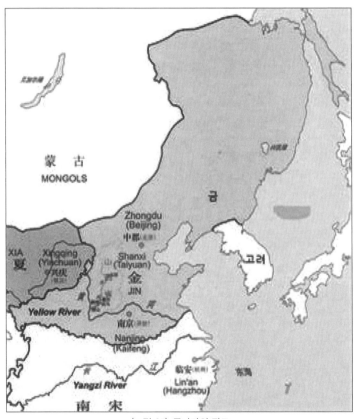

〈그림 35〉 금나라의 판도

2) 금나라와 고려

금나라의 바탕은 지배족인 키시와 피지배족인 여진(말갈)으로 이루어졌다. 원래 여진은 요나라의 지배를 받았으며, 요양 일대의 여진을 숙여진이라고 하고, 송화강 이북과 두만강 유역의 여진은 생여진이라 불렸다. AD 12세기 초 만주 완안부에 있는 생여진의 세력이 커지면서 생여진 족장인 아골타가 흑수말갈을 통합하고 금나라를 건국해서 120년간 존속했다. 그것은 발해 멸망 후 약 90년이 지난 AD 1115년경이다. 당시 중국 본토에는 송나라가 있었으며, 만주와 내몽골·화북 지방에는 요나라가 그리고 한반도에는 고려가 있었다.

금나라는 요나라를 공격하는 과정에서 동맹국이었던 송나라와 분쟁이 일어나자 송나라의 수도인 개봉을 공격하기도 하였다. 그 당시 송나라의 황제를 사로잡고 송나라를 양자강 남쪽으로 몰아냈다. 이로써 금나라는 만주·내몽골·화북에 걸친 대제국을 건설했으며, 그리고 상경회령부에서 연경으로 천도하여 중국 중심부를 장악했다. 그래서 남쪽으로 물러간 송나라는 남송으로 개명하였다.

당초 고려와 여진은 두만강변 등의 국경지대에서 분쟁이 끊이지 않았다. 그래서 고려의 장수 윤관은 천리장성을 축조하여 침입하는 여진을 정벌하고 9성을 쌓았다. 금나라가 요나라를 정벌하고 만주를 차지한 후에는 고려와의 관계에 다소 긴장과 마찰이 생겼으나, 고려에 대해서는 회유의 방법으로 접근했다. 그리고 키시의 금나라와 에리두의 고려는 우호적이면서 전형적인 책봉·조공 관계를 유지했다. 하지만 AD 1135년 묘청은 서경(평양)으로 고려의 도읍을 옮기고 금나라를 정벌하자는 서경 천도운동을 일으켰다. 그러나 김부식의 관군에 의해 진압된 이후로는 금나라와는 큰 분쟁 없이 상호관계를 지속했다.

3) 금나라의 멸망

금나라의 멸망은 몽골의 증오심에서 기인한다. 금나라는 몽골을 견제하기 위해 3년에 한 번씩 군대를 보내서 몽골 장정들을 죽였다. 그리고 뛰어난 족장들을 회유해 이용한 후에 제거하는 정책을 써서 몽골은 금나라에 증오심을 가지고 있었다. 또한 지역적으로 금나라는 중원을 차지했지만 남방을 모두 차지하진 못했다. 그래서 그들의 점령지는 거란과 몽골 그리고 여진이 뒤섞여있는 상태였다. 그리고 고려의 존재도 금나라의 안보에 영향을 미치기 때문에 한시도 감시를 늦추지 못했다. 그런 상황에서 북방 유목민족인 몽골이 강력해지는 것을 금나라는 그대로 방치할 수 없어서 몽골을 의도적으로 핍박했던 것이다. 그러나 너무 잔인한 수법을 쓴 것 때문에 몽골이 반발하고, 결국에는 금나라의 멸망을 자초하게 되었다. 그리고 마침내 몽골군은 경양으로 쳐들어가고, AD 1232년에 몽골군은 정주를 점령했다. 당시 금나라의 황제는 완안수서로, 몽골군에게 온 국토를 유린당한 황제는 급기야 AD 1233년 귀덕에서 자살, 금나라가 멸망하였다. 금나라의 멸망 이후 송나라도 몽골의 공격을 받아 반세기도 되지 않아 멸망하고 말았다.

6절 고려 이후 역사 재구성

1. 우르·명나라 역사의 재구성(AD 1368년~AD 1644년)

1) 명나라의 건국

명나라를 세운 홍무제 주원장은 성씨가 주(朱)자로 나무(木)에 매달린 사람(人)이라는 의미이며, 이때 나무는 신단수를 의미하고 우르족의 성씨이다. 특히 국가의 색을 태양과 같은 붉은색을 선호하고 태양을 의미하는 밝을 명(明)자를 나라 이름으로 한 것은 우르족의 공통적인 특징이다. 여기서 명은 일(日)과 월(月)의 합성어로, 이는 우르족의 신앙인 태양신(우루)과 달의 신(난나)에서 따온 것이다.

주원장은 원래 일개 승려였지만 홍건적의 두목인 곽자흥의 휘하로 들어가면서 전공을 세우고 두각을 나타냈다. 그리고 승승장구하여 곽자흥의 2인자 자리에 올랐으며 그의 딸과 혼인을 하게 된다. 그 후 곽자흥이 죽자 그의 뒤를 이어 독자적인 세력을 구축하고 원나라에 항쟁하였다. 특히 원나라의 주요 거점인 남경을 점령한 후에는 송나라 황실의 후예라고 자처하였으며, 이후 홍건적의 내부 실력자들을 차례로 굴복시키고 원나라에 본격적으로 대항하였다.

그 당시 주원장은 장사성, 진우량과 함께 3대 군벌로 불렸지만 재력과 병력면에서는 장사성과 진우량보다는 상대적으로 세력이 약했다. 그러나 주원장은 선비를 우대하며 학문을 숭상하는 처세로 민심을 얻어 장사성과 진우량을 이길 수 있었다. 그 후 주원장은 송나라 황실의 후예인 한림

아가 죽자 황제에 즉위하고 명나라를 건국한다. 그리고 원나라를 상대로 북벌을 감행하여 원순제를 몽고로 쫓아버렸다.

주원장은 원나라의 잔재를 털어버리려고 몽고의 풍속을 모두 버리고 중앙집권체제를 확립하였다. 그리고 자신의 권력을 강화하기 위해 측근들을 숙청하였으며, 명나라의 기틀을 세우고 71세의 나이로 죽었다.

2) 명나라의 발전

명나라는 홍무제 이후 강력한 중앙집권체제를 갖추고 이를 바탕으로 농업 생산력을 회복하였으며, 상업과 수공업 분야도 급속한 발전을 이루었다. 그러나 급속한 상업의 발전은 부의 불균등한 분배를 가져와 빈부격차를 심화시켰다. 그리고 대지주의 토지 독점으로 인해 토지를 잃은 많은 농민들은 대부분 유민이 되거나 소작인으로 전락하여 마침내는 여러 곳에서 폭동이 일어나는 사태가 발생하였다.

명나라의 후기로 오면서 정치는 더욱 부패하여 환관이 계속 권세를 잡아 나라는 더욱 혼란에 빠졌다. 그래서 건국 이후 2백년이 지나면서 명나라는 안팎으로 일어나는 환관의 횡포와 민란 그리고 왜구와 몽고의 공격으로 더욱 혼란한 시국이 되었다. 그리고 조선에서 일어난 임진왜란으로 인해 명나라는 막대한 군비를 써서 국가 재정은 파탄나기에 이르렀다. 더욱이 만주 지방에서 크게 세력을 확대한 후금이 명나라를 계속 압박해 오면서 국가의 존망은 위태로워졌다. 여기서 후금은 키시족의 금나라 후예이다. 그래서 나중에 후금이 개명한 청나라도 키시족이 지배하는 나라가 된다.

본래 청나라를 건국한 누르하치(김태랑)의 할아버지와 아버지는 명나라에 충성을 바치며 세력을 유지했던 만주의 부족장이었다. 그들은 명나라에 반대하는 아타이가 공격을 받을 때, 아타이를 설득하려고 그의 성 안으로 들어갔다가 억류되었다. 그러나 결국에 명나라가 약속을 어기고 공격하는 바람에 죽임을 당했다. 그래서 누르하치는 명나라에 원한을 갖게 되었다. 이 당시 누르하치는 아무 내색도 비치지 않고 스스로 명나라에 대적할 수 있을 때까지 철저하게 속이고 명나라에 복종하는 자세를 취했다.

3) 명나라의 멸망

키시족인 후금의 누르하치는 만주족들을 규합하여 계속 세력을 키워나갔다. 그러나 당시의 명나라는 점점 더 쇠락하고 있었으며, 결정적으로 누르하치에게 기회가 온 것은 일본이 조선을 침략한 임진왜란 때문이었다. 명나라는 가뜩이나 어려운 상황에서 조선에 원군을 보냄으로써 국가재정이 더욱 피폐해졌다. 그래서 누르하치는 명나라가 일본과 싸우는 틈을 이용해 여러 부족을 통합하면서 내부세력을 크게 키웠다. 그리고 AD 1616년 누르하치는 대부분의 만주족을 규합하여 나라 이름을 '후금'이라 칭하고 요령성에서 왕위에 올랐다. 후금이라는 국명은 AD 12세기경에 그의 조상들이 세웠던 금나라를 계승한다는 의미이다.

누르하치는 후금을 세운 다음 해에 명나라의 무순을 공격하여 함락시켰다. 그러자 명나라는 후금을 정벌하기 위해 요동의 심양에서 전투를 벌인다. 그러나 이 전투에서 후금이 오히려 명나라의 대군을 격파하고 대승을 거두었다. 그리고 후금은 심양으로 수도를 옮겼다. 이때 명나라는 후금과의 전투에서 엄청난 국력을 소비했고, 그와 더불어 천재지변으로 인해 기근이 심한 하남과 섬서 지방에서는 반란이 일어났다.

그러나 명나라 군대의 공격으로 인해 지방 반란군은 금방 수세에 몰리게 되었고, 다시 후금의 공격으로 반란군은 되살아났다. 특히 서안을 거점으로 한 이자성의 반란군은 동쪽으로 군대를 이동하며 명나라를 조금씩 점령해 들어가 마침내 북경을 점령했다.

마지막 황제인 숭정제는 명나라의 맥을 잇기 위해 아들들을 피신시킨 후 황후와 후비들에게 자결을 명하였고, 자신도 자결했다. 이렇게 해서 명나라는 16대 277년 만에 망하고 말았다.

2. 근세조선과 청나라 역사의 재구성

1) 우르의 근세조선(AD 1392년~AD 1910년)

근세조선은 우르의 이성계가 에리두의 고려왕조를 무너뜨리고 세운 나라이다. 여기서 이(李)씨는 신단수(木)의 자(子)손이라는 의미에서 우르족이다. 원나라가 멸망한 AD 14세기 후반기에 들어와서 고려는 안으로 권문세가들의 발호로 정치적 기강이 무너지면서 사회적 갈등이 심화되었고, 밖으로 홍건적과 왜구의 침입이 계속되어 국가 전체가 혼란스러웠다. 이 당시 신진세력으로 부상한 사대부들은 안으로 내적 모순을 완화하고, 밖으로 국가 역량을 키우기 위해 새로운 왕조의 출현을 기대했다. 이러한 시점에서 무장인 이성계가 홍건적과 왜구를 물리치고 명성을 쌓아 중앙으로 진출했으며, 이에 신진 사대부들은 이성계를 자신들의 지도자로 내세우고 새로운 사회를 추구했다.

그리고 이성계는 AD 1388년 위화도 회군을 단행하여 구세력인 최영 일파를 제거한 뒤 전제 개혁을 통해 새 왕조의 경제적인 기반을 다졌다. 더불어 AD 1392년에 이성계는 고려의 마지막 임금인 공양왕에게 왕위를 양위받았다. 그는 고조선을 계승한다는 의미에서 국호를 '조선'으로 하고, 이후 27대 518년간 지배했다.

2) 키시의 청나라(AD 1636년~AD 1912년)

청나라는 만주족이 세운 나라이다. 만주족은 예족의 후예로 여진이라고도 불린다. 그들은 고대에 우르족과 결합하여 부여국을 세웠으나, 고구려에 이어 발해가 멸망한 후에는 뿔뿔이 흩어져 소규모 부족화했다. 그 후 그들 중 일부가 키시족의 지도자인 아골타의 지도 아래 북중국으로 진출하여 금나라를 세웠으며, 점차 정착하여 농경생활을 하게 되었다. 금나라가 몽고에게 멸망하자 다시 와해되어 부족화하였다. 그리고 명나라 말기에는 3부로 나누어져 명나라의 통치를 받았다. 이들은 수렵과 목축을 위주로 한 산업구조를 가지고 있어 사냥기술이 뛰어났다. 그래서 이들은 이렇게 닦은 사냥 기술을 바탕으로 팔기군을 운영하였다. 이들 팔기군은 대단히 강한 군대조직으로 후에 명나라를 멸망시킬 수 있는 초석이 되었다.

명나라가 조선의 임진왜란에 출병하는 동안 만주족에 대한 통제력이 약해지자 누르하치가 여진족을 통일하고 국호를 후금이라 하였다. 태조인 누르하치는 명나라를 공격하면서 청나라의 기반을 닦았다. 그리고 2대 태종인 홍타이지에게 후금제국을 넘겨주었다. 이후 홍타이지는 친명정책을 취한 조선을 공격하여 강화를 맺었으며, AD 1636년에는 국호를 대청으로 고치고 제위에 올랐다. 이 당시 명나라는 이자성을 주축으로 한 반란군이 북경을 함락시키고 황도에 진입하여 명나라를 실질적으로 멸망시켰다. 그러나 청나라 방비를 위해 산해관에 있던 오삼계는 청나라에 투항하고 청나라 군대를 북경으로 인도했다. 그 후 오삼계는 북경을 공략하여 대승하였으며, 이자성 세력은 청나라 군대의 추격을 받고 지리멸렬해졌다. 그러나 명나라를 배신했던 오삼계는 명나라를 다시 재건한다는 명분으로 반란을 일으켰다. 그리고 오삼계는 국호를 주나라로 하고 스스로 제위에 오르지만 결국 병을 얻어 죽고 만다. 이로써 청나라는 중국을 완전히 장악하게 되었다.

청나라가 키시족이 지배하는 국가인 것은 국호가 청(淸)으로 물(氵)과 푸른(靑)의 합성어이며, 이는 키시가 신봉하는 물의 신(엔키)의 푸른색과 물에서 나온 것이기 때문이다. 특히 청 황제의 성씨가 김씨인 것으로 알려져 있으며, 김씨는 키시의 전형적인 성씨이다.

제2편
한민족의
역사 재해석

제1장
초기문명시대 재해석

1절 초기 수메르문명의 재해석

1) 농경과 산양의 뿔

원시 농경은 BC 7000년경의 티그리스와 유프라테스강의 발원지인 터키의 아나톨리아 고원지대에 거주하던 케이오누족에 의해 시작되었다. 이들은 고원지대에서 야생 밀의 재배방법을 터득한 후 메소포타미아 지역으로 이주하여 본격적인 농경을 시작하였고, 수메르문명을 일으켰다. 이들이 훗날 우리 한민족의 뿌리가 되는 수메르 사람들이다.

농경의 시작은 인류 문명과 그 맥을 같이한다. 수렵채집에서 농경으로의 변화는 단순히 신석기시대의 어느 곳이나 일어날 수 있는 변화가 아니다. 즉, 농경이 잉여 생산이라는 목적 아래 대량 생산이 될 수 있는 것은 재배와 수확이라는 중요한 절차가 충족되는 농기구의 발명이 전제되어야 한다. 특히 야생 밀 경작에 있어서는 재배와 수확이라는 과정에 필요한 농기구가 있어야 한다. 그러나 신석기시대의 석제 농기구들은 씨 뿌리고 키우는 데 유효하지만 대량 수확을 위한 농기구는 못된다. 왜냐하면 무거운 석기로는 효율적인 낫을 만들지 못하기 때문이다. 다시 말해서 석기로는 농업 경작을 할 수 있는 시대로 발전이 불가능하다. 이러한 농경에서 가장 중요한 도구는 낫이다. 수확에서 낫은 절대적으로 필요하다. 그러나 자연 상태에서 낫은 발견하기 어렵다. 그래서 손쉽게 자연 속에서 낫을 만들 수 있는 지역이 아니면 아무리 수량이 풍부한 강가라고 해도 수렵·채집에서 농경으로 쉽게 넘어갈 수 없다. 이 때문에 경작이 수월하고 야생곡물이 잘 자라도 자연 상태에서 손쉽게 낫을 만들 수 없으면 농업 경작의 활성화는 불가능하다.

우리가 자연 상태에서 곡물을 벨 수 있는 낫을 구할 수 있는 곳은 산양이 있는 곳이다. 왜냐하면 자연 상태에서 가장 효율적인 낫을 만들 수 있는

〈그림 36〉 산양의 뿔과 낫

것은 산양의 뿔밖에 없기 때문이다. 그래서 인류 초기의 농경은 초목이 잘 자라는 강가나 호숫가가 아닌 산양이 서식하고 야생 밀이 자라는 고원지대에서 시작될 수밖에 없다. 오히려 강가나 물가는 어로 및 수렵·채집이 수월하여 인위적 생산인 농경으로 석기시대의 사람들을 유도하지 못한다. 이 때문에 우리는 인류 초기 농경사회의 시작을 아나톨리아 고원지대로 보는 것이다. 바로 이곳에 산양이 서식하고 있어 수확에 필요한 낫을 구할 수 있고 야생 밀이 자라서 농경과 수확을 충족시킬 수 있는 유일한 지역이다. 그리고 실제적으로 이곳이 후에 수메르문명을 일으킨 케이오누족이 출발한 곳이기도 하다.

2) 구운 벽돌과 청동기

인류문명의 시작을 청동기의 사용으로부터 기준을 정하는 것이 일반적이다. 이 때문에 청동기의 사용은 고대문명 발생의 중요한 지표가 된다. 또한 우리는 석기에서 청동기로의 시대적 전환은 큰 변화 없이 자연 동(銅)의 발견과 함께 이루어지는 것으로 알고 있다. 그러나 석기시대에서 청동기의 사용은 그리 간단한 문제가 아니다. 왜냐하면 어느 날 갑자기 자연적으로 청동의 제법이 개발될 수 있는 것은 아니기 때문이다. 이러한 변화에는 반드시 계기가 있어야 한다. 즉, 청동기를 제조하려면 반드시 섭씨 1,000℃ 이상의 열이 장시간 필요하며, 이 과정에서 다량의 에너지가 필요하다. 이러한 열에너지를 만들 수 있는 재료는 원시상태에 있던 석기시대에는 아무 곳에서나 찾을 수 있는 것이 아니다. 다시 말해서 초기 청동기의 제련은 여러 가지의 필수적인 조건이 동시에 충족되어야 이루어질 수 있는 일이므로 조건에 맞는 특정 지역에서만 발생될 수밖에 없다. 이 여러 가지 조건은 다량의 에너지를 장시간 공급할 수 있는 에너지원을 가지고 있으면서 이러한 에너지를 사용해야 할 또 다른 이유가 있어야 한다. 여기서 이야기되는 또 다른 이유로는 다량의 열에너지가 소비될 다수의 공학적 행위가 이루어지는 지역을 의미한다. 그래서 고대 초기문명사회에서는 큰 인력이 소요되는 대규모 건축공사가 이루어지는 지역이 아니면 대량의 에너지가 소요되지 않아 에너지의 필요성이 적다. 그리고 그때 사용되는 건축 재료는 자연 상태에서 열에너지가 필요 없이 단순가공이 가능한 재료일 경우도 제외된다. 즉, 구운 벽돌과 같이 많은 열에너지가 필요한 건축 행위일 때만 구리의 제련법이 발견될 가능성이 크다. 그리고 구운 벽돌을 만들기 위해 사용되는 다량의 초기 에너지는 석유일 것이며, 이 때문에 중동 지역의 메소포타미아에서만 초기 청동기문명이 발생할 수 있는 조건을 충족한다. 특히 중동 지역에서는 마땅한 건축 재료가 없어서 초기에는 양건 벽돌 위주로 건축물을 축조하였으나 점차 대규모화하면서 강도가 높은 재료가 필요하게 됐다. 그리고 우연한 발견을 통해 양건벽돌을 불에 구워 고강도의 구운 벽돌을 만드는 법을 터득하게 된 것이다. 이 과정에서 다량의 구운 벽돌을 제조하려면 많은 열에너지가 필요했고, 더불어 청동기제련에 필요한 에너지도 가능해진 것이다.

이처럼 청동기 역시 메소포타미아 지역이 아닌 다른 곳에서는 초기 제련

〈그림 37〉 우르의 지구라트

법이 발명되기 어려울 것이며, 때에 따라서는 불가능했을 것이다.

다시 말해서 석기시대에서 청동기로의 전환은 메소포타미아의 지정학적 요건과 수메르인의 창의적인 노력 없이는 이루어지지 않았을 것으로 여겨진다.

3) 한민족의 시작과 수메르 * 다음 / 블로그 / 수메르문명 / 편집

우리 한민족의 시작은 고대 메소포타미아문명의 수메르인에게서 찾아야 한다. 여기서 수메르인이란 후에 그들을 정복한 아카드인들이 메소포타미아 지역에 살던 선주민들을 부르던 말이었다.

수메르인들은 자신들을 웅상기가(ùĝ saĝ gíg-ga), 검은 머리 사람들이라고 불렀고, 그들의 땅은 키엔기르(Ki-en-ĝr), 즉 수메르가 지배하는 땅이라고 했다. 여기서 웅은 '검다'라는 의미인데 이것이 한자로 곰이라는 의미의 웅(熊)자가 되었으며, 상은 '상투'라는 명칭에서와 같이 머리라는 뜻이다. 이와 같은 웅상이라는 단어는 '산해경'에서도 찾아볼 수 있다.

"불함산에 웅상(雄常)이란 나무가 있는데. 불함산은 '숙신' 땅에 있으며 웅상나무에선 '선입벌제(先入伐帝), 우차취지(于此取之)'의 사건이 벌어졌다고 한다."

이 사건의 내용을 해석하면 '웅상나무에 옛날에 들어간 어떤 자가 임금을 죽이고 그 나무로 옷을 해 입었다'라고 된다.

여기서 불함산은 홍산을 의미하며, 웅상나무는 신단수를 뜻한다. 그리고 숙신은 내몽골 또는 만주 지역이다. 그리고 웅상이 검은 머리라는 수메르어의 상징성과 연결해 보면 단군신화의 신시 배달국에서 어떤 임금이 등극했던 방법에 대한 묘사로 보인다. * 다음 / 블로그 / 산해경의 불암산 / 편집

고대 역사 연구 초기에 수메르인들은 외계에서 침입해 온 것으로 생각

했다. 그러나 지금은 각종 고고학적 기록을 통해 나타난 것을 보면 아나톨리아 북부 산악지대인 케이오누 지역에서 이주해와 남부 메소포타미아에 정착한 것으로 알려졌다.

수메르인들은 이미 북부 산악지대에서 농업 기술을 습득한 뒤에 남쪽으로 이주해 온 사람들이다. 그래서 그들은 메소포타미아 지방에 정착한 후 티그리스강과 유프라테스강 사이의 풍부한 충적토로 비옥해진 땅을 경작하면서 풍요로운 생활을 영위했던 것 같다.

초기 남부 메소포타미아 지방에서 나타나는 우바이드기의 토기는 북부의 사마라 유적(BC 5700년~BC 4900년)의 토기와 연속성이 있는 것으로 보아 북부 지방의 사람들이 수자원을 효과적으로 이용할 수 있는 기술을 습득한 후에 남쪽으로 이주한 것으로 보인다.

수메르의 도시국가들은 초기 우바이드기와 우루크기에서 성장하기 시작하여 BC 29세기경 초기 왕조시대부터 비로소 역사시대를 열게 된다. 그리고 BC 26세기경 라가시부터는 많은 자료들이 발견되고 있는 본격적인 역사시대를 연다. 또한 초기 우바이드와 우루크 시기의 메소포타미아 남부의 도시국가들은 BC 24세기에 북부에서 침입해 온 아카드 제국이 들어서면서 막을 내린다.

역사적 기록들은 수메르인의 영역이 메소포타미아 남부에 한정되어 있었던 것으로 나타났으나, 안네문두와 같은 왕은 지중해에서 자그로스까지 영역을 넓혔던 것으로 기록되어 있다. 또한 에리두가 우루크로 넘어가는 역사적 과정에서 대홍수 신화와 관련되어 있는 길가메시 같은 왕은 상당히 넓은 지역을 통치한 것으로 기록되어 있다.

고대 수메르의 왕명록에는 초기 왕조시대의 전설적인 이름이 보이는데, 다른 문서에서도 찾을 수 있는 첫 번째 왕은 에타나이다. 그는 키시의 첫 번째 왕조 13번째 왕이다. 또한 그 후 도시국가의 패권이 키시에서 우루크로 넘어갔으며, 길가메시가 우루크의 전설적인 왕이라는 주장도 제기되고 있다.

움마의 제사장이며 왕인 자게시는 라가시와 우루크를 정복하여 움마를 새로운 수도로 삼았다. 그리고 그는 페르시아만에서 지중해에 이르는 대제국을 세웠다. 그는 아카드의 사르곤이 등장하기 이전까지의 마지막 수메르인 왕이었다.

여기서 우리 한민족과 직접 관련된 수메르의 역사는 BC 24세기 이전까지가 해당되고, 그 시기는 아카드의 사르곤이 출현하기 전까지이다.

2절 수메르의 도시국가 재해석

1. 수메르의 신화와 종교

수메르 종교는 수메르문명의 신화와 제례의식 그리고 우주론 등을 가리킨다. 수메르 종교는 메소포타미아 신화 전반에 영향을 끼쳤고, 그 흔적은 아카드, 바빌로니아, 아시리아, 페르시아 등의 신화와 종교 속에 고스란히 남아 있다. 그리고 이러한 수메르의 신화들은 문자가 발명되기 전까지 구전으로 전수되어 내려왔다.

이들 수메르의 도시국가들은 정치체제에서 왕을 뜻하는 루갈(Lugar)이 나타나기 전에는 엔(En) 집단인 대사제들이 지배하는 신정정치체제였다.

그리고 성직자들은 해당 도시국가의 문화·종교적 전통들을 관리하는 역할을 하였고 하늘과 땅의 신들과 인간 사이를 중재하는 매개자로 여겨졌다. 또한 성직자들은 대부분의 시간을 신전에 거주하면서 보냈으며, 대규모 관개 시설 등을 비롯한 문명의 지속과 유지에 필요한 해당 도시국가의 행정을 담당하였다.

수메르인들은 우주가 태초의 소금물 바다로 둘러싸여 막혀 있는 반구형 태의 돔(Dome)이라고 생각하였다. 지상의 대지가 돔의 하부를 이루는데, 대지 아래에는 지하 세계와 압주(Abzu)라는 담수로 이루어진 바다가 있다고 여겼다. 돔 모양 창공의 남신(天神)은 안(An)이라고 불렸으며, 대지의 여신(地神)은 키(Ki)라고 불렸다. 초기에는 지하 세계가 대지의 여신인 키의 연장물이라고 믿었으며, 후대에서 그리스 신화의 하데스나 유대교의 쉐올 또는 기독교의 지옥과 유사한 개념의 키갈(Kigal)로 발전하였다. 태초의 소금물 바다는 남무(Nammu)라는 이름의 여신으로 불렸으며, 우르 제3왕조 이후에는 티아마트(Tiamat)라는 이름의 여신으로 불렸다.

신의 창조 신화에서 안(An)과 키(Ki)의 태초의 결합으로부터 엔릴(Enlil)이 나왔으며, 엔릴은 수메르 판테온의 주신(主神)이 되었다. 엔릴이 공기의 여신 닌릴(Ninlil)을 강간하는 범죄를 저질렀으며, 죄를 물어 다른 신들은 엔릴을 신들의 고향인 딜문(Dilmun)에서 추방하였다.

한편 닌릴은 엔릴로 인해 달의 신인 난나(Nanna)를 낳게 되었다. 그 후 달의 신 난나와 갈대의 여신 닌갈(Ningal)이 결혼하여 전쟁과 풍요의 여신인 인안나(Inanna)와 태양의 신인 우루(Ulu)를 낳았다.

여기서 우리 한민족과 관련된 주요 수메르 신들을 살펴보면 다음과 같다.

안(An) : 남신, 하늘(창공)의 신

키(KI) : 여신, 땅(대지)의 신

엔릴(Enlil) : 남신, 공기와 바람(주신), 자연의 신

닌릴(Ninlil) : 여신, 공기의 신, 엔릴의 부인

엔키(Enki) : 남신, 담수의 바다, 농경의 신

난나(Nanna) : 남신, 달의 신, '신'이라고 불렸음.

닌갈(Ningal) : 여신, 갈대의 신, 난나의 부인

우루(Ulu) : 남신, 태양신

인안나(Inanna) : 여신, 전쟁의 신, 여성의 생식력과 성교의 신

수메르 신의 계보에서 도시국가와의 연관성을 알아볼 수 있다. 즉, 우르는 태양신인 우루에서 나왔으며, 키시는 키 또는 엔키와 관련이 있음을 알 수 있고, 또한 에리두는 엔릴과의 연관성을 유추할 수 있다. 여기서 수메르 종교와 신화를 언급하는 것은 그것이 우리 한민족의 정신세계에 지대한 영향을 미쳤으며 지금까지도 우리의 생활 속에 녹아 살아 숨 쉬고 있다는 점을 규명하기 위함이다.

2. 수메르 도시국가와 칸연맹 * 다음 / 백과사전 / 브리테니카 / 편집

BC 2900년경 수메르는 여러 개의 도시국가로 나누어져 있었다. 그중 대표적인 것이 우르·키시·에리두·라가시·움마·니푸루 등이다. 이들 도시국가가 BC 2340년경에 북부 산악지대에서 온 수렵족인 아카드의 침입을 받는다. 그들의 지도자가 사르곤이며, 사르곤은 도시국가들을 하나씩 정복해 간다.

BC 2334년경에 아카드의 사르곤에게 패배한 도시국가들은 사르곤의 정복을 피해 티그리스강 동쪽으로 도피하여 연맹체를 구성한다. 이것이 우

리 한민족과 관련된 칸(카인)연맹이다. 그 중 우리와 직접 관련된 우르·키시·에리두 삼국을 중심으로 살펴본다.

1) 우르(Ur)왕조

수메르문명의 초기 단계에서 이루어진 우르왕조는 BC 3800년경 티그리스강과 유프라테스강 사이의 메소포타미아 지역에 성립되었다. 이들은 강의 북부 지역에서 이주한 유목과 농경민들이 혼합된 청동기문명 단계에 속한 이주민이다. 이들의 정착생활은 성서에 묘사된 것처럼 대홍수를 거쳐 그 뒤를 이은 초기 원시 문자시대 단계의 문명이다. 이것은 도시문명 형태로 존재하였고, 그중에 가장 큰 도시는 우르이다. 당시의 우르는 왕조라고 할 수 있는 정도의 강력한 힘을 가진 권력자가 존재했다.

우르는 태양신 우루를 숭배하는 도시국가로 또 다른 도시국가인 우루크가 쇠퇴한 이후에 메소포타미아에서 중심국가로 자리를 잡았다.

수메르의 제1왕조(BC 2500년경)시대에 우르는 메소포타미아 남부의 수도였다. 제1왕조 이전에 조성된 광대한 공동묘지 유적에서는 상당량의 금·은·동의 귀금속과 보석류가 들어 있는 왕의 무덤이 발굴되었다. 이것으로 보아 우르는 이미 높은 농경 생산성을 갖고 상당히 부유하고 높은 수준의 문명을 가지고 있었음을 알 수 있다. 이 시대에는 왕이 죽으면 순장제도를 실시해서 왕과 관련된 여성 및 시종과 노예 등을 함께 묻는 관습이 일반화되어 있었다. 이러한 순장제도를 통해 사후에도 현세의 지위를 유지하고 왕을 계속 섬기도록 의무화한 것으로 보인다. 특히 왕의 무덤에서 발굴된 각종 유물들은 수메르문명의 수준을 알아볼 수 있는 중요한 자료이다. 이때 발굴된 유물들은 주로 악기나 무기 또는 조각상과 조개껍질

장식 그리고 모자이크 그림 및 원통인장 등으로, 초기 수메르문명을 연구하는 데 중요한 자료들이 대량으로 나왔다.

또한 우르 근교의 알·우바이드에서 발굴된 작은 신전에서는 조각상이 모자이크와 금속 부조로 호화롭게 장식되었으며, 기둥은 화려한 모자이크와 동판으로 덮여 있었다. 제1왕조 때 세워진 이 신전의 주춧돌 명판에는 설립 날짜가 새겨져 있는데 이를 통해 고대 수메르 역사를 살펴볼 수 있었으며, 당시 우르왕조의 존재가 입증되었다. 신전에서 발굴된 여러 가지 비문을 통해 BC 2330년경에 초기 수메르를 정복하고 강력한 통치를 한 것으로 알려진 아카드의 전설적인 왕 사르곤 1세가 실존 인물이었음도 밝혀졌다. 사르곤(Sargon, 재위 ; BC 2334년~BC 2279년)의 별칭은 아카드의 사르곤으로 고대 메소포타미아의 군주이다. 그는 세계사 초기에 대제국 건설자의 한 사람으로서 남부 메소포타미아 전체와 시리아와 아나톨리아 그리고 엘람(서부 이란)의 일부를 정복하여 최초의 셈족계 왕조를 세웠다.

2) 키시왕조

키시는 터키어로 인간을 의미한다. 그러나 키시(Kisi)에서 '키'는 수메르어로 '땅'을 의미하므로 키시는 '엔키'의 도시이며, 땅의 도시가 된다. 키시가 있었던 지역은 지금의 이라크 남중부에 있는 탈알우하이메르 지역이다. 이 도시는 대홍수 이후의 첫 왕조가 있었던 곳이다. 키시의 왕이었던 메실림은 현존하는 왕가의 명문 중 가장 오래된 글의 저자로 알려져 있다. 이 글에서 그는 바빌로니아 남부 도시인 라가시와 움마 사이의 국경 분쟁을 자신이 중재했음을 기록했다. 이 왕조의 마지막 왕인 아가가 BC 2660

년경 우루크 제1왕조의 왕인 길가메시에게 패함으로써 끝났다.

이렇듯 키시는 고대 메소포타미아 역사 전반에 걸쳐 중요한 도시였지만 쇠퇴 후 과거의 명성을 되찾지는 못했다. 특히 제3왕조의 쿠바바는 수메르 왕명록에서 나타나는 유일한 여왕이다. 그녀는 BC 2500년~BC 2430년 사이에 치세하였다. 그녀는 우르 제2왕조의 엔시 칸샤아나의 지배를 전복하기 전에 여왕이 되었으며, 왕명록에는 그녀가 선술집 주인이었다고 기록되어 있다.

쿠바바의 선술집은 악샤의 왕 푸주르니라의 치세 때에 언급되었다. 쿠바바는 어부에게 빵을 주었고 물을 주었다. 그녀의 치세는 평화와 번영이 있는 시대였다. 이와 같이 키시왕조는 여성도 왕위를 이어 받을 수 있는 국가였다. 그리고 후에 키시의 맥을 이은 신라의 김씨 왕조가 여왕이 통치하는 것을 인정하는 것도 이와 같은 맥락에서 살펴볼 수 있다.

3) 에리두 왕조

수메르의 도시국가 중 가장 남쪽에 있는 '에리두(Eridu)'는 전승에 의하면 대홍수 이전 최초의 도시로 알려졌다. 도시의 중심에는 땅과 물의 신 엔키를 모시는 신전 터가 있다. 그러나 이것은 단 하나가 아니고 층에 따라 BC 2500년~BC 3000년간 연대순으로 여러 번 재건축됐던 것으로 보인다. 고고학에서는 이것을 '에리두 기(期)'라고 부른다.

왕명록에 의하면 이 도시는 수메르에서 가장 오래된 도시이다. 도시의 수호신은 엔키로 '땅 밑에 흐르는 달콤한 물을 다스리는 신'이었다. 그러나 도시의 명칭은 '엔릴'에서 유추된 것으로 보아 엔릴이 주요 숭배 대상이었던 것으로 보인다. 이 도시는 남부 바빌로니아에서 가장 중요한 선사시대의 도시 중심지였다. 대략 BC 5000년경에 모래언덕 위에 세워진 것으로 추정되는 이 도시는 선문자시대의 우바이드 문화를 계승한 흔적이 뚜렷하다. 그리고 이곳에서 오랜 시간에 걸쳐 쌓아올린 일련의 사원들은 정교한 흙벽돌 건축물 도시의 성장과 발전을 보여준다. 이 도시는 BC 600년경까지도 계속 존재하였으나, BC 24세기 이후는 우리 한민족의 역사와 관련성이 없다.

3절 아카드의 재해석

1) 아카드 이야기

수메르를 이은 아카드의 제3왕조(BC 2334년경)시대에는 우르가 다시 제국의 수도가 되었다. 그리고 지금까지 현존하는 중요한 건축 기념물들이 바로 이때 지어졌으며, 그중에서 가장 뛰어난 건축물은 지구라트이다. 이것은 앞서의 조적 건축기법의 총화이자 다층구조를 이루는 건축물로 이후 현대문명에 이르기까지의 건축술의 효시가 된다.

지구라트의 구조는 내부에 양건벽돌로 쌓고, 외부는 구운 벽돌을 역청을 이용하여 축조한 3층짜리 계단식 구조물이다. 이러한 형상은 이집트의 계단식 피라미드와 홍산문명의 적석총 그리고 마야문명의 신전 건축에서도 나타난다. 지구라트 최상층에는 달의 신 '난나'의 작은 신전을 두었는데, 이 신은 우르의 수호신이자 잡신들의 왕이기도 하다. 지구라트의 밑변은 가로 46m, 세로 64m, 높이 약 12m이다. 3면의 벽은 수직에 가깝도록 깎아지른 듯 세우고 부축벽으로 보강되어 있다. 동북쪽 방향의 정면에는 각각 100개의 단으로 된 계단이 3개 있는데 하나는 건물 가운데를 따라 직각 방향으로 전면 돌출되어 있고, 나머지 둘은 벽에 기대어 만들어졌다. 3개의 계단은 1층 테라스와 2층 테라스 사이에 있는 입구에서 만난다. 이 입구에서 최상층 테라스와 작은 신전의 문으로 통하는 계단이 놓여 있다. 우르왕조가 세운 지구라트의 하부는 아직도 놀라울 만큼 잘 보존되어 있었으며, 상부는 지금도 원형으로 복원이 가능할 만큼 충분히 남아 있었다.

사르곤은 설형문자로 기록된 BC 24세기~BC 23세기경의 메소포타미아 역사 속에서 전설과 설화로만 알려졌으며, 그의 생애 중 기록된 문서를 통해 알려진 것은 없다. 당대의 기록이 없는 것은 그가 건립한 도읍지 아카드의 위치가 밝혀지지 않아 발굴된 적이 없기 때문이기도 하다. 아카드는 사르곤이 창건한 왕조 말년에 파괴되었으며 그 후 다시 복구되지 않았다.

2) 사르곤 이야기 * 다음 / 백과사전 / 브리태니커 / 편집

민간 전설에 따르면 사르곤은 하층 수렵민 출신의 자수성가한 인물로, 그가 어린아이였을 때 바구니에 담겨 강물에 떠내려가는 것을 한 정원사가 발견하고 데려다 키웠다고 한다. 아버지는 알려지지 않았고 어릴 때의 이름도 알려지지 않았으나, 어머니는 유프라테스강 중류에 있는 한 마을의 여제사장이었다고도 한다. 그는 자라서 고대 수메르 북부 키시의 통치자 앤시에게 술잔을 따라 올리는 직책을 맡기도 했었다고 한다.

그가 최고의 권력을 잡게 된 계기는 우루크의 왕(루갈) 자게시를 패배시킨 일이었다. 자게시는 이미 수메르 도시국가들을 점령하여 통합시켰으며, 그 도시국가들의 영토만이 아니라 서쪽으로 지중해에 이르는 광대한 영토의 통치자로 군림하고 있었던 인물이었다. 그를 패배시킨 것을 계기로 사르곤은 남부 메소포타미아 전역을 다스리는 왕이 되었다. 그 이전에도 셈어족 이름을 가진 수메르 왕이 있기는 했으나 사르곤은 수메르어보다는 아카드어로 알려진 셈어를 날 때부터 사용한 최초의 군주로 기록되었다. 그러나 수메르 도시들은 새로운 군주에게 복종하지 않고 아카드에게 뺏겼던 독립을 되찾고자 했기 때문에 그는 무수한 전투 끝에야 승리를 획득할 수 있었다. 이와 같은 전과를 올리면서 그는 추종자와 군대를 끌어모았다. 그러나 그는 전통적인 세습을 통해 왕위를 얻은 것이 아니었으므로 자신의 왕위를 정당화하기 위해 사르곤(정당한 왕)이라는 호칭을 썼던 것 같다. 이 또한 역사적 기록이 거의 없기 때문에 이것에 관해서는 입증이 불가능하다.

사르곤은 당시의 문명세계와 아카드와의 교역을 유리하게 확보하려는 욕심에다 활동적인 기질까지 갖추었다. 그는 메소포타미아 지역을 지배하는 데 만족하지 않고 유프라테스강 중류를 따라 시리아 북부를 비롯해 은이 풍부한 아나톨리아 남부 산악지대까지 도시들을 정벌해 나갔다. 더불어 그는 이란 서부의 자그로스산맥에 있는 엘람인들의 도읍지 수사도 지배했는데, 그의 통치에 관한 당시의 기록은 유일하게 이곳 수사에서만 발굴되었다. 당시 그의 명성은 아나톨리아인 도시의 상인들이 그 지역에서 일어난 분쟁의 중재를 그에게 진정할 정도로 널리 떨쳤다고 한다. 그 전설에 따르면 사르곤이 한 무리의 용사들을 데리고 부루산다라는 문제가 많은 도시로 가서 모습을 보이자마자 그 자리에서 모든 분쟁이 해결되기도 했다.

사르곤의 군사력과 정복을 통해 얻은 수메르 도시국가들의 자산 그리고 다른 나라들과 사이에 있었던 교역관계 등으로 그의 치세에는 상업이 번창했던 것 같다. 사르곤 통치시대 이전의 수메르어에 쓰이던 서체는 아카드어에 맞게 고쳐졌으며 새로운 필사체가 개발되어 이 왕조 시기의 점토판에 쓰였다. 또한 신화와 향연의 장면을 그린 당시의 원통형 인장도 발견되었다. 이와 같은 새로운 예술적 경향이 싹튼 것은 사르곤이 군사·경제적 가치뿐만 아니라 문화적 가치 또한 중시했음을 알 수 있다.

그의 재위 중 일어난 일에 대해서는 당대의 기록이 없기 때문에 전후관계를 밝히는 것이 불가능하며, 그가 살았던 연도나 통치 시점도 정확히 알아낼 수가 없다. 현재는 BC 2334년을 아카드 왕조가 시작한 해로 꼽고 있으며, 수메르 왕들의 인명록에 따르면 그는 56년간 왕위에 있었다고 한다.

그의 통치 후반기는 여러 차례의 반란으로 혼란스러웠는데 후대의 문헌에는 이러한 반란의 원인이 그가 저지른 신성모독행위 때문이라고 되어있다. 수메르인과 아카드인들은 재난을 겪을 때마다 그러한 해석으로 불행의 원인을 규정지었다. 아마도 혼란의 실제 원인은, 그처럼 광대한 제국을 아무리 활동적인 인물이라 하더라도 숙련된 행정조직의 도움 없이 혼자서 통제하기는 불가능하기 때문이라고 보아야 할 것이다. 그가 특별히 가혹하게 통치했다거나, 수메르인들이 셈족인 그를 싫어했다거나 하는 증거는 없다. 어쨌든 제국은 완전히 붕괴되지 않았으며, 사르곤의 계승자들은 제국을 계속 통치해 나갔다. 그리고 후세대는 그를 자신들의 역사에서 가장 위대한 왕으로 꼽았다.

〈그림 38〉 사르곤 1세

사르곤이 수메르를 정복했을 때 활이 중요한 역할을 했다는 추측은 그의 이름이 사르곤, 즉 수메르의 말로는 살꾼(화살을 쓰는 사람)에서 따왔을 가능성이 크기 때문이다. 그 당시의 수메르는 농경이 주요 산업이며, 오랜 동안 전쟁이 없이 지낸 평화로운(에덴동산) 곳이므로 화살을 사용하는 사르곤을 이겨낼 방법이 없었을 것이다.

3) 아카드 이후

아카드의 제3왕조의 유적들은 이미 그 이전시대의 수메르 건축술이 아치와 볼트 및 돔 등 조적조 건축의 모든 기법을 잘 알고 사용하고 있었음을 말해주고 있으며, 지구라트야말로 그 기술의 극치를 보여주고 있다. 특히 이 구조물에는 직선이 없다. 바닥, 꼭대기, 모퉁이와 모퉁이의 모든 벽은 볼록한 곡선으로 이루어져 있다. 이러한 곡선 때문에 매우 튼튼하다는 느낌을 준다. 이러한 건축기법은 뒤에 그리스 아테네의 파르테논 신전 건축과 우리나라 고려시대의 무량수전에서 보이는 엔타시스(Entasis)의 원리와 동일한 것이다.

아카드가 수메르를 정복한 BC 2334년경 수메르의 도시국가들은 아카드시를 중심으로 셈족의 사르곤 1세에 의해 통일되었다. 그는 강력한 군대로 페르시아만에서 지중해에 이르는 지역을 지배하여 중앙집권제를 확립하고 아카드 제국을 건설하였다. 아카드인은 설형문자를 채용하여 제국 내에 보급시키는 등 수메르문명을 적극적으로 받아들였다. 이렇게 180년 동안 계속된 아카드시대에 정복에 순응한 수메르인과 아카드인 두 종족이 융합함으로써 수메르문명은 점차 셈족으로 동화하여 바빌로니아문명의 기초를 이루었다. 아카드시대 말기에는 혼란이 계속되었으며,

이어서 아카드는 구리인에게 정복되었다. 그리고 이후 구리인의 지배가 100여 년간 계속된다.

4절 수메르인의 대이동 재해석

1) 수메르인의 축출

수메르의 도시국가가 메소포타미아에서 축출된 것은 BC 2334년경에 사르곤에게 정복을 당하면서부터이다. 이 당시 가장 큰 도시국가인 우르의 지배계층과 주변의 도시국가 주민들 중 상당수가 메소포타미아 지역에서 밖으로 밀려났다고 여겨진다. 이것은 성서에서는 이브가 뱀의 꼬임에 넘어가 금단의 열매를 먹고 에덴동산에서 추출당했다는 것과 유사한 이야기이다. 여기서 뱀이 가지고 있는 상징성이 중요하다. 즉, 수메르의 뱀은 신관계급의 상징이다. 이것은 중국의 삼황오제 중 하나인 복희가 고대사회의 신관으로서 뱀의 꼬리를 감은 형상으로 표현된다. 그리고 복희는 엔릴의 신관이므로 고대사회에서 뱀은 주술사 혹은 신관을 의미한다. 즉, 이브가 뱀 때문에 에덴동산에서 축출당했다는 것은 우르왕조가 엔릴의 신관(뱀) 말에 속아 과신하고 있다가 아카드에게 패배하였다는 것을 의미한다. 그리고 그 때문에 우르를 비롯한 여러 개의 도시국가 지배자와 주민들이 메소포타미아 지역에서 축출당한 것이다.

그 후 사르곤에게 대항하는 상당수의 수메르인들은 에덴의 동쪽으로 지칭되는 메소포타미아의 티그리스강 동쪽(이란과 터키의 남부 지역)으로 이주하였다. 이들은 사막과 불모지인 에덴의 서쪽보다는 그나마도 농경이 가능한 동쪽으로 쫓겨나 정착을 하였으며, 이것을 성서에서는 에덴의 동쪽으로 묘사된 듯하다.

2) 에덴의 동쪽과 칸연맹

성서의 에덴으로 여겨지는 메소포타미아에서 동쪽으로 이동한 수메르인들은 잃어버린 땅을 되찾으려고 우르·키시·에리두·움마·라가시·니푸루 등이 연합하여 칸(카인)연맹체를 조직한다. 그러나 칸연맹체 내의 소수파인 유목부족(아벨)과 농경부족(카인)과의 사이에서 심각한 갈등이 생기고, 양 종족간의 갈등은 서로가 융합할 수 없는 분열을 가져온다.

결국 카인이 주도권을 갖지만 강력한 아카드의 공격으로 또다시 더 먼 동쪽으로 이주하게 된다. 이것이 성서에서는 하나님이 유목하는 아벨의 재물은 받아주고 농경하는 카인의 농작물은 안 받아 주었다는 것으로 상징하고 있다. 그 때문에 농경부족과 유목부족간의 갈등은 필연적이다. 그리고 결집력이 강한 농경부족이 갈등에서 이겼으며, 그 결과 유목부족이 칸연맹에서 이탈한 것으로 여겨진다. 그 후에 카인(칸연맹)은 다시 힘을 축적하여 아카드의 지배영역에서 벗어나는 길을 선택한 것 같다. 그러나 이것은 유목부족 아벨의 입장에서 보면 의리 없이 혼자 떠나간 것으로 보일 수 있다. 이것이 성서에는 살인으로 묘사되었을 가능성이 크다. 특히 바벨탑(지구라트)과 관련하여 높이 쌓은 바벨탑 위에서 야훼에 대항하여 하늘에 활을 쏘았다는 것은 에덴의 동쪽으로 쫓겨간 칸연맹의 저항세력이 활에 대한 군사적 능력을 키운 것을 뜻한다. 그리고 사르곤에 대항하는 궁수부대를 육성하여 메소포타미아를 재탈환하려고 시도하였으나 중과부적으로 제압당한 것으로 보인다.

그 후에는 성서의 바벨탑에서와 같이 전 세계로 흩어지게 된다. 특히 서로 소통이 되지 않은 수많은 언어로 분화되었다는 의미는 패배 후 서로의 의견이 맞지 않아 산지사방으로 각각의 길을 찾아 이주했다는 뜻으로 볼 수 있다.

이 당시 아카드의 지배영역은 메소포타미아 주변이었으나, 그 후 페르시아만에서 지중해까지 확장이 된다. 아카드의 영역이 이렇게 된 것도 아카드가 사방으로 흩어진 칸연맹을 동쪽으로는 페르시아만에서, 서쪽으로는 지중해까지 추적한 결과일 것이다.

전 세계로 흩어진 수메르인 중에서 활을 주로 사용했던 종족은 에(이)리두족이다. 그들은 동방으로 이주하여 동이(東夷)족이 되면서 우리 한(칸)민족의 조상이 되었다. 이 때문에 우리 한민족의 후손들이 활을 잘 쏘게 되었으며, 지금도 올림픽 등에서 전 세계를 놀라게 하는 능력을 보이는 것도 이와 같은 맥락에서 볼 수 있다.

3) 칸연맹의 분화

아카드에게 축출당한 수메르 도시국가는 우르·에리두·키시·움마·라가시·니프루 등이다. 이들의 분화는 수메르문명이 전파된 홍산, 인도, 그리스, 유대의 각각의 지역에 나타나는 명칭으로 살펴볼 수 있다.

우선 인도에서는 산스크리트어의 '움마니반매훔'에서와 같이 움마의 존재가 확인되며, 라가시는 인도의 민속음악 '라가'에 흔적이 남아있다. 그리고 니푸르는 지금의 '네팔'이라는 국가 이름으로 변음이 된 것 같다.

그리스에서는 천왕 신 '우라노스'에서 '우르'의 존재를 확인할 수 있으며, 유대에서는 '아브라함'의 출신이 '갈대아 우르'라는 점에서 우르 출신이라는 것을 알 수 있다. 더불어 동방의 내몽골 홍산에서는 우르와 키시 그리고 에리두의 3개 도시국가 출신들이 이룩한 칸(환인)연맹의 이동이 확인된다. 그들(칸연맹)은 이 지역으로 이주해 와서 신석기 상태에 있던 훈족을 제압하여 칸+훈(환웅)연맹을 만들었다. 그리고 그들 칸3족은 각각 칸훈연맹의 지배계급 역할을 담당했던 것으로 보인다. 즉, 우르는 천왕과 제사장(풍백)이 되고, 키시는 관료(우사)로 행정을 맡고, 에리두는 장수(운사)로 군대조직을 맡아 훈족을 지배한 것으로 보인다. 이는 외견상 나타난 이들의 체형을 기준한 것으로 3족 중에 에리두사람이 체격이 가장 크고, 키시가 중간이며, 우르가 가장 작은 것에서 유추한 것이다. 그래서 이들은 각각 자신들의 체형에 맞게 잘 수행할 수 있는 직책을 서로 분담했던 것으로 여겨진다. 이후 칸훈연맹은 차츰 국가체계를 갖추고 신시 배달국으로 발전한다. 이렇게 성립한 신시 배달국은 우르족이 중심이 되어 태양신 '우루'와 달의 신 '난나'를 섬기는 신정국가가 된다. 그리고 이들이 갖고 있는 신앙은 훗날 부여와 고구려에 태양신 숭배와 태음력을 사용하는 한민족의 전통으로 이어진다.

이렇듯 칸훈연맹을 주도한 신시 배달국은 다시 삼국으로 분화한다. 그리고 그들 중 하나인 에리두가 황하로 진출하여 하나라(이리두 ; 二里頭)를 만들고, 후에 키시가 세운 상나라에게 멸망한다. 여기서 에리두는 하늘의 신 아누(An ; 안)와 엔릴을 숭배하며 군권이 강한 국가이다. 또한 키시는 단군신화에서와 같이 신시 배달국의 칸훈(환웅)연맹에서 떨어져 나와 요하 지역의 맥족과 융합하여 키시·고조선을 세운다. 여기서 키시는 수메르 말로 '키'가 땅이므로 키시는 '땅의 도시'라는 의미이다. 이 때문에 키시가 세운 도시국가는 모두 땅이라는 의미의 '달' 또는 '양'

이 사용되었다. 이러한 예로 조양(아사달), 선양(센달), 평양(아스달), 안양(아누달), 심양(쉰달) 등을 들 수 있다. 여기서 안양은 상나라의 수도이다. 조양·선양·평양은 고조선과 관련이 있는데, 이 심양은 청나라의 주 도이다. 더불어 에리두가 세운 도시국가는 하늘신 '아누(An)'를 지칭하는 '안'을 주로 사용하였다. 하나라의 초기 수도인 짐심시의 이리두현과 동이족의 태안, 고죽국의 천안 그리고 고구려의 수도 집안 등이 이에 해당된다. 다만 상나라의 수도인 안양의 경우는 에리두의 '안'과 키시의 '양'이 결합된 도시 이름으로 선지배자인 에리두가 키시에게 정권을 빼앗긴 것을 도시 명칭에서 잘 나타내고 있다. 또한 우르족은 신시 배달국 이후 산융을 거쳐 예족과 결합하여 구려(동호)와 신러 그리고 부여(북우르) 등을 세웠으며, 다시 졸본부여와 동부여로 갈라지는 과정을 통하여 우르의 존재를 남겼다. 여기서 려·여(餘)는 우르의 한자음이다. 그리고 예(濊)는 하천이 많다는 의미에서 예족을 물길족으로, 후에 숙신·말갈·여진으로 지칭되는 만주족이다.

또한 신시 배달국의 우르는 초기에 산위에 있다는 의미로 도시명에 봉우리 봉(峰)자를 사용하여 적봉과 봉천 등에 사용되었다. 그리고 우르를 국명에 넣어 사용한 예는 산융(서우여), 동호(구려), 신러, 부여(북우르), 동부여(동북우르), 졸본부여, 비려, 남부여(백제) 등이며, 지명으로는 한반도 내에서 울산바위, 울진, 울산, 울릉도, 서울 등에 사용되었다.

제2장
홍산문명시대 재해석

1절 홍산의 신시 배달국 재해석

1) 칸연맹과 신시 배달국

성서에서 카인은 아담에게까지 배척되어 에덴의 동쪽에서 더욱 동쪽으로 갔다고 한다. 에덴을 메소포타미아로 보고 이곳에서 동쪽으로 계속 연장하면, 중앙아시아 초원 그리고 우랄알타이산맥, 내몽골과 홍산 및 요하와 만주 혹은 한반도의 특정 지역으로 연결이 된다. 특히 칸(카인)연맹은 농경부족으로 강가를 끼고 곡식농사를 주로 하는 부족이다. 성서에서도 아벨은 목축을 하고, 카인은 농사를 지었다고 기록되어 있다.

이와 같이 칸연맹 사람들은 농경부족으로 농사가 불가능한 초원지대에서 정착하지 않는다. 그래서 농경이 가능한 강가를 찾았을 것인데, 중앙아시아 초원을 지나서 최초의 농사가 가능한 곳은 내몽골의 음하와 요하 그리고 대능하에 근접한 홍산(적봉) 지역일 것이다. 이 당시 이곳 홍산 주변은 신석기시대 상태에 있었다. 그래서 청동기의 칸연맹(우르·에리두·키시)이 도래함으로써 그 이전에 상당기간 유지되어 오던 신석기시대를 마감하고 청동기시대로 전환하는 계기가 된다. 그리고 원시 상태에서 청동기시대로 이전되면서 초기 국가 형태를 갖춘 연맹체 국가가 형성된다. 그래서 적봉을 비롯한 요하와 대능하 유역은 비로소 고대 수메르문명에 이어지는 고도의 동방문명권을 최초로 형성할 수 있는 여건을 갖추게 된 것이다. 그리고 이렇게 성립한 국가가 신시 배달국이며, 그들의 주요 구성원은 수메르의 우르·키시·에리두의 3족과 토착 훈족이다.

이에 반해 당시의 중국은 신석기시대에 머물러 있으면서 초기 동방문명의 2차적인 수혜 지역이 된다. 이것은 중국의 황하가 수메르문명의 도래 지역에서 소외되어 있기 때문이다. 그래서 BC 2100년경에나 에리두족이 황하로 이주하면서 홍산문명의 발달된 문명을 전파받아 비로소 황하문명을 이루게 된다. 즉, 황하문명은 신시 배달국에서 에리두 출신의 운사가 파견되어 국가를 만들면서 성립된 것이다. 다시 말해서 황하문명 최초의 국가인 하나라는 제후국으로 배달국에서 파견한 관리가 총독이 되어 황하 지역을 통치하면서 세워진 국가이다. 그러나 배달국 14대 치우천왕 때 하나라는 독립을 위해 전쟁을 선포한다. 이것이 후에 중국 역사에서는 황제라고 지칭하는 공손헌원이 반기를 들어 배달국과 독립전쟁을 치른 것으로, 소위 말하는 '탁록대전'이다.

이 당시 탁록은 하나라(황하 중류)와 배달국(홍산)의 중간 지점으로 10년간의 대전쟁을 치른 곳이다. 이로 인해 하나라의 에리두는 배달국의 우르로부터 독립을 쟁취하고 황하에 이리두문명을 이룬다. 그러나 그 후 하나라는 걸왕 때 이르러 폭정으로 인해 백성들의 지지를 받지 못하고 키시족 출신의 탕왕에게 왕권을 양도하게 된다. 여기서 탕왕이 키시족 출신인 것은 그의 태생이 '옥 광주리 속의 제비의 알'에서 태어났다고 하는 난생 설화와 관련이 있다. 즉, 옥 광주리라는 것은 키시족을 의미하고, 제비는 신시 배달국 출신이라는 것을 뜻하기 때문이다. 여기서 신시와 제비를 연관짓는 것은 신시의 성곽 형상이 제비에서 따왔기 때문이다. 즉, 신시가 달의 신 난나(신)를 숭배하는 곳이며, 제비는 난나와 인간세계를 연결해 주는 새이기 때문이다. 그리고 상나라가 주나라에게 멸망할 때 상나라의 왕족 출신인 기자에게 조선의 왕으로 봉하였다는 것으로 보아 상나라의 지배자가 기씨와 관련이 있다는 것을 알 수 있으며, 기씨는 키시의 변음으로 종족 명칭이 성씨화한 것을 알 수 있다. 특히 중국의 고대 문자라고 하는 갑골문자 또한 배달국의 문자인 신지문자와 그림문자가 발전된 것이다. 그 이유로는 상나라를 지배한 것이 키시이며, 키시는 초기에 배달국에서 행정 관료를 맡아 기록과 행정을 처리했기 때문에 문자 활용에 익숙해 있었다. 그래서 키시가 황하의 상나라를 지배하면서 그 이전에 배달국에서 쓰던 상형문자를 한자화시키기가 수월했다.

이와 같이 황하 지역의 초기 국가인 하·상나라는 배달국의 문명을 전파받아 만들어진 국가로 중국의 황하문명을 시작한 것이다. 이 때문에 중국의 황하문명이 세계 4문명 중의 하나라고 자칭하는 것은 허구이며, 수메르에서 이전해 온 홍산문명이 동방의 근원이다. 그리고 홍산문명을 주도한 우리 한민족이 진정한 동방문명의 창시자라고 할 수 있다. 더불어 현재의 우리 한(칸)민족의 정신세계와 사회·종교 등에 나타나는 특징은 수메르의 그것과 유사한 것을 보아도 우리 한민족이 수메르문명의 정통 계승자임을 알 수 있다. 특히 수메르인이 쓰던 달력은 태음력으로 세계에서 가장 오랜 달력이다. 그들이 쓰던 달력은 정확하게 일식과 월식의 시기를 상세히 예상할 수 있었으며, 더욱이 26,000년에 한 번씩 지구의 지축이 원을 그린다는 세차운동의 주기까지 알고 있었다. 더불어 그들은 세계에서 가장 오래된 60진법을 기본으로 하는 숫자 개념을 확립하여 지금까지도 사용하고 있다. 또한 천문학과 수학 그리고 공학에 능했으며, 현대적인 사회제도를 갖추고 있었다. 그래서 이들은 우리 한민족과 상당히 유사한 인종·문화적인 특징을 가지고 있다. 이들 간의 공통적인 특징을 살펴보면 다음과 같다.

① 머리가 검고, 후두부가 편두형이며, 신체가 작다.

② 한글과 같은 교착어를 사용했다.

③ 태음력을 사용했고, 고대에는 순장풍습이 있었다.

④ 여자들은 머리에 짐을 이고 다녔다.

⑤ 농사에 소와 쟁기를 이용하였다.

⑥ 학생들의 교육에 매(회초리)를 사용하였다.

⑦ 촌지(돈 봉투)를 주고받았다.

또한 우리 한(칸)민족의 '한'이란 말의 어원은 '칸'에서 나왔다. 여기서 칸이란 몽골식 표현으로 우두머리라는 의미이다. 즉, 칭기즈칸에서의 '-칸'도 같은 의미이다. 다시 말해서 몽골계의 칸이란 말도 칸연맹을 대표하는 칸에서 나왔다고 말할 수 있다. 이것은 수메르의 칸연맹이 메소포타미아에서 쫓겨나 동쪽으로 이동해 가는 과정에서 중앙아시아 초원지대를 통과하였고, 이때 생긴 이 지역의 토착민들(지금의 몽골족)이 칸연맹을 그들의 우두머리라고 생각하게 된 것에서 기인한다. 그리고 그때 사용한 명칭이 그 후대에도 계속적으로 이어져서 칸이 족장 혹은 우두머리라는 의미로 남은 것이다. 그래서 우리는 이러한 여러 가지 중요한 특징들을 통해 우리의 뿌리가 수메르에서 온 것임을 미루어 짐작할 수 있다.

(1) 삼좌점과 칸연맹(환인)

삼좌점(三座店)의 지역적 위치는 메소포타미아에서 동쪽으로 몽골 초원을 지나서 최초로 만나는 농경이 가능한 지역이다. 특히 그 위치는 적봉 인근의 영금하 지류인 음하가 흐르는 협곡으로 큰 강가의 아주 넓은 개활지도 아니다. 다시 말해서 이곳은 자생적으로 문명이 발생될 수 있는 지역이 아니라는 뜻이다. 즉, 삼좌점에 있는 고대 성곽은 원주민에 의해 이루어진 문명의 결과가 아니고 도래인이 세운 문명이라는 의미이다. 더불어 삼좌점이란 명칭도 '삼족이 자리 잡은 지점'이란 의미가 있어 칸연맹과의 관련성을 유추할 수 있다.

더불어 삼좌점 성곽의 형태는 외적에 대해 방어적인 구조로 되어 있으며, 주변의 경작지를 감시 통제할 수 있는 야산 정상에 설치되어 있다. 성곽의 총면적은 14,000㎡ 정도로 형상은 부채꼴로 되어 있으며, 내성 북사면 성벽에는 13개의 치(방어를 위해 성벽 밖으로 내밀은 구조물)가 5m 간격으로 설치되어 있고, 낙하 방지를 위한 여장도 설치되어 있다. 그리고

〈그림 39〉 삼좌점 석성의 원형 주거지 유적

석축저장공이 13개이며, 원형제단과 주변에 적석총이 다수 발견되었다. 성내의 원형 집터는 약 30여 채로 전체가 3구역으로 분할되어 있으며, 상주인구는 약 300~400명 정도였던 것으로 추정된다.

거주지의 형태를 살펴보면 직경 5m 정도의 주거용 원형 가옥 외부에 담장이 있는 구조로 되어 있다. 이것은 그 당시에도 각 가구당 사유 재산이 인정되고 있다는 의미가 된다. 그리고 원형주거지는 움집 형식으로 지어졌으며, 사각형 건축지는 귀틀집 구조였던 것으로 보인다. 또한 가옥의 크기가 약 20㎡ 이상인 것으로 보아 가족 구성이 대가족제도를 가진 사회구조로 여겨진다. 특히 내성의 주거 지역이 3구역으로 구분되어 있는 것은 이곳에 초기부터 3개의 다른 종족이 집단 거주하고 있었다는 증거이다.

이러한 삼좌점의 성곽 유적은 수메르에서 이동해 온 칸연맹(우르·키시·에리두) 3족이 홍산 지역으로 들어오면서 최초로 세운 축성 건조물인 것

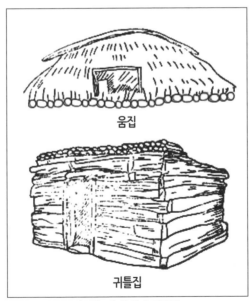

움집

귀틀집

〈그림 40〉 움집과 귀틀집

으로 보인다. 이들이 이곳에 상당기간 정착할 수밖에 없었던 것은 더 이상 동쪽으로 이동할 수 없는 이유가 있었기 때문이다. 즉, 그 당시 적봉 지역에는 신석기 상태의 훈족이 살고 있었고, 성벽에 설치된 치를 보면 그들이 훈족과 상당 기간 동안 전쟁을 치렀던 것으로 보인다. 그러나 결국 훈족은 칸연맹에 정복당해 적봉을 중심으로 한 칸훈연맹이 탄생된다.

(2) 성자산성과 신시 배달국(환웅)

성자산성은 적봉에서 동북쪽으로 오한기 살력파향 인근의 해발 800m 정상에 위치하고 있으며, 해발 500m의 노합하와 주변의 평야지대를 감제할 수 있는 고지에 위치하고 있다. 성곽의 크기는 남북이 약 440m이고, 동서는 340m 정도이며, 총면적은 150,000㎡이다. 또한 내성과 외성의 6구역으로 구분되어 5개의 문이 있으며, 내성 중심부는 다른 부분보다 높게 회(回)자형으로 오르내리는 담장 구조로 조성되어 있다. 그리고 여기에 232채의 원형 집터에 지배 고위층 주거지도 10채가 되며, 상주인구는 약 2,000~3,000명 정도로 추정된다. 내성에는 제단과 신단수가 심어져 있던 것으로 보이며, 이곳이 소도이다.

이러한 성자산성은 삼좌점에서 출발한 칸연맹이 적봉 지역의 원주민 훈족을 정복한 후에 만든 배달국의 신시이며, 칸훈(환웅) 4족 연맹의 중심지이다. 이 당시 행정의 중심지는 평지의 적봉시가 되고 정치·신권은 성자산성의 신시가 그 역할을 분담했을 것으로 보인다. 이러한 도시구조는 신라의 서라벌이 월성과 금성으로 분할된 것이나, 근세조선의 수도 서울이 한양성과 남한산성으로 구분하여 조성된 것과 유사하다.

2) 단군신화와 신시 * 다음 / 팁 / 단군신화 / 편집

단군신화는 BC 2333년경에 메소포타미아 지역에서 축출된 수메르의 칸 연맹이 동방으로 진출하여 홍산과 요하에 정착하면서 이루어진 신화이다. 단군신화의 내용을 살펴보면 다음과 같다.

"옛날에 환인(桓因)[(1)]의 서자(庶子) 환웅(桓雄)[(2)]이 항상 천하에 뜻을 두고 인간 세상을 몹시 바랐다. 아버지는 아들의 뜻을 알고 삼위 태백(三危太白)[(3)]을 내려다 보매 인간 세계를 널리 이롭게 할 만한지라. 이에 천부인(天符印)[(4)] 세 개를 주어 내려가서 세상을 다스리게 하였다.

환웅은 무리 3천 명을 거느리고 태백산(太白山)[(5)] 꼭대기의 신단수(神檀樹)[(6)] 아래에 내려와서 이곳을 신시(神市)[(7)]라 불렀다. 이 분을 환웅천왕이라 한다. 그는 풍백(風伯)·우사(雨師)·운사(雲師)[(8)]를 거느리고 곡식·수명(壽命)·질병(疾病)·형벌(刑罰)·선악(善惡) 등을 주관하고, 인간의 삼백예순 가지나 되는 일을 주관하여 인간 세계를 다스려 교화시켰다.

이때, 곰 한 마리와 범 한 마리가 같은 굴에서 살았는데, 늘 신웅(神雄)에게 사람 되기를 빌었다. 때마침 신(神)이 신령한 쑥 한 심지와 마늘 스무 개를 주면서 말했다.

"너희들이 이것을 먹고 백일 동안 햇빛을 보지 않는다면 곧 사람이 될 것이다."

곰과 범[(9)]은 이것을 받아서 먹었다. 곰은 몸을 삼간 지 21일(삼칠일) 만에 여자의 몸이 되었으나, 범은 능히 삼가지 못했으므로 사람이 되지 못했다. 웅녀(熊女)는 그와 혼인할 상대가 없었으므로 항상 단수(壇樹) 아래에서 아이 배기를 축원했다. 환웅은 이에 임시로 변하여 그와 결혼해 주었더니, 그는 임신하여 아들을 낳았다. 이름을 단군왕검[(10)]이라 하였다.

단군(檀君)은 요(堯) 임금이 왕위에 오른 지 50년인 경인년[11]에 아사달[12]에 도읍을 정하고 비로소 조선(朝鮮)이라 불렀다. 또 다시 도읍을 백악산(白岳山) 아사달(阿斯達)로 옮겼다. 그곳을 궁홀산(弓忽山), 또는 금미달이라 한다. 그는 1천5백 년 동안 여기에서 나라를 다스렸다.

주(周)의 무왕(武王)이 왕위에 오른 기묘년에 기자(箕子)[13]를 조선에 봉하매, 단군은 장당경으로 옮겼다가 후에 아사달에 돌아와 숨어 산신(山神)이 되었는데, 그때 나이가 1천9백8세[14]였다.

(1) 환인(桓因)

칸(Khan)은 한자어로 가한 또는 환(桓)이 된다. 그래서 수메르에서 이주한 칸연맹은 카인 혹은 칸인으로 불리어지기 때문에 카인과 칸인은 한인 혹은 환인이 될 수 있다. 즉, 단군신화의 환인은 칸에서 나온 명칭으로 수메르에서 온 칸연맹을 한자식으로 표현한 것이다. 또한 '환단고기'에서는 환인을 환국(桓國)으로 번역하고 있으며, 이것도 칸국연맹이라는 점에서 동일한 의미이다. 여기서 칸국연맹은 우르·키시·에리두의 3국 연맹에서 기인한 명칭이다.

(2) 서자 환웅(庶子 桓雄)

환웅은 칸훈이며, 칸연맹이 동방으로 진출하면서 토착부족인 훈족과 결합하는 과정에서 신화적인 명칭으로 남아 있는 것이다. 즉, 칸인의 칸과 훈이 결합하여 칸훈(환웅)이 된 것이다. 그리고 환웅이 서자라고 표현한 것은 정통 칸연맹의 자체 부족 간의 결합이 아니고 훈족과의 결합에서 나왔다는 것을 상징적으로 나타낸 말이다. 또한 고대사회에서의 서자라는 표현은 환경적인 조건을 이겨내고 더욱 뛰어나게 되는 것을 의미한다. 이것은 수메르의 신의 체계를 살펴보면 그 의미를 잘 알 수 있다.

하늘 신 아누는 2명의 아들을 두었는데 첫째 아들이 땅과 물의 지배자인 엔키(Enki)이고, 둘째 아들은 바람과 자연의 지배자인 엔릴(Enlil)이다. 여기서 엔(En)은 지배자라는 의미이다. 이 엔은 한자로 표현되면서 발음이 왕(王)으로 바뀐다. 그러나 최고신은 엔릴로, 첫째 아들인 엔키는 서자(庶子)이기 때문에 서열상 엔릴이 주신(主神)이 된다. 그리고 엔릴은 잔인하고 흉포하지만, 엔키는 홍익인간의 이념을 가진 신이다. 엔키는 길가메시의 서사시에 나오는 것과 같이 대홍수 때에도 인류의 멸망을 막기 위해 지우스트라(우트나피스팀)에게 방주를 만들게 하고, 대홍수에 대비하게 하는 등의 자애로운 신이다. 이것은 단군신화에서 환웅이 서자라는 약점을 홍익인간이라는 이념으로 승화시키면서 엔키와 대비하여 만들어진 신화일 가능성이 크다.

(3) 삼위 태백

'태백산'에서 태백의 어원은 '탑파' 혹은 '타바'에서 나온 말로 탑 또는 인공 산(피라미드 혹은 제단)이라는 의미이다. 그리고 타바는 한자 표기 이후에는 태백으로 변한 것으로 여겨진다. 특히 타바는 유사한 의미의 마스타바(Mastaba ; 이집트 초기 무덤으로 1단으로 된 제단)에서와 같이 제단이면서 무덤으로 만든 제단을 의미한다. 여기서 태백(太白)이란 '하얗고 큰'이라는 뜻이 있으며, 이것은 하얀색의 화강석 혹은 맥반석으로 높이 쌓은 제단을 의미한다. 더불어 삼위태백이란 3개의 연이어 있는 제단을 의미하며, 여기서 태백(타바)은 개별 제단을 지칭하는 말이다. 이러한 삼위태백은 성자산성의 동쪽에 놓인 3개의 제단을 가리키며, 이것은 반대로 성자산성이 신시가 되는 증거도 된다. 특히 신시에 3개의 타바가 존재하는 이유는 신시를 지배하는 종족이 셋이라는 의미도 된다. 즉, 신시를 지배하는 종족은 수메르에서 홍산으로 같이 이동해 온 우르·키시·에리두의 칸연맹 3종족을 지칭한다. 이러한 3종족체제는 현재까지 우리 한민족의 특징으로 남아 있다.

이집트의 마스타바에서 마스는 우리말로 첫 번째 혹은 처음의 의미를 가진 말로, 우리말의 아침에 첫 번째 치르는 거래를 '마수걸이'라고 하는 마수와 뜻이 동일하다. 참고로 이집트의 피라미드는 초기에 1단 타바인 마스타바(어원은 메소포타미아)에서 시작하여 다단 타바(계단식 피라미드)와 굴절식 피라미드를 거쳐 고왕국 때 사각뿔 형태의 피라미드로 변천하였다.

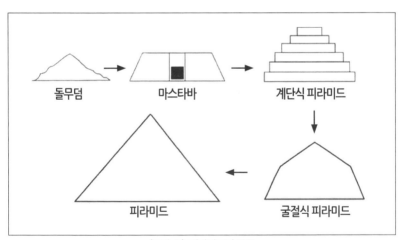

〈그림 41〉 피라미드의 종류

(4) 천부인

환인이 환웅에게 신시를 세울 때 천부인 세 개를 주어 내려가서 세상을 다스리게 하였다고 한다. 그러나 지금에 와서는 천부인이 무엇을 뜻하는

지 명확하지 않다. 다만 이것이 신시 배달국의 성립 시기와 맞물려 청동기가 사용되는 시점에서 사용된 것으로 보면 고대사회 초기의 제사도구이면서 권력의 상징인 청동검·청동거울·옥도장과 같은 상징물이라고 짐작된다.

신시 배달국의 지배체계가 풍백(신관)·우사(관료)·운사(군인)의 삼두체제이므로 신권은 청동거울을, 행정권는 옥도장을 그리고 군권은 청동검으로 상징될 가능성이 크다. 특히 신시를 구성하는 종족은 수메르에서 이동해 온 칸연맹의 우르·키시·에리두로 그들 각각이 우르는 천왕과 제사장을 맡고, 키시는 행정 관료를, 에리두는 군사를 맡는 분할체제가 성립되어 있던 것으로 여겨진다. 이 때문에 우리 한민족의 고대신앙은 항상 3신(천·지·인)체제로 모든 것이 결정되며, 이러한 3신은 하늘 천(天)은 우르를 상징하고, 땅 지(地)는 키시를 그리고 사람 인(人)은 에리두가 중심을 이루는 체계로 나누어진 것으로 보인다.

〈그림 42〉 천부인(청동거울, 청동검, 굽은 옥)

더불어 이것은 신라가 박·김·석의 삼성으로 성골체계를 갖추고 골품 제도로 국가를 이끌어간 것도 같은 맥락에서 볼 수 있다. 즉, 박씨 왕조는 우르 출신으로 종교에 그리고 김씨 왕조는 키시 출신으로 행정·정치에, 석씨 왕조는 에리두 출신으로 군권에 강점을 보인다. 우리 한반도에서 주로 발견되는 청동검·청동거울·팔주령은 소규모 부족장의 상징물이며, 고대에는 신시나 왕검성에서 생산되어 각 소부족장에게 임명장을 주듯이 나누어 준 것으로 해당 족장이 죽으면 같이 매장된 것으로 보인다. 특히 천부인은 일본의 국가 성립 역사에도 나타난다. 즉, 천조대신 아마테라스가 천손 강림 니니기에게 삼종 신기(청동거울·청동검·굽은 옥)를 주고 세상을 다스리라고 내려 보낸 것도 동일한 의미이다.

(5) 태백산

여기에 기술된 태백산은 산의 명칭이 아니고 태백(제단)이 있는 산이라는 의미이다. 이러한 점은 한반도 내의 태백산도 정상부에 천제단이 있는 것과 같다. 즉, 산의 정상부에 제단인 태백(타바 ; Taba)을 설치하고 제사를 지내는 산으로 단군신화 속의 태백산은 홍산의 성자산일 가능성이 가장 크다. 특히 성자산 산성은 그 구조가 외성의 형상이 나는 새(제비)와 같고 그 동쪽에 3개의 제단(태백)이 있는 것으로 보아 단군신화의 삼위태백과 일치한다. 여기서 새는 달의 신 '난나'의 전령사로 제비를 형상화했을 가능성이 크다. 특히 3개의 제단에는 별자리모양이 새겨져 있어 첨성대 역할도 했던 것으로 여겨진다.

더욱이 성의 구조가 내성(신단수가 심어졌던 자리 ; 소도)을 제외한 부분에 5구역으로 분할되어 있는 것은 그곳에서 환웅이 곡식(농경)·수명(복지)·질병(의료)·형벌(법무)·선악(예절)의 5가지 행정 분야를 구성하고 주관했을 것이다.

(6) 신단수(神檀樹)

신단수는 신목(神木)으로 단(檀)은 박달나무 단자이다. 즉, 신단수는 박달나무 혹은 자작나무로 천제를 지낼 때 사용되는 신목이며 천제단 옆에 심어 놓고 숭배하는 대상이다.

또한 '신단수'의 다른 경우는 일본의 신사에서 제례용으로 쓰는 삐죽이(榊)나무도 해당된다. 왜냐하면 삐죽이나무는 신(神)이라는 글자와 나무(木)가 합쳐 있는 형상으로 신의 나무라는 의미가 되기 때문이다. 특히 일본의 신도(神道)는 우리 한반도에서 넘어간 것으로 그 전통이 비교적 잘 보존되고 있어서 우리민족의 고대 제천 의식을 미루어 짐작할 수 있다. 이와 같은 맥락에서 강화도 마니산 첨성단(천제단)의 원형단에 심어 있는 나무도 신단수와 같은 목적으로 심어진 것으로 여겨진다. 더불어 마니산의 천제단은 '하늘은 둥글고 땅은 네모나다'는 천원지방(天圓地方)의 관점에서 보아야 하며, 신단수는 하늘정원에 있다는 의미로 원형제단 부분에 심어져 있는 것이다. 또한 마니산 천제단의 특징은 지단(사각)이 천단(원형)보다 높다는 특징이 있다. 이것은 땅을 상징하는 키시족(신라 김씨)

〈그림 43〉 마니산 천제단(원형단의 나무는 신단수)

이 하늘을 상징하는 우르족(백제 부여씨)을 제압했다는 의미가 있어, 마니산 천제단의 설립 시기가 한강 유역을 신라가 백제에게서 뺏은 진흥왕 때일 가능성이 크다.

(7) 신시(神市)

수메르에서 축출된 도시국가들은 칸연맹체를 구성하여 사르곤에 저항하다가 결국은 다시 패배하고 사방으로 흩어진다. 그 중 일단의 무리가 칸(환인)연맹의 지도자 통솔 아래 중앙아시아 초원을 넘어 홍산에 도달하게 된다. 그곳은 그들이 떠나온 메소포타미아의 지구라트 색깔과 같은 붉은색의 적봉 지역이다. 여기서 지구라트는 구운 벽돌로 만들기 때문에 외견상 붉은색의 적봉과 유사하게 보인다. 이렇게 적봉에 도달했을 때는 칸(환인)시대를 거쳐 칸훈(환웅)시대가 되며, 그곳까지 도달할 때는 수십 년이 지난 BC 2300년~BC 2200년경이 된다. 이것이 우리민족의 최초의 국가인 배달국을 신시에 세우게 되는 계기이다. 그리고 그 시기 이후가 동방문명권에 새로운 문명이 탄생하게 된 것이기도 하다. 신시는 도시국가의 형태를 취하던 수메르의 국가체계와 동일하다. 그리고 그 장소는 홍산의 적봉 지역이며 성자산성이 유력하다.

여기서 신시에 대한 의미를 분석해 보면 신시는 '신의 도시'라는 의미이다. 우선 신(神)은 무엇을 위한 신인지를 알아야 한다. 여기서 신이 갖는 의미는 수메르의 신의 계보에서 찾을 수 있다. 즉, 수메르의 신은 최고신 아누와 엔릴 그리고 엔키 외에도 수많은 신이 있다. 그러나 우르 초기 왕조 때에는 달의 신 난나를 주신(主神)으로 숭배하였는데, 달의 신 난나를 단순히 신(Sin)으로 부르기도 했다. 즉, 신시의 숭배하는 신은 단순 명사화된 달의 신인 '신'을 숭배하는 것임을 알 수 있다. 그리고 우리민족이 태음력을 쓰는 것도 이것과 무관하지 않다.

시(市)는 도시라는 의미이지만 근본적으로 '시'라는 말은 수메르 말로 시(Si) 그 자체이다. 즉, 수메르에서는 도시를 시라고 발음하고 그대로 사용했다는 의미이다. 그리고 수메르에서는 도시의 지배자를 엔시(Ensi)라고 했다. 엔은 앞서 말한 바와 같이 지배자를 의미하며, 한자화되었을 때 '왕'으로 발음한다. 그리고 시는 도시를 뜻한다. 이와 같이 신시(Sinsi)는 신의 도시이며, 보다 구체적으로 말하면 '달의 신의 도시'라는 의미이다. 특히 신라시대에 와서 경주에 축성한 월성(月城)도 신시와 같은 의미로 만들어진 산성이다.

달의 신 매개자는 새(제비)이다. 이것은 달밤에 하늘을 나는 제비를 연상하면 알 수 있다. 그래서 신시를 새(제비)의 형상으로 축조한 것이다. 더불어 흥부전에 보면 "흥부가 제비 다리를 고쳐주고 박씨를 얻어 심었으며, 보름달 같은 박이 열리고, 그 안에서 보물이 나왔다."는 설화에서와 같이 '제비와 달' 간의 관계를 잘 알 수 있다. 그리고 또 다른 예로 잉카의 유적지인 마추픽추가 나르는 콘돌 형상인 것도 이와 같은 맥락에서 축조되었기 때문이며, 그래서 성자산의 석성도 의도적으로 제비의 형상으로 축조되었음을 미루어 짐작할 수 있다. 특히 키시족 출신인 상나라의 탕왕의 선조가 제비 알에서 태어났다는 것도 그의 조상이 신시 출신으로, 신시가 제비 형상이라는 것을 상징적으로 나타내는 신화이다.

더불어 신시 배달국의 직계인 고구려의 경우 신의 매개체로 삼족오(三足烏)가 형상화된 것도 같은 맥락에서 볼 수 있다. 특히 삼족(三足)으로 표현된 것은 수메르에서 온 우르·키시·에리두의 3종족을 상징하는 것으로 볼 수 있다. 이는 앞서의 신시에 설치된 삼위태백도 3종족의 하늘에 제사를 지내는 제단이듯이 같은 관점에서 나온 것으로 보인다.

(8) 풍백·우사·운사

중국의 기원인 삼황오제는 우리의 고대사회에서 성립한 도시국가 중의 한 곳의 역사이거나 배달국의 행정 관료 계급직제일 가능성이 크다. 이러한 사항들은 후기 중국의 역사가들이 우리 한민족의 고대 역사 일부를 날조하여 자신의 신화 속에 편입시키고 마치 우리의 단군도 신화 속에서 존재했던 인물인 것처럼 호도시켰다.

여기서 우리가 규명하고자 하는 삼황은 태호-복희와 염제-신농 그리고 황제-헌원을 말한다. 이 삼황은 중국문명 초기에 왕도 아니고, 그들은 각각 인류 문명에 필요한 획기적인 기여와 발명을 통해 후세에 큰 영향을 주었기에 '삼황'으로 불리고 있다.

이와 같이 중국 신화의 삼황은 복희, 신농, 황제로 구분된다. 그 중에 복희는 성이 풍씨로 풍백(風伯)이라는 의미가 내포되어 있고, 신농은 소머리 형상의 농업 신인 우사(雨師)라는 상징적인 의미가 있으며, 황제 헌원은 중국 고사에도 명백하게 운사(雲師)라고 명시되어 있다. 이후 오제인 소호-금천(우리 한민족 김씨의 원조)과 고신, 고양, 요제, 순제 등은 단군시대의 벼슬아치로 중국이 날조하여 자신들의 역사 변조에 이용한 우리 한민족의 조상들이다.

(9) 곰과 범

신시 배달국에 인접한 지역의 양대 세력인 호랑이토템의 예족과 곰토템의 맥족 사이의 경쟁에서 취한 것이다. 그리고 이 경쟁에서 맥족의 웅녀가 선택되어 후사를 이은 것으로 단군의 탄생에 대한 출신을 상징적으로 표현한 것 같다. 이것을 다른 각도에서 본다면 단군계인 키시족이 신시에서 요하의 조양(아사달)으로 도읍을 옮길 것인가, 아니면 북만주의 장춘

쪽으로 정할 것인가의 선택에서 조양 쪽으로 정한 것을 상징한다. 여기서 범은 만주 벌판의 예족인 말갈(물길)과 여진의 토템이 호랑이이기 때문이며, 단군이 정착한 지역이 요하 유역인 것으로 보아 요하 지역의 맥족 토템이 곰이 있던 것으로 여겨진다.

(10) 단군왕검(檀君王儉)

환웅이 웅녀와 결혼해서 단군을 낳았다는 점은 칸연맹의 칸이 토착부족인 훈(웅)족과 결합하여 칸훈, 즉 환웅이 되고, 환웅은 맥족의 웅녀와의 사이에서 단군을 낳는 것으로 고조선의 성립을 알 수 있다.

단군(檀君)에서 단은 박달나무를 의미하며, 박달나무는 자작나무과의 나무로 도끼자루 및 농기구 혹은 육모방망이, 창 같은 무기의 자루로 사용되는 강한 나무이다. 임금 군(君)은 윤(尹)과 구(口)로 분해할 수 있는데 여기서 윤은 막대기를 들고 있는 손을 상징하며, 구는 입을 의미한다. 즉, 임금(君)자는 손에 나무를 들고 호령하는 사람을 의미한다. 또한 왕검(王儉)에서 왕은 수메르의 엔시에서 왔다는 점에서 지배자를 뜻하며, 검은 칼(劍)과 글자가 비슷하여 무기를 의미하지만 실제적인 의미로 검은 곧 곰의 변음으로 곰(雄)을 지칭한다.

이상에 살펴보면 단군왕검이란 의미는 '박달나무 몽둥이를 들고 호령하면서 곰을 지배하는 사람'을 의미한다. 이와 같은 맥락에서 보면 왕검성은 곰(맥)족을 지배하는 지배자의 성이라는 의미로 볼 수 있다.

더불어 곰이 웅이 되는 이유는 수메르의 어원에서 살펴볼 수 있다. 수메르인들은 자신을 가리켜 웅상기가(Uğ Sağ Gig Ga), 즉 검은 머리 사람들이라는 표현을 한다. 여기서 웅은 '검다'라는 의미이며 한자화되면서 검다가 곰(흑곰)과 같은 의미가 되어 곰 웅(熊)자로 변한 것이다. 이것을 역으로 살피면 왕검이란 곰을 지배한다는 엔웅에서 나온 말이며, 또한 단군도 탱구르(대가리, 우두머리)에서 나온 한자식 표현일 가능성이 크다.

(11) 경인년

요(堯) 임금이 왕위에 오른 지 50년을 경인년이라고 하였으나, 요임금의 즉위 원년은 무진년이므로 50년 후는 정사년이 된다. 그렇다면 경인년은 진실이 아니다. 이것은 단군의 존재 시기를 억지로 요순시대에 짜 맞추기 위해서 연도를 조작하다가 생긴 오류일 가능성이 크다. 그리고 이것을 통해 본다면 중국사에 나타나는 요·순시대는 허구이거나 배달국의 일부 역사를 중국 역사로 조작하는 과정에서 나온 오류일 가능성이 크다.

(12) 아사달

단군이 세운 아사달은 평야 지역으로 지금의 조양과 우하량 지역일 가능성이 크다. 즉, 신시와 아사달은 전혀 다른 지역에 존재한다는 의미이다. 이것은 신시가 종교적인 도시임에 반해서 아사달은 행정중심의 도시라는 의미도 된다.

이러한 점은 후에 일본이 국가를 세울 때 제사를 다루는 신의 도시로 이즈모(出雲)를 택하고, 정치는 나라(교토)에서 하는 것과 같은 지역적 재정분리 원칙에 따른 것과 같다. 또한 남아메리카의 잉카제국도 산위에 마추픽추라는 신의 도시를 세우고, 통치는 교통이 편리한 평야 지역 쿠스코에서 하는 것도 같은 맥락이라고 볼 수 있다.

조양이 소위 말하는 고조선의 수도인 아사달이다. 여기서 조(朝)는 '아사'이며, 양(陽)은 '달'을 의미한다. 이것은 일본어의 〈조일(朝日)신문〉이 '아사히'로 읽는 것과 같다. 우리가 알고 있는 평양은 넓은 땅으로 넓다는 '아스'이므로 '아스달'이 된다. 이러한 점에서 보면 '삼국유사'에 나오는 평양이 아사달이라는 것은 우리의 고어에 대한 상식 부족으로 생긴 오류이다. 즉, 우리 역사 속에서 나타나는 고조선의 수도 왕검성은 조양(아사달)이다.

단군신화에서와 같이 고조선은 처음에는 아사달에서 백악산 아사달로 이전하고 다시 장당경 아사달로 옮겨 갔다가 아사달로 이전하였다고 한다. 여기서 각각의 아사달 위치에 대하여는 명확하게 단정할 수 없으나 백악산 아사달의 위치는 명확하다. 즉, 아사달 주변에 백악산이 있었다는 의미이므로 이곳을 찾아보면 조양의 주변에 백악산이라고 할 수 있는 하얀색의 높은 바위산이 있다. 이러한 점에서 보아 조양이 백악산 아사달일 가능성이 크다. 그러면 장당경 아사달은 자연스럽게 선양 지역이 된다. 여기서 나오는 장당경은 장춘 주변으로, 장춘은 후에 부여의 수도가 된다. 이러한 것으로 우리는 초기의 아사달의 위치를 추정해 볼 수 있는데 그 위치는 우하량 지역이 된다. 특히 우하량은 신시 배달국이 있었던 적봉 지역에서 남쪽 방향으로 노노아호산을 넘어 처음으로 접하는 양지바른 땅이다. 그리고 현재 이 지역에서는 다량의 신석기 시대의 유물과 곰 토템의 모계사회에 존재하는 여신전이 발견되었으며, 다수의 신시 배달국과 고조선의 상징인 원형 및 사각형의 제단(태백)이 발견되고 있다.

이곳에서 웅녀(맥)족과 신시 배달국의 환웅족의 유적이 동시에 발견된 것으로

〈그림 44〉 우하량의 원형 및 방형 제단
(발췌 : 코리안 루트를 찾아서)

보아 초기의 아사달로 특정할 수 있다. 다만 아사달의 의미가 조양이므로 초기 이곳의 명칭은 아사달이 아닌 다른 명칭으로 불리어졌을 것으로 여겨진다.

(13) 기자

상나라 왕족 기자가 주 무왕을 섬길 수 없다며 조선으로 망명하려하자, 주 무왕이 기자를 조선왕(현령)에 봉했다는 기록이 있다. 이것을 유추해 보면 상나라 왕족은 기씨라는 의미가 된다. 왜냐하면 기자는 기씨 선생이라는 의미가 있기 때문이다. 또 기자를 봉했다는 조선도 낙랑군에 속한 '조선현'이라는 지명을 나타내는 것이며, 기자가 망명한 조선은 원래 고죽국으로 난하 서쪽의 천안현에 위치하고 있었다. 그러나 그 당시 키시·고조선은 요하의 조양과 선양을 중심으로 한 번한연맹체의 강력한 국가로 여러 개의 소국으로 구성되어 있었기 때문에 별개의 국가일 수밖에 없다.

또한 기자의 성씨가 기씨라는 것은 상나라를 세운 탕왕이 키시족이라는 의미도 된다. 즉, 신시 배달국의 3족 중 하나인 키시가 황하 지역으로 내려가 에리두족의 하나라를 제압하고 상나라를 세웠다는 것이 된다. 여기서 우리가 일반적으로 쓰고 있는 씨(氏)족이란 도시의 시(市)에서 변형된 말이다.

기자가 망명할 때 키시·고조선은 연맹체 국가이다. 그 당시 연맹의 지배자인 단군이 직접 통치하고 있는 영역은 요하(벌칸 ; 번한) 지역으로 고대 중국의 상나라와 인접해 있었다. 특히 기자가 고조선으로 망명한 이유는 상나라가 황하의 하나라 동북쪽의 고조선에서 이주해 간 키시족이므로 상나라 멸망 후 다시 본향으로 돌아간 것으로 보인다.

현재 한국의 성씨 중 행주 기씨(奇氏)와 서씨(徐氏), 태원 선우씨(鮮于

氏), 청주 한씨(韓氏) 등이 기자를 시조로 모시고 있다. 이들은 실제적으로 수메르의 키시족 후손이다.

그리고 고조선 마지막 왕들이 기씨인 것은 그들이 기자의 후예라는 의미가 아니고 키시족이라는 의미에서 기씨이다. 이들 기씨는 단군의 왕통을 구성한 키시족의 후예로 고대의 고조선은 연맹체 국가로 키시가 서로 번갈아가면서 왕통을 이어 내려오고 있었기 때문에 기씨라는 성으로 일반화한 것이다. 이것은 후에 한반도 내에서 신라가 박씨(우르)·김씨(키시)·석씨(에리두)의 삼성이 성골로 지배계급을 형성하여 번갈아가며 왕권을 유지한 것도 같은 맥락이다.

'사기'에는 "옛날 기자 이후에 조선후가 있었고, 주나라가 쇠퇴해 가매 연이 스스로 왕을 칭하고 동으로 공략을 하자 조선후도 스스로 왕을 칭하고 군사를 일으켜 연을 쳐서 주 왕실을 받들려 했는데, 대부(大夫) 예(禮)가 간하므로 이를 중지하고 예를 파견하여 연을 설득하니 연도 전쟁을 멈추고 조선을 침략하지 않았다."라는 기록이 있다.

'환단고기'에 따르면 "정식으로 번조선의 왕이 된 기후가 죽자 아들 기욱이 즉위하고, 기욱이 죽자 BC 230년 아들 기석이 즉위하고, 기석이 죽자 BC 191년 아들 기윤이 즉위하고, 기윤이 죽자 BC 172년 아들 기비가 즉위한다. 기비는 해모수가 대부여를 무너뜨리고 북부여를 세우는 데 큰 공을 세운다. 그런 기비가 죽자 아들 기준이 즉위했고, 마지막 왕 기준이 재위에 올랐다."고 전한다.

3) 한민족의 성산은 성자산이다

우리 한민족의 성산은 내몽골 홍산의 성자(城子 ; 청쯔)산이며, 이곳에 있는 산성이 우리 한민족 최초의 통합국가인 신시 배달국이 있던 곳이다.

성자산성의 구조를 보면 형상이 나르는 제비형상이다. 이것은 그 당시 신시를 이룩한 칸훈(환웅)연맹의 주 숭배 대상인 달의 신(난나) 전령사인 제비를 형상화한 것이다. 그리고 후대에 상나라의 탕왕의 선조 설이 제비의 알에서 태어났다는 설화나 그 주변 지역에서 일어난 국가들이 연(燕 ; 제비)나라 혹은 전·후연 등으로 불리는 것도 이와 관계가 있다.

산성의 내부구조가 5구역으로 분할된 것은 당시의 행정직제가 5부로 나누어져 있어 구획을 직제에 맞추어 한 것이다. 또한 성 동쪽 3개의 제단은 신시 배달국을 구성하는 3족(우르·키시·에리두)이 천신제를 지내기 위해 만든 각각의 제단으로 단군신화의 3위 태백을 지칭하는 것이다.

또한 이러한 3분할 원칙은 이후 신시 배달국에서 파생된 황하 유역의 하나라와 요하 유역의 고조선과 더불어 고삼국을 형성하는 이유도 된다.

그리고 그 당시 칸훈연맹에서 군사 및 축성과 관개수로 등을 담당하던 부족은 에리두족이므로, 성자산성의 건축은 에리두의 솜씨이다. 이와 같은 축성기술은 훗날 같은 에리두(고리)족의 고구려가 이어받아 더욱 강력한 성벽을 구축하는 축성술로 발전된다.

더불어 성자산성의 위치가 키시·고조선의 수도인 우하량과 조양이 가까운 거리에 있으며, 신시의 특성상 산위에 건축되는 점으로 미루어 보아 성자산성이 우리민족의 성산일 가능성이 가장 크다.

4) 치우천왕과 삼황오제 * 다음 / 백과 / 위키백과 / 편집

우리가 규명하고자 하는 삼황은 복희, 신농, 황제를 말한다. 삼황의 첫째인 복희는 태호(太昊 ; 큰 하늘)라 불렸으며, 뱀 몸에 사람 머리를 하고 있다. 그는 사람들에게 처음으로 사냥법과 불을 활용하는 법을 가르쳤다.

두 번째 삼황인 신농은 염제(炎帝 ; 불꽃 임금)라고도 불렸으며 사람 몸에 소의 머리를 가졌다. 그는 태양신이자 농업 신으로 농경을 처음으로 가르쳤다고 하다. 또한 그는 태양이 높게 떠 있는 시간에는 사람들에게 상업을 가르쳤다고 한다.

세 번째 삼황은 황제 헌원(軒轅 ; 운사)이다. 헌원은 사람들에게 집짓는 법과 옷 짜는 법을 가르쳤으며 수레를 발명했다고 한다. 그는 글자 개념을 처음으로 도입해 천문과 역산을 시작하였다. 그리고 처음으로 의료술을 시작한 것으로 알려졌다.

중국 신화의 삼황오제에서 복희는 성이 풍씨로 풍백이라는 의미이고, 신농은 소머리 형상의 우사라는 상징적 의미가 있으며, 황제 헌원은 중국 고사에도 명백하게 운사라고 명시되어 있다. 이후의 오제는 소호 금천(우리 한민족 김씨의 원조)과 고신, 고양, 요제, 순제 등으로 단군시대의 벼슬자리를 의미한다. 이것을 중국은 날조하여 자신들의 역사 변조에 이용한 것이다.

(1) 치우천왕

기록상 치우천왕은 BC 2700년경 신시 배달국의 제14대 자오지 환웅으로 알려져 있다. 그러나 이는 중국이 자신의 역사를 부풀리기 위해 만든 역사 기록상의 오류로, 그 보다는 약 1,000년 뒤인 BC 1800년경으로 보는 것이 타당하다.

치우천왕에 관해서는 중국과 우리 모두 관련 기록을 갖고 있다. 그 중에 중국 기록에는 "치우는 노산의 쇠로써 오병을 만들었다. 그리고 치우와 그 형제 81명이 있었으며, 그들은 모두 짐승의 몸에 사람의 말을 하였다.

구리머리에 소의 이마를 가졌고 모래와 돌을 먹었다. 병장기로 칼·창·활 등을 만들어 천하에 위세를 떨쳤다."고 한다.

이러한 기록을 통하여 우리는 치우에 관한 몇 가지 내용을 알 수 있다.

우선 치우는 각종 병장기를 만들었다는 점이다. 이렇듯 상고시대에 금속제 병장기를 만들었다는 것은 고도의 제련기술을 가지고 있었음을 알 수 있다. 또한 다수의 무리로 짐승의 몸에 사람의 언어를 썼다는 것은 짐승가죽으로 된 옷을 입은 문명화된 종족이라는 의미이다. 그리고 구리머리에 소의 이마를 가졌다는 것은 청동기시대의 소머리(수메르)족이며, 전투에 능했다는 것을 알 수 있다. 특히 치우천왕은 수메르의 3족 중 우르 출신으로 배달국의 지배자이다.

이러한 치우천왕은 에리두 출신의 황제 헌원과 탁록에서 10년간 전쟁을 치렀다. 이 전쟁이 끝난 뒤에는 헌원에게 치우천왕이 체포 살해되었다고 한다. 그러나 이것은 중국 측의 일방적인 기록으로 오히려 치우천왕이 이기고 전쟁의 신으로 추앙을 받게 된 것으로 보인다. 다만 전쟁의 결과로 에리두의 하나라는 독립을 쟁취하고, 이 전쟁의 후유증으로 우르·배달국은 멸망에 이르게 된 것 같다.

(2) 복희와 풍백

복희는 에리두 사람으로 자연과 바람의 신인 엔릴을 섬기고 삼라만상의 원리인 팔괘를 창시한다. 특히 복희의 성이 풍씨로 되어 있으며, 이는 복희가 풍산 출신으로 바람의 신과 관계있음을 알 수 있다. 즉, 복희는 우리의 단군신화에 나오는 풍백과 유사하다. 복희는 포희 또는 태호 등의 이름으로 불린다. 이것으로 보아 중국의 삼황 중 하나인 복희가 환웅(칸훈)시대의 신관계급의 인물이라는 의미도 된다.

그의 가장 흔하게 불리는 이름은 '태호-복희'이며 여와와 마찬가지로 사람의 얼굴에 뱀의 몸을 가진 것으로 알려져 있다. 그는 사냥과 물고기 잡는 법을 창안하여 사람들에게 가르쳐 주었으며 주역의 근간이 되는 팔 괘를 발명한 것으로도 알려져 있다. 여기서 우리는 복희를 통해 고대에는 신관을 뱀에 비유했음을 알 수 있다. 즉, 성서에서 나오는 뱀의 존재도 신관을 상징적으로 표현했을 가능성이 크다.

(3) 신농과 우사

삼황 중 하나인 신농은 염제라는 이름으로 불리며, 정식 명칭은 '염제 신농'이다. 그는 소의 머리에 인간의 몸을 가진 것으로 알려져 있다. 이 것으로 보아 신농은 농경의 신으로 땅과 물을 지배하는 엔키를 지칭하는 것으로 보인다. 즉, 신농은 키시족으로 고조선의 지배자를 상징한다. 그 는 중국의 남방으로 진출하여 농사짓는 법과 의술을 창안하여 사람들에 게 전파하였으며, 팔괘를 겹쳐서 육십사효의 점치는 법을 고안했으며, 시 장을 세워 경제와 교역의 원리를 가르쳤다고 한다.

처음에는 황제 헌원과 연합하여 치우천왕과 싸웠으며, 패한 뒤에는 신 선도의 길을 걸어 후대에 도가사상의 원류를 세웠다고 한다.

중국의 고대 신화에 나오는 신농은 소머리를 가진 반수신이다. 소머리 는 수메르의 농경 신으로 관료체계에서는 우사인 행정 관료이다. 특히 고 대의 농경사회에서는 행정 관료란 관계수로 및 치수와 농사와 교역 등을 가르치는 관료계층이다. 즉, 신농이 가진 의미는 그가 수메르의 관료체계 에서 국민들에게 농사와 관계된 교육과 관리의 역할을 하였던 것을 상징 화한 것이다.

(4) 황제와 운사

삼황의 하나인 황제 헌원은 염제 신농의 아버지인 소전의 방계 후손 중의 하나인 공손씨라고 한다. 그러나 공손씨는 원래 곰족의 후손(곰손)에서 기인한다. 그는 백민(白民)에서 태어나고, 동이족이며, 운사 출신이라고 한다. 이것은 다른 측면에서 살펴보면 공손씨가 신농과 관계가 있는 칸연맹에서 기인했다는 점으로 신시 배달국의 에리두 후손일 가능성이 크다. 특히 황제라는 명칭에서 황(黃)은 노란색을 의미하고 있어 에리두의 상징 색을 나타낸다. 또한 황제 헌원이 중국고사에 운사라고 명시되어 있듯이 그는 군인(무사)계급으로 지방 관료이다. 특히 그가 황하 지역에 있었다는 것은 당시 이 지역을 지배하던 배달국의 속국인 하나라의 총독이었을 것으로 보인다. 특히 그와 치우천왕과의 전쟁을 탁록대전이라고 하는 것은 하나라의 통치자인 헌원이 독립을 쟁취하기 위해 탁록에서 배달국의 치우천왕과 싸운 것을 묘사한 것으로 추측된다.

다시 말해서 황제 헌원은 중국 하나라의 창건자인 우왕의 후손일 가능성이 크다. 이것은 중국 역사의 시작이 BC 2100년경 하나라에서 시작하였으며, 우리 한(칸)민족의 집합체인 배달국의 식민국가에서 독립한 것이기 때문이다.

(5) 5제와 관료제도

앞서의 3황이 우리 한(칸)민족의 고대국가인 배달국의 지배계급(3신)의 개명인 것으로 보면 5제인 소호-금천, 전욱-고양, 제곡-고신, 제요, 제순 또한 행정 관료의 직제(5부제)에서 나온 명칭일 가능성이 크다. 즉, 소호 금천은 쇠(금)의 명칭에서 보았듯이 공업부(산업)의 수장이며, 전욱 고양은 병·형부(군사)의 수장으로 법을 만들고 그 기틀을 세웠다. 제곡 고

신은 농경부(농업)의 수장으로 농경의 노고를 달래기 위해 음악과 악기를 개발하였다. 그리고 제요는 예부(의전)의 수장이고, 제순은 이부(경제)의 수장인 것으로 보인다. 특히 중국이 태평성대라고 하는 요·순시대는 국민간의 예절이 바로 서고 경제적으로 윤택한 시절을 상징적으로 이야기한다. 이것은 행정 관료 중에 예부와 이부의 수장이 올바르고 행사가 원만하면 태평성대가 이루어진다는 것을 상징적으로 말하는 것이다.

2절 고삼국시대의 재해석

고삼국이란 BC 2100년~BC 1600년 사이에 홍산과 요하 그리고 황하

〈표 1〉 칸연맹 고삼국의 특징과 변천

칸연맹 3국 분류	색체	특징	국가 변천
우르	붉은색 (장닭, 주작)	1. 신권국가(풍백) 2. 태양신 : 우루 3. 신지전자 4. 신시, 장춘, 봉천, 부여, 울진, 울산, 춘천, 서울 (위례), 나라(일본)	**신시 배달국** : 신한(산융, 서우여) – 진한(동호, 구려) – 부여(북우르) – 동부여 – 백제 – 일본과 근세조선
키시	푸른색 (옥, 청룡)	1. 행정국가(우사) 2. 농경의 신 : 엔키 3. 한(칸)자 4. 조양, 선양, 평양, 안양, 낙양, 심양	**고조선(번한)** : 상나라 – 변한(가야) – 신라(김씨) – 금나라 – 청나라
에리두	노란색 검은색 (팔괘, 현무)	1. 군정국가(운사) 2. 하늘신 : 아누, 엔릴 3. 이두문자 4. 이리두현, 천(遷)안, 집안, 태안, 천(天)안, 무안, 수안	**하나라** : 동이(이리두), 서이(진나라), 고리(고죽국) – 마한 – 목지국 – 낙랑국 – 고구려 – 발해 – 고려

지역에 칸연맹체의 3족(우르·키시·에리두)이 각각 국가를 세우고 상호 경쟁하는 관계를 갖게 되는 동방문명 최초의 시기를 말한다. 이때 성립된 국가는 우르가 중심이 되어 홍산에 세운 신시 배달국과 키시가 중심이 된 조양의 고조선 그리고 에리두 중심의 황하의 이리두현에 세운 하나라를 말한다.

이들 국가에서 우르의 배달국은 천왕과 신관(풍백) 중심의 신국(神國)이고, 키시가 중심이 된 고조선은 행정 관료(우사) 중심의 행정(行政)국가이며, 에리두 중심의 하나라는 군사조직(운사)의 군정(軍政)국가이다.

1. 고삼국의 성립

1) 우르−신시 배달국의 재해석

(1) 신시 배달국 이야기

신시의 배달국은 메소포타미아에서 축출된 칸연맹이 동방으로 이주해 오면서 홍산의 선주민인 훈족과 연합하여 만든 연맹체 국가로 우리 한민족의 최초의 국가이다. 이들은 홍산의 성자산을 중심으로 산성을 구축하고 주변에 다수의 위성 도시를 두어 연맹체의 체계를 갖춘 신권 국가이다. 이후 배달국(우르)은 고삼국으로 확장하여 황하의 하나라(에리두)와 요하의 고조선(키시)을 지배한다. 이들은 BC 17세기 말경에 극심한 기후변화로 홍산 지역에서 농경이 불가능해지자 키시·고조선으로 대거 이동을 한다. 그래서 한동안 내몽골 지역이 무주공산으로 남아 있다가 BC 14세기경에 그곳에 잔류한 유목 중심의 훈·우르·북이(에리두)와 다시 연맹하여 신칸(신한)연맹을 만들고 하가점상층문명을 세운다. 이것이 중국 역사 속에서 주나라를 동쪽으로 이주하게 만든 산융의 실체이다.

초대 신시 배달국의 지배자인 엔시(도시의 지배자)는 거발한(칸)이며, 이후 17명의 천왕으로 직제가 이어진다. 여기서 신시는 환웅이 세웠다고 전해지는 고조선 이전의 배달국의 도읍지 또는 국가이다.

신시는 훗날 단군이 아사달(조양)에 도읍하여 고조선을 건국할 때까지 환웅의 중심지였다. 특히 신시는 도읍과는 별도로 있던 신전도시로 삼한의 소도와 같은 성격의 신읍 또는 성역이다.

신시를 글자대로 풀이하자면 '신의 도시'이다. '환단고기'에 따르면 고조선 이전에는 환국과 신시 배달국이 존재하였으며, 두 나라는 환인과 환웅이 통치하였고, 각각 7대와 18대를 전하였다고 전한다.

또한 '환단고기'에 따르면 환인은 사백력의 하늘에서 홀로 변화하여 신이 되고, 이 환인과 함께 하늘로부터 어린 남녀 800명이 천해의 동쪽 땅인 흑수와 백산의 땅에 내려와 건국하였다고 한다. 사백력은 수메르, 천해는 바이칼호를 가리킨다. 그들이 우랄알타이와 바이칼호를 거쳐 음하와 삼좌점에 온 것에 대한 표현으로 보인다.

부언해서 설명하면, 사백력이란 400일(약 1년)이 걸리는 먼 거리라는 의미로 환인(칸)은 약 1년에 걸쳐 걸어서 이동해 왔다는 의미이다.

이것을 거리로 환산해서 보통 사람이 1일 30km를 걷는다고 하면, 약 10,000km가 된다. 다시 말해서 환인은 서쪽 10,000km가 떨어진 곳에서 이동해 왔다는 의미이다. 이 거리를 홍산기점에서 보면 초기 출발지는 중앙아시아의 메소포타미아 지역이 된다. 즉, 환인은 BC 2333년경에 수메르에서 이동해 왔다는 의미가 된다.

또한 천해는 바이칼(밝은)호로 그 동쪽의 흑수는 적봉 인근의 음하(陰

河)이다. 음하라는 의미는 '어두운 물', 즉 검은 물이라는 의미를 가지고 있어 이들이 음하 주변 삼좌점 지역에 정착했음을 알 수 있다.

환국(칸연맹)의 존속기간은 3,301년 동안 왕이 7대라고 한다. 그러나 이는 역사적 진실을 오히려 신화화시켜 호도할 수 있으므로 이 책에서는 환단고기에 기록된 환인의 명칭만 기술한다.

1대 환인 : 안파견(安巴堅) 환인

2대 환인 : 혁서(赫胥) 환인

3대 환인 : 고시리(古是利) 환인

4대 환인 : 주우양(朱于襄) 환인

5대 환인 : 석제임(釋提壬) 환인

6대 환인 : 구을리(邱乙利) 환인

7대 환인 : 지위리(智爲利) 환인 또는 단인(檀仁)

즉, 이상에서와 같이 환국에서 시작한 한민족의 역사로 보면 우리 한민족의 시조는 안파견이 되어야 한다. 그리고 환국(칸연맹)이 최초로 존재한 삼좌점의 석성을 우리 한민족의 최초의 탄생지로 보아야 한다.

이러한 환국이 발전하여 배달국이 된다. 그리고 배달국의 환웅이 나라를 세운 후 오랜 세월이 흐른 후에 백성을 보살피는 직책을 다시 만들었는데 금수와 가축의 이름으로 벼슬을 주었다고 한다. 즉, 호가·우가·마가·응가·노가 등과 같이 이름 하였으나, 자세한 것은 나와 있지 않다. 다만 짐승의 이름으로 관직을 나타내는 것은 후대에 등장하는 여러 국가에서도 찾아볼 수 있다.

배달국의 왕명은 '환단고기'에서 밝힌 내용을 중심으로 기록하면 환웅이 18대 1,500여 년 동안 배달국을 다스렸다고 주장하며, 그 역년을 기록하고 있다. 그러나 이 또한 실제 역사를 신화로 호도할 가능성이 있기 때문에 역년은 생략한다.

1대 환웅 : 거발한(居發桓) 환웅

2대 환웅 : 거불리(居佛理) 환웅

3대 환웅 : 우야고(右耶古) 환웅

4대 환웅 : 모사라(慕士羅) 환웅

5대 환웅 : 태우의(太虞儀) 환웅

6대 환웅 : 다의발(多儀發) 환웅

7대 환웅 : 거련(居連) 환웅

8대 환웅 : 안부련(安夫連) 환웅

9대 환웅 : 양운(養雲) 환웅

10대 환웅 : 갈고(葛古) 환웅 또는 독로한 환웅

11대 환웅 : 거야발(居耶發) 환웅

12대 환웅 : 주무신(州武愼) 환웅

13대 환웅 : 사와라(斯瓦羅) 환웅

14대 환웅 : 자오지(慈烏支 ; 치우천왕) 환웅

15대 환웅 : 치액특(蚩額特) 환웅

16대 환웅 : 축다리(祝多利) 환웅

17대 환웅 : 혁다세(赫多世) 환웅

18대 환웅 : 거불단(居弗壇) 환웅 혹은 단웅(壇雄)

여기서 제5대 환웅인 태우의 환웅의 열두 아들 중 막내가 태호-복희이다. 그리고 그의 후손들이 현재의 산서성에서 살았다고 한다.

(2) 신시 배달국의 멸망

환웅의 신시 배달국이 언제 멸망하였는지는 정확히 알 수 없으나 신시의 소재지가 성자산으로 하가점하층문명 연대와 직접적인 관련이 있다. 이러한 관점에서 우선 하가점하층문명의 특징을 살펴보면 지금까지 발견된 당시 구축된 성들은 완벽히 하나로 연결된 상태가 아니고 여러 개로 나누어 있다. 이것은 하가점하층문명의 내부 정치형태가 하나로 통일된 상태가 아니라 하나의 연맹체 밑에 수십 개의 도시들이 뭉쳐있던 연맹 형태의 국가체계라고 볼 수 있다. 그에 따라 연맹체 구성원에 의해 외부 세계와 경계선을 짓는 장성들이 지어진 것으로 보인다.

이러한 점에서 보면 하가점하층문명권은 그에 앞서는 어떤 문명이 존재하고 그들이 홍산으로 이주해 와서 만든 이주 문명이라는 이유가 성립된다. 그리고 하가점하층문명이 사라진 BC 17세기 말이 멸망 시기라면, 그것은 칸연맹의 후속인 신시 배달국이 멸망한 시기로 특정할 수 있다. 그리고 배달국이 멸망한 후 세월이 200년 이상 지난 BC 14세기경에 하나라에서 이주한 북이와 우르 그리고 훈이 재결합하여 신한연맹을 구성하고 하가점하층문명이 사라진 폐허 위에 하가점상층문명을 세운다. 이들이 후에 사냥꾼 집단으로 묘사되는 서우여(서우르)로 다시 재편되는 과정을 밟는다. 이들이 중국 기록에서도 확인되는 산융족이다.

하가점상층문명은 이전의 하층문명과는 공통점을 찾아볼 수 없는 이질적인 문화였다. 여기서 하가점이라는 명칭 그대로 '하나라가 점령한 지역'이라는 의미를 가지고 있다. 이것은 하나라가 멸망하면서 지배족인 에리두의 북이족이 그 당시 배달국 멸망 이후 무주공산이 되어 있던 홍산 지역을 재점령하면서 만든 명칭으로 보인다. 하가점하층문명에서는 청동 제련기술이 상당한 수준이었으나 군사적인 무기보다는 공예품을 주로 만들었던 것으로 보인다. 반면 상층문명에 이르면서 시베리아와 중앙아시아 유목민들이 쓰는 날카로운 칼들이 대량 제작되고 유목의 비중이 증대되는 급진적인 변화를 보인다. 이러한 점에서 보면 하가점상층문명기에는 중앙아시아의 유목종족들과 자주 전쟁을 하거나 지속적인 침략을 받았던 것으로 여겨진다.

2) 키시·고조선의 재해석

(1) 고조선 이야기

신화 속의 환웅은 환인의 아들로 신시에 나라를 세우고 자신을 계승할 자식을 얻기 위해 배우자를 선택하였다고 한다. 그 방법은 당시 그 지역 양대 세력인 호랑이 토템의 예족과 곰 토템의 맥족을 경쟁시킨 것이다. 그리고 이 경쟁 과정에서 맥족의 웅녀가 선택되었고, 환웅의 후사를 이은 것으로 되었으며, 단군의 탄생이 맥족과 관련이 있음을 나타낸다. 이것이 단군과 고조선의 탄생에 대한 신화적 근거이다.

그러나 여기서 나타나는 환인과 환웅은 실존적 존재로, BC 2330년경 우리의 사회를 형성하고 한민족의 기원을 세운 우리민족의 실존했던 조상들이다. 그리고 우리민족의 실제적인 역사는 메소포타미아의 수메르에서부터 따지면 5,800년이 되고 환인(칸연맹)에서 시작해도 4,300년이 된다. 지금 우리는 단군기원을 BC 2333년으로 정하고 있다. 그러나 이것도 중국의 역사가 꾸민 요순(堯舜)이라는 역사적 날조를 당연시하고 정한 시기를 기준으로 했고, 그 시기를 날조된 역사 속에 언급한 요임금과 같은 시기라는 터무니없는 기록에 따라 만들었기 때문이다. 그렇기 때문에 이제 우리는 이러한 거짓 역사의 망령에서 헤어 나와야 한다. 그리고 실존했던 최초의 조상인 환인을 찾아 다시 시기를 정해야 하며, 그 시기는 수메르의 칸연맹이 아카드에게 쫓겨난 BC 2334년을 기준으로 찾아야 한다. 그리고 그 시기는 수메르에서 홍산까지 이동거리로 보아 약 1년(400일)으로 보면 BC 2333년이 된다. 이렇게 찾은 환인을 기준으로 단군왕검과 그가 통치한 정확한 연역을 통해 고조선의 실체를 다시 파악해야 한다. 그래서 수메르에서 이주해 온 칸연맹의 한 종족인 키시가 고조선을 어떻게 이룩하고 어떠한 문명을 이루었는지에 대하여도 재조사가 필요하다.

지금도 우하량 지역에서는 단군시대의 지배계층과 단군왕검의 묘가 다수 발견되고 있다. 그러나 이러한 사실은 우리의 무관심과 중국의 동북공정에 막혀 남의 역사로 변조되고 있는 실정이다. 이는 우리가 고대역사를 소홀히 하여 우리의 역사를 바로 전하지 못한 것이 가장 큰 원인이다. 그리고 (가칭)통일신라 이후 모화사상에 빠진 정치적 관료들에 의해 진정한 역사서가 불태워지고, 숨겨지고, 왜곡되어 망실한 것이 또 다른 요인이다. 여기서 통일신라를 가칭이라고 하는 것은, 그 당시 한반도 북부와 만주에는 우리의 동족인 에리두의 발해가 국가를 이루고 있었으므로 신라와 발해의 남·북조시대라고 해야 맞다.

이와 더불어 우리는 고려 중기 이후 조선시대 말기에 이르기까지 주자학에 심취한 매국선비들에 의해 호도된 역사를 바로 잡지 않고 방치하는 오류를 범했다. 그래서 지금은 우리 역사의 상당부분을 남의 나라에게 빼앗긴 어리석은 역사를 가진 나라가 된 것이다.

(2) 고조선의 왕명

'환단고기'에 따르면 단군의 역년에 대해 다음과 같이 기록하고 있다. 그 치세 기간은 BC 2333년~BC 238년이며, 47대 2,096년간 지속되었다고 한다. 그러나 이러한 역년에 대한 기록도 보다 정확한 연구가 필요하다. 다만 '환단고기'의 기록을 참조하여 단군의 역년을 살펴보면,

1대 왕검(王儉)단군 : 재위 93년

2대 부루(扶婁)단군 : 재위 58년

3대 가륵(嘉勒)단군 : 재위 45년

4대 오사구(烏斯丘)단군 : 재위 38년

5대 구을(丘乙)단군 : 재위 16년

6대 달문(達文)단군 : 재위 36년

7대 한율(翰栗)단군 : 재위 54년

8대 오사함(烏舍咸)단군 : 재위 8년

9대 아술(阿述)단군 : 재위 35년

10대 노을(魯乙)단군 : 재위 59년

11대 도해(道奚)단군 : 재위 57년

12대 아한(阿漢)단군 : 재위 52년

13대 흘달(屹達)단군 : 재위 61년

14대 고불(古弗)단군 : 재위 60년

15대 대음(代音)단군 : 재위 51년

16대 위나(尉那)단군 : 재위 58년

17대 여을(余乙)단군 : 재위 68년

18대 동엄(冬奄)단군 : 재위 49년

19대 구모소(緱牟蘇)단군 : 재위 55년

20대 고홀(固忽)단군 : 재위 43년

21대 소태(蘇台)단군 : 재위 52년

22대 색불루(索弗婁)단군 : 재위 48년

23대 아홀(阿忽)단군 : 재위 76년

24대 연나(延那)단군 : 재위 11년

25대 솔나(率那)단군 : 재위 88년

26대 추로(鄒盧)단군 : 재위 65년

27대 두밀(豆密)단군 : 재위 26년

28대 해모(奚牟)단군 : 재위 28년

29대 마휴(摩休)단군 : 재위 34년

30대 나휴(奈休)단군 : 재위 35년

31대 등올(登兀)단군 : 재위 25년

32대 추밀(鄒密)단군 : 재위 30년

33대 감물(甘勿)단군 : 재위 24년

34대 오루문(奧婁門)단군 : 재위 23년

35대 사벌(沙伐)단군 : 재위 68년

36대 매륵(買勒)단군 : 재위 58년

37대 마물(麻勿)단군 : 재위 56년

38대 다물(多勿)단군 : 재위 45년

39대 두홀(豆忽)단군 : 재위 36년

40대 달음(達音)단군 : 재위 18년

41대 음차(音次)단군 : 재위 20년

42대 을우지(乙于支)단군 : 재위 10년

43대 물리(勿理)단군 : 재위 36년

44대 구물(丘勿)단군 : 재위 29년

45대 여루(余婁)단군 : 재위 55년

46대 보을(普乙)단군 : 재위 46년

47대 고열가(古列加)단군 : 재위 58년으로 기록되어 있다.

그러나 필자는 이 역년에서 다소의 의문을 가지고 있다. 왜냐하면 단군은 고조선의 지배자이기 때문에 배달국의 역년까지 중복해서 가질 수 없다. 그래서 고조선의 역년은 보다 깊은 연구에 의해 재조정되어야 한다.

(3) 조양과 봉황산의 전설

조양은 고조선의 도읍지인 아사달이기 때문에 이 지역에 있는 전설을 참고삼아 기록한다.

"옛날에 조양이라는 젊은이가 혼자 나무를 하며 근면하게 살고 있었다. 어느 날 산에 나무를 하러갔는데 봉황 한 마리가 독수리에게 쫓기는 것을 보고 조양이 구해 주었다. 그러자 봉황은 떠나지 않고 조양과 같이 살게 되었다. 그리고 조양이 나무를 하고 돌아왔을 때 집에서 맛있는 음식 냄새가 났다. 다음날은 예쁜 선녀가 나타나 조양에게 말하기를 '나는 옥황상제의 셋째 공주인데 인간 세상에 내려와 봉황이 되었다'고 하였다. 그로부터 조양은 나무를 하고, 공주는 베를 짜며 재미있게 살면서 딸 쌍둥이를 낳았다. 공주는 시간이 날 때마다 딸들에게 천상의 얘기를 해 주었다.

천상의 옥황상제는 공주가 제멋대로 인간 세상에 간 것을 알고 천병을 거느리고 벌을 주러 내려갔다. 그러나 공주가 조양에 대한 사랑이 지극하여 인간 세상에 남겠다고 하자, 아홉 마리의 봉황이 떨어지며 공주를 봉황으로 변하게 하였다. 조양이 봉황 모양의 황금비녀를 가지고 가서 공주와 두 딸을 구했다. 그들은 이후 인간으로 만족하게 살았고, 아홉 마리의 봉황은 9개의 탑으로 변했다. 이로부터 산 이름은 '봉황산'이라고 하였고, 그 지역은 '조양'이라고 부르게 되었다고 한다."

이러한 조양의 전설은 '선녀와 나무꾼'에서 나오는 이야기와 유사하다. 이것은 조양시에 대한 전설이기보다는 요(카라 기탄)나라가 세운 구층탑에 대한 전설 내용일 가능성이 크다. 이는 전설의 발생 시기가 요나라 이후로 보이며, 조양이라는 도시가 봉황과 관련이 있음을 나타내는 것이다. 여기서 봉황은 우르의 태양신 숭배와 관련이 있고, 옥황상제는 키시의 종교에서 천신을 지칭하는 것으로 조양이라는 도시의 성립이 우르와 키시가 관련되어 있음을 보여준다.

3) 에리두 · 하나라의 재해석

(1) 황하문명의 시작

황하문명은 자생적이며 독자적인 문명이 아니다. 신시 배달국의 칸연맹 중의 하나인 에리두족이 홍산에서 남하하여 BC 2100년경 황하 중류와 이리두현 지역에 거주하면서 이룩한 문명이다. 즉, 하나라는 신시 3족 중 운사를 맡고 있는 에리두가 황하로 진출하여 세운 국가이다. 그래서 초기 하나라의 도읍지가 이리두(二里頭)인 것도 이리두가 에리두의 변음에서 나온 것이기 때문이다. 즉, 한자의 발음 특성상 '에'자가 '이'자로 변한 것이다. 그리고 하나라가 멸망한 후에 산동 지방에 동이족이 생긴 것도 이리두와 직접적인 관련이 있다. 이와 같이 중국의 초기문명은 우리 한민족의 한 갈래인 에리두족이 세운 하나라에서 시작되었기 때문에 황하문명의 실체는 없는 것이다. 지금은 중국이 우리보다 크고 강력한 국가로 변하였지만 원래는 우리 한민족의 파생 국가로 시작한 것이다.

에리두 · 하나라의 문자는 이두(이리두)문자로 수메르의 그림문자를 바탕으로 만들어진 상형문자이다. 그리고 이것이 후에 한자 성립에 영향을 주고 신라의 이두문자가 된다. 그 후 신라를 통해 일본으로 전달되면서 현재 일본어의 근간이 된다. 특히 하나라의 이두문자는 키시가 황하 유역으로 진출하면서 세운 상나라 때 갑골문자로 정형화된다. 그리고 상나라 때 갑골문을 통해 더욱 발전된 언어가 되어 후세로 전달된다. 그래서 상나라에서 사용한 갑골문자는 오늘날 중국 한자의 근원으로 남게 된다. 그러나 원칙적으로 한자는 우리 한민족의 한 갈래인 키시의 상나라가 개발한 문자이다. 즉, 세계 4대 문명의 하나로 동북아시아문명의 발상지로 자처해 온 황하문명이 어떻게 시작되고 발전해 온 것인지를 살펴보면 그 근원이 모두 홍산문명에 있음을 알 수 있다.

중국인들은 자신들의 역사와 문명의 시작이 기원 수천 년 전에 황하 유역을 중심으로 시작했고 삼황오제에 의한다고 주장한다. 그러나 이러한 주장은 삼황오제의 실체가 신시 배달국의 관료 직제이며, 특히 삼황은 수메르에서 이주해 온 삼족(우르·키시·에리두)에서 기원한 것이므로 잘못된 주장이다. 즉, 삼황오제는 그들의 주장과 같이 기원 5,000년 전의 중국인의 조상이 아니고, BC 2330년경 홍산에 정착한 우리 한민족의 조상이다.

또한 동양문명의 근원이라는 중국인들의 믿음은 20세기에 들어와서 허구임이 차츰 밝혀지고 있다. 즉, 청나라의 고증학과 실증사학에 의한 서구 근대 사학의 문헌 고증학적 방법에 따르면 중국 초기문명의 전승을 전한 고문헌들의 신빙성에 의문이 생긴다고 보았다. 더욱이 과거 중국의 역사 속에서 믿어 의심치 않았던 삼황오제의 역사가 가공된 허구에 불과한 것으로 판정되어 중국 초기문명의 역사는 사실상 실종되고 만 것이다. 그러나 삼황오제는 중국과 우리의 역사를 올바르게 이해하기 위해 반드시 규명해야 할 역사의 단초이기 때문에 소홀히 하거나 부정해서는 안 된다.

(2) 에리두 · 하나라와 우임금의 설화 * 다음 / 백과 / 위키백과 / 편집

우(禹 ; BC 2070년경)임금은 중국 고대의 전설적인 군주로 하나라의 창시자이다. 기록상 그는 전욱의 손자이며, 전욱은 황제의 손자이므로 우는 황제의 고손자이다. 그러나 황제 헌원이 BC 1800년경에 살던 배달국의 치우천왕과 동시대 인물이라는 점에서 보면 하나라의 창시자인 우임금이 황제보다 훨씬 선조임에 틀림없다. 즉, 중국의 초기 신화는 역사적 시기가 전혀 맞지 않는 허구이다.

우는 자라서 도산씨의 딸에게 장가가 계라는 아들을 두었다. 그는 인덕을 가져 많은 사람들에게 존경받는 인물이었고 탁월한 정치 능력을 가지고 있었지만, 스스로를 교만하거나 자랑하지 않았다.

우는 제요시대에 치수 사업에 실패한 아버지의 뒤를 이어 제순에게 천거되어 황하의 치수를 맡았다. 그는 일에 너무 몰두해서 가정도 돌보지 않았다. 그래서 몸은 반신불수가 되었고 손발의 살갗이 텄다고 한다. 이러한 공로로 그는 제순의 뒤를 이어 제위에 올랐으며 하나라의 왕조를 창시하였다. 그리고 우는 즉위 후에 한동안 무기의 생산을 중단하고, 궁전의 증축을 보류하였으며, 과중한 세금을 감세하였다. 또한 지방에 도시를 만들고 번잡한 제도를 폐지해 행정을 간소화했다. 더불어 많은 하천을 정비하였고, 주변의 토지를 경작해 초목을 키웠다. 그런가 하면 중앙과 동서남북의 차이를 기(旗)로 나타냈고, 전국을 구주로 나누었으며, 검약 정책을 취해 스스로 솔선수범했다고 한다.

(3) 하나라의 역대 왕명 * 다음 / 백과 / 위키백과 / 편집

하나라의 역대 왕명은 기록상 명확하지 않다. 그러나 중국은 이것을 가상으로 가정하여 정리하였으며, 그 순서는 다음과 같다.

1대 우(禹) : 하나라를 개국하였으며, 순임금으로부터 왕위를 물려받고, 부자상속제를 확립하였다.

2대 계(啓) : 우임금의 아들로 왕위 계승

3대 태강(太康) : 짐심시의 이리두현으로 도읍을 정했다고 한다. 여기서 하나라의 본질이 에리두라는 것이 나타난다. 우왕의 손자이지만, 우왕과 는 달리 사치에만 힘을 써 백성의 신망을 잃었다. 태강이 부하들과 사냥 을 나간 사이에 하나라의 제후였던 유궁(有窮)의 후예라는 자가 반역하 여 도성을 점령하였다. 태강은 몸을 피하여 주변의 제후들에게 원조를 요 청하였으나, 모두 거절당하고 쫓기는 인생을 살다가 죽는다.

4대 중강(中康) : 태강의 동생으로 제후인 후예에 의해 왕으로 옹립되었 다. 그러나 후예와의 권력 다툼 끝에 왕위에서 쫓겨난다.

5대 상(相) : 중강의 아들로 중강이 죽은 후에 제구에서 하나라의 유신 들에게 왕으로 옹립된다. 그러나 후예의 토벌로 성이 포위되었을 때 자결 한다.

6대 후예(后羿) : 원래는 하나라의 제후로 궁술의 명인이었다. 태강이 사냥을 나간 틈을 타 도성을 점령하고 태강의 동생 중강을 옹립하였다. 그러나 중강은 후예의 부하인 희화를 쫓아내고, 백봉이라는 제후를 이용 해 후예를 견제하려 했다. 이렇듯 중강이 자신의 손을 벗어나 자립할 움 직임을 보이자 후예는 중강을 쫓아내고 직접 왕위에 올랐다. 그리고 백 봉 등 중강을 지지했던 제후들을 탄압하였다. 왕위에 오른 뒤에는 백봉 의 어머니이자 천하의 미인인 현처를 왕비로 삼았다. 현처는 아들의 원수 를 갚기 위해 야심가인 한착을 끌어 들였다. 현처는 한착과 정을 통해 계 획을 세웠으며 자신의 세상이라고 교만하던 후예를 죽이고 한착을 왕으 로 세웠다.

7대 한착(寒浞) : 원래는 후예의 부하이다. 그러나 후예가 왕이 된 후 정사를 돌보지 않고 문란한 생활에 빠져있는 것을 보고 현처와 공모하여 후예를 죽이고 스스로 왕위에 올랐다. 20여 년을 다스리다가 상의 아들인 소강에게 살해당한다.

8대 소강(小康) : 상이 죽었을 때 임신한 상태였던 상의 왕비는 자신의 친정인 유잉(有仍)으로 피신하여 아들인 소강을 낳았다. 소강은 아직도 남아 있던 하나라의 유신들에게 보살핌을 받았으며, 성인이 되고 나서 군사를 일으켜 한착을 죽이고 하나라의 왕실을 복구한다.

9대 저(杼), 10대 괴(槐), 11대 망(芒), 12대 설(泄), 13대 불강(不降), 14대 경(扃), 15대 근(厪), 16대 공갑(孔甲), 17대 고(皋), 18대 발(發)

19대 걸(桀) : 포악하고 사치를 즐기던 하나라의 마지막 왕. 상나라의 주왕과 함께 최악의 폭군으로 부른다. 이윤의 간언을 무시하고 제멋대로 국정을 농단하다가 상나라의 시조인 탕왕에게 패하여 목숨을 잃는다. 이로써 에리두의 하나라는 멸망하고 사방으로 흩어져 동이, 서이, 북이로 분할된다.

하나라의 황제 헌원과 배달국의 치우천왕이 탁록에서 싸운 시기는 대략 BC 1800년경이므로 이 당시 하나라의 왕은 9대에서 12대 사이가 된다. 이러한 점을 감안하면 황제 헌원은 저, 괴, 망, 설왕 중 하나일 것이다. 다만 상나라 창시자인 탕왕의 설화에서 나타나는 탕의 선조가 설인 것을 보면 12대 설왕이 황제일 가능성이 크다.

(4) 탁록대전 이야기 * 다음 / 백과 / 위키백과 / 편집

치우천왕과 황제 헌원에 대한 전승은 '규원사화'와 '환단고기'에 기술되어 있다.

규원사화에서는 '치우씨'라 불리며, 환웅의 부하로 일족을 이끌고 환웅 및 단군에 협력하였던 부족 및 부족장으로 설명되어 있다. 치우씨는 환웅의 명령에 따라 집을 만들고 방어와 병기 제작을 담당하였다. 그리고 신농시대 말기에는 중국 본토에서 천왕이 되었으며, 단군조선시대에는 고조선의 서남쪽인 남국에 봉해졌다. 그 후 단군조선 말기에는 제후들과 함께 중국 본토로 진출하여 여러 나라를 세우고 그들과 섞여 살게 되었다고 서술되어 있다.

'환단고기'에서 치우는 배달국의 제14대 환웅인 자오지 환웅으로 등장한다. 중국의 역사서 및 신화의 내용과 반대로 치우는 헌원에게 승리하였다고 한다.

황제 헌원씨는 처음 배달국의 제후국인 유웅국의 왕이 되어 치우천황과 10년간 73회 전쟁을 한 웅족 출신이다. 끝내는 치우천황에게 항복하였고, 자부선인으로부터 삼황 내문경을 전수받아 도를 닦아서 배달국의 진정한 신하가 되었다. 황제 헌원씨(중국 시조)가 청구 땅 공동산에서 내황문을 배워 와서 염제 신농 대신 임금이 되어 백성을 훈화하고 신농씨의 뒤를 이어 임금이 되었다. 후대에 한문을 집대성하여 정리한 사람으로 중국인들이 문자의 시조라 여기는 창힐 역시 자부선인으로부터 가르침을 받은 동이족이었다. 유위자는 BC 1891년 국자랑의 스승으로 있었으며, 자부선인의 학문을 계승하였다.

탁록은 하북성에 있고 중화문명의 제1고도이며 3조상의 성지이다. 그리고 황제의 땅 등으로 불리며 중국 역사의 시작점을 대표하는 도시로 인식되고 있다. 또한 우리에게도 유명한 치우천왕과의 대결이 이루어진 탁록대전이 발생한 곳이기도 하다.

본래 중국에서는 황제를 중화민족의 정통 시조신으로 모셔왔다. 그래서 유교의 도통도는 '황제 – 요 – 순 – 우 – 탕 – 문왕 – 무왕 – 주공 – 공자 – 맹자' 등으로 이어온 것으로 전해져 왔다. 그러나 유교의 도통도에서 보이는 황제에서 탕으로의 연결된 하·상나라는 정당하다. 그러나 주나라의 문·무·주공은 이란계 히타이트족으로 지금의 중국인과는 전혀 다른 인종이다. 이와 같은 관점에서 살펴보면 유교의 도통도는 후세의 유학자들이 공·맹자의 정통성을 강조하기 위해 억지로 꾸며 맞춘 계통도이다.

황제는 '황제내경'이라는 한의학 서적을 지었다고도 하며, 특히 치우를 동아시아 최초의 전쟁에서 물리치고 화하(華夏)족 중심의 중국을 건설했다고 한다. 전설에 따르면 치우는 염제를 보좌했던 장군으로 염제가 황제와 싸워 패하자 남쪽으로 쫓겨 내려갔다. 그리고 치우는 염제에게 다시 한 번 황제와 싸우자고 건의했다. 그러나 염제가 이를 거부해서 치우가 홀로 황제와 전쟁을 벌이게 되었다. 중국 신화에 따르면 황제와 치우가 수십 번 전쟁을 했으나 결국 탁록대전에서 황제가 승리했고, 치우가 죽은 자리에서 붉은 피가 하늘로 치솟았다고 한다. 죽은 치우는 한을 품은 채 신이 되어, 치우가 노하면 가뭄이 들었기 때문에 중국인들은 가뭄이 들면 치우 사당에 비를 내리게 해달라고 빌었다고 한다. 그리고 장수들은 전쟁터에 나갈 때 치우 사당에서 승리를 기원하는 제사를 드렸다는 기록도 있다.

그동안 중국의 신화에서는 치우가 황제에 반발한 동북쪽 지역의 반란군의 괴수로 등장해 왔다. 그러나 치우와 황제 헌원은 10년간 73회나 싸웠으며, 황제는 늘 패했다. 그럴 때면 그는 여성들에게 쫓아가 도움을 청하여 그 군대를 이끌고 다시 도전했다가 또 패하곤 했다. 여기서 여성의 도움을 받았다는 기록은 당시 사회가 모계사회였으므로 각 부락의 실질 지도자가 여성이었음을 나타내는 것으로 보아야 한다. 치우가 당시로서는 획기적인 무기인 금속 무기를 만들어 사용했으며, 안개를 일으키고 비와 바람을 부르는 등의 도술을 행했다고 한다.

이 전쟁으로 중국에서는 치우가 죽었다고 하지만, 우리 기록에 따르면 치우군의 부장인 치우비가 죽었다고 한다. 그리고 전투 후 치우는 묘족의 시조가 됐으며, 그의 무덤은 산동반도 서남쪽에 있다고 한다.

2. 고삼국의 종교와 신앙

고삼국의 종교와 신앙은 수메르의 3족과 직접 관련되어 있다. 이들의 신앙방식은 지금까지 우리 한민족의 종교와 신앙에 지대한 영향을 미치고 있으며 생활의 일부가 되어 있다.

우리 한민족의 정신세계에서 중요한 위치를 차지하고 있는 천·지·인(天地人)의 삼위체계는 칸연맹의 종교와 밀접한 관계가 있다. 즉, 하늘 천(天)은 우르의 태양신인 우루의 숭배사상이 근거가 되며 하늘이라는 의미를 갖고 있다. 땅 지(地)는 키시의 땅과 물의 신 엔키 숭배사상에서 그 바탕이 마련되었다. 이러한 천지사상은 천원지방(하늘은 둥글고 땅은 사각)이라는 형상 철학을 나았으며, 묘제와 공공건축물의 형상화의 근거가 되었다. 그리고 사람 인(人)은 에리두의 자연신인 엔릴 숭배사상에서 근거하며, 인간은 자연과 삼라만상을 주재하는 만물의 영장이라는 인본주의 사상의 근간이 되었다. 이것은 엔릴 신앙에서 출발한 주역 팔괘가 태극·오행 그리고 풍수지리의 자연현상에서 인간의 삶을 추리하는 점술법으로 변화하게 된 요인도 된다. 이러한 인본사상은 동학(東學)에서 인내

천(人乃天 ; 사람이, 즉 하늘)이라는 사상을 낳았다.

이와 같이 천·지·인 개념은 수메르 칸연맹의 종교와 밀접하게 연결되어 있으며 이것이 우리 한민족의 정신세계를 지배하는 중요한 철학으로 남았다. 더불어 칸연맹의 신앙체계에서 공통적인 것은 밤의 신앙이다. 이들 3족(우르·키시·에리두)을 보면 낮의 경우 우르는 우루(태양신), 키시는 엔키(땅·물신), 에리두는 엔릴(자연신)을 각각 신앙의 중심으로 하였다. 그러나 밤에는 모두 달의 신(난나)을 수호신으로 하였다. 왜냐하면 밤에는 달 이외에는 어느 것도 보이지 않기 때문인 것으로 여겨진다. 그리고 이러한 달 신앙은 태음력을 낳아 지금도 우리 한민족의 생활 속에 녹아 있다.

〈표 2〉 칸연맹 고삼국의 신앙과 상징물

국명	신	상징물	비고
우르 (배달국)	태양신(우루)	주작(장닭) 봉황	산융(신한), 동호(진한), 구려, 신려, 부여, 백제, 근세조선, 일본
키시 (고조선)	땅과 물의 신 (엔키)	청룡	상나라, 기자조선, 가야(변한) 금나라, 청나라
에리두 (하나라)	하늘의 신 (아누, 엔릴)	현무	동이, 고리, 목지국(마한), 고구려, 고려, 발해

* 삼국이 공통으로 섬기는 신은 달의 신 '난나' 이며, 상징물은 두꺼비와 옥토끼, 전령사는 제비이다.

1) 우르 · 배달국의 태양신과 무속신앙 재해석

(1) 천신제(天神祭)와 조상숭배 그리고 신도(神道)

우르의 천신제는 부여의 영고와 일본의 마쯔리로 남아있으며 추석이나 상달에 추수감사의 의미로 하늘에 제사를 드리는 것이다.

우리 한민족의 하늘에 드리는 제사인 제천의식은 우르족인 부여의 영고(迎鼓)와 동예의 무천(舞天) 그리고 고구려의 동맹(東盟), 백제의 교천(郊天), 신라와 고려의 팔관회(八關會) 등을 통해 남아 있다.

부여의 영고에 관한 기록은 삼국지의 '위지 동이전'에 전한다. 즉, 추수를 마친 12월 상달에 온 나라 백성들이 동네마다 모여서 하늘에 제사를 지내고, 회의를 하고, 의식 직전에 맞이굿을 벌였다. 축제하는 며칠 동안은 노래하고 춤추며 음주가무를 즐겼으며, 죄가 가벼운 죄수를 풀어주었다고 한다. 이러한 부여의 영고 전통은 일본에서 마쯔리 축제로 남아있으며, 지금도 일본에는 3대 마쯔리와 지역별로 무수한 마쯔리가 있다. 이러한 일본의 3대 마쯔리에는 도쿄의 칸다마쯔리(神田祭), 교토의 기온마쯔리(祇園祭), 오사카의 텐진마쯔리(天神祭)가 있다.

일본인들의 마쯔리를 보면 부여의 영고와 같이 북을 치고, 피리를 불고, 춤을 추면서 신을 태운 가마를 어깨에 메고, 또 그 가마에 커다란 밧줄을 메어 끌고 가면서 행진을 한다. 일본인이 마쯔리를 하는 데 주신에는 천황이 있고, 보조 신에는 산신, 해신, 농경신, 군신, 풍신, 목신, 영웅신, 국가신 등 800만의 신이 있으며, 이 신들을 축제화한 것이 마쯔리라고 할 수 있다.

신도(神道)는 일본 고유의 민족종교로 일본만의 순수한 전통이라고 말한다. 그러나 명백히 말하면 신도는 우르의 태양신 숭배와 수메르의 만신교 영향으로 생긴 범신교이다. 신도가 일본의 고유종교라고 하지만 실제로는 부여에서 백제를 거쳐 일본으로 건너간 우르의 고대종교이다. 또한 이러한 경향은 고대로부터 현재 일본에 이르기까지 그 본질에 있어서 변함없이 연속성을 가지고 이어져 내려왔다. 그리고 그것이 지금도 일본 정신의 토대를 구성하고 있다.

신도의 기원과 전개과정은 매우 다양한 원천을 가지고 있다. 예컨대 일본 신도의 형성은 한반도와 대륙의 샤머니즘 그리고 조상숭배 등과 밀접한 관계가 있으며, 결코 자연발생적인 것이 아니고 오히려 전래되어지고 선택된 것이다. 즉, 신도는 야마토시대에 한반도에서 옮겨간 우르의 태양신 숭배사상을 의식적으로 선택하고 거기에 아마쓰가미(天神)사상을 결부시켜 만들어낸 것이다. 특히 하늘신인 아누를 섬기는 천신제는 조상신 숭배와 일본 신도에 직접 영향을 주고 있다.

우리 한민족은 천·지·인 삼신사상을 바탕으로 한 인본사상에서 조상신 숭배사상이 생겼으며, 그것을 제례의식으로 구현한 것이 조상제사 행위이다. 우리가 행하는 제사행위는 자연의 삼라만상과 변화에 대해 경이로운 마음을 갖고, 그로 인해 천재지변을 겪을 때는 초월자나 절대자에게 의존하여 삶의 안식과 안락을 기원하는 행위로 진행된다. 또한 천지만물의 생성화육(生成化育)에 대해서 깊은 외경심과 신비감을 갖고, 생명에 대해 감사를 표하며, 안녕과 복을 비는 의식에서 생겨났다. 특히 제례를 통해 인간의 사후 영혼 존재를 믿고, 조상의 영혼에 대한 존경심과 숭배심이 합치되어 조상을 추모하며, 자손의 번영과 친족 간의 화목을 도모하는 행사로 이루어진다.

이러한 유래를 지닌 제사는 문화가 발달되어 감에 따라 일정한 격식을 갖추고 사회적 제도로 정착하게 되었다. 그리고 조상숭배사상이 보편화되면서 가정의 제례도 규범을 갖추게 되었다.

(2) 태양신과 무속신앙

태양신사상은 우르족의 전통적인 신앙에서 나온 것이다. 삼국지 위지

'동이전'을 참조하면 다음과 같다.

"귀신을 믿기에 국가에서 각기 한 사람을 뽑아 천신에 대한 제사를 주관하게 했는데, 이 사람을 천군이라 한다. 또 이들 모든 나라에는 각기 별읍이 있어 이를 소도(蘇塗)라 한다. 긴 장대에 방울과 북을 달아놓고 귀신을 섬긴다. 모든 도망자가 이곳에 이르면 돌려보내지 않아 도둑질하기 일쑤였다. 소도를 세우는 뜻은 부도와 같은 뜻이 있으나 '그 하는 일에 선악의 차이가 있을 뿐이다'라고 했다. 즉, 소도는 제의가 행해지는 신성지역이며 별읍이 바로 성역이 된다. 한편 소도는 솟대로 태양신을 숭배하는 우르족의 신앙에서 장닭이 오르는 횃대를 상징한 것으로 일본의 도리와 같다. 이러한 태양신 숭배사상은 신단수를 중심으로 한 고목신앙(웅상나무)이 소도를 거쳐 성황당의 무속신앙화한 것이다."

현대에 와서 우리는 무속신앙이 단순히 동북아시아 일대에 퍼져 있는 단순한 종교현상으로 보고 있다. 그러나 무속신앙은 우르의 태양신 숭배에서 기원했으며, 신단수와 신관의 제사 행위에서 유래된 것이다. 즉, 무속신앙은 태양신 숭배를 중심으로 한 신적인 제사가 굿의 형태로 남아 있는 것이다. 다시 말해서 굿은 사제인 무당과 그에 의하여 집전되는 제례의식 그리고 그 제의를 요청하는 사람들로 이루어지는 것이다. 이러한 무속행위는 특히 사제와 굿의 참여자들이 신 내림에 대한 경험을 특징으로 하고 있다. 이러한 경험은 초월적인 존재나 합일을 그 내용으로 하고 있다.

무속신앙이 자리 잡은 역사적인 기원은 분명하지 않지만, 그 근원은 우르의 태양신 숭배에서 나온 것이며, 지금까지 우리민족의 고유한 신앙으로 남아 현대에 이른 것이다. 따라서 무속신앙은 우리 한민족의 본질적인 종교경험으로 우리의 종교관을 결정하는 가장 중요한 정신적 가치를 가지고 있다. 또한 무속신앙은 우리의 역사 과정에서 각 왕조의 종교 정책에 의해서 영향을 받아 왔을 뿐만 아니라 유교와 도교 등에 의해서도 영향을 주고 받아왔다.

고대에는 태양신 및 자연신 숭배행위는 국가적인 차원에서 행해진 종교적인 행위였으나, 삼국시대 이후 불교를 국교로 하면서 태양과 천신 제사를 주재하던 무녀와 신관들의 설 자리가 없어졌다. 그래서 태양·천신 제사를 주재하던 샤먼(무당)들이 민간화하여 무속신앙으로 전환된 것이다.

우리의 무속신앙은 굿이라는 종교적인 행위로 나타난다. 굿은 기능적으로 분류하고 있으나, 그렇게 나누어진 굿은 지역에 따라 명칭이 다르게 표현된다. 이러한 굿을 목적에 따라 분류하면 대체로 재앙을 물리치고 복을 부르는 굿과 사령굿 그리고 무당을 위한 신 내림굿으로 나눌 수 있다. 이러한 굿은 다시 시간별로 분류하면 정기적인 것, 수시적인 것들로 나눌 수 있다. 특히 무속의 무(巫)라는 글자에서 공(工)은 하늘과 땅을 연결한다는 뜻이며, 그 양편에 있는 인(人)은 춤추는 사람을 표시한 것이다. 곧 가무로써 하늘과 땅, 신과 인간이 하나로 연결되게 한다는 신인합일(神人合一)의 의미를 담고 있다. 이러한 무속의 대표적 의식인 굿은 마을이나 집안의 안녕과 번영을 비는 기복제와 병을 치료하기 위한 구병제, 죽은 사람의 넋을 기리는 사령제로 나누어 볼 수 있다.

굿은 제의의 목적에 따라 그 명칭이 정해지는 것이 일반적이다.

이러한 굿을 구분해 보면 다음과 같다.

① 천신굿 : 천지제신을 모시고 발복을 염원
② 안택굿 : 우환을 소멸하고 가택의 안전을 기원
③ 성주굿 : 주택의 신축이나 개축 후에 안녕을 기원
④ 재수굿 : 사업의 번창이나 재물 번성을 위한 굿

⑤ 삼신굿 : 자식을 얻기 위한 굿

⑥ 병굿 : 병의 치료를 기원하는 굿

⑦ 조상굿 : 죽은 이의 천도를 위한 굿

⑧ 여탐굿 : 혼례 등 대사를 앞두고 안녕을 기원하는 굿

이외에 공동체를 위한 굿으로는 강원도의 별신굿과 서울의 임장군굿, 경기 도당굿, 국사당 단오굿, 어업을 생업으로 하는 해안 지방의 용신굿, 배굿 등과 각 마을의 당굿, 대동굿 등이 있다. 이 굿들은 마을의 안녕과 무사안녕을 빌기 위한 제의로써 기일이 되면 온 동네 사람들이 합심하여 제관을 뽑고 굿을 준비하는 것이 특징이다. 이러한 일련의 과정을 통해 주민들이 대동단결하는 계기가 되기도 했다.

이밖에도 강신무가 신을 받아 모시는 제의인 내림굿(허주굿, 가릿굿, 솟을굿)과 무당의 신들을 위해 바치는 진적굿 등 무당들만을 위한 특수한 형태의 굿도 있다.

(3) 빛(햇)살무늬 토기

우르 배달국과 관련된 유물에는 빗살무늬 토기가 있다. 이것을 즐문토기라고도 한다. 그리고 토기의 겉면에 무늬를 새기고 있기 때문에 유문토기라고 하며, 무늬 모양에 따라 '어골문 토기' 또는 '기하학문 토기'라고도 부른다. 그러나 원래 이러한 토기의 문양은 태양의 햇살을 표현하여 만든 것이므로 빛살무늬 토기라고 해야 맞다. 왜냐하면 신시 배달국은 태양신을 신봉하는 우르족의 나라로, 토기에 태양빛을 표현했을 가능성이 크기 때문이다. 다시 말해서 빗살무늬 토기가 아니고 빛살무늬 토기로 제작한 것을 우리는 상고시대에 대한 지식 부족과 판단력 부족으로 조상들이 의도한 문양도 제대로 파악 못하는 어리석음을 범하고 있는 것이다.

빛살무늬 토기의 일반적인 형태는
첨저형과 평저형의 두 종류가 있다.
첫째, 첨저형 토기는 바닥면이 뾰
족한 형태이며 점토를 빚어서 만들
때 운모나 활석 또는 석면을 섞었
다. 제작하는 방법은 반죽한 점토를
고리모양의 테로 만들어 쌓거나, 길
고 납작한 띠를 아래로부터 감아 올
려 만들거나, 점토 덩어리를 손으로

〈그림 45〉 빛살무늬 토기

빚어 토기를 만드는 3가지 방법이 있다. 또한 토기 겉면은 무늬새기개로
긋거나 눌러서 무늬를 새겼으며, 평행으로 3등분해서 위로부터 구연부·
기복부·저부로 나누어 각 부분에는 각각 다른 무늬를 장식하였다.

둘째, 평저형 토기는 바닥이 평편한 형상으로 점토에 돌을 잘게 부숴 섞
어 만든 것이 많으며 조개가루를 섞은 것도 있다. 토기의 색은 갈색이나
흑갈색 계통이 대부분이고, 겉면은 반들반들하게 갈아서 광택이 나는 것
도 있다. 무늬는 새기개로 긋거나 눌러서 생긴 선과 점을 배합해 토기 겉
면을 장식하고, 겉면의 상반부에는 무늬를 장식하였다. 겉면에 사용된
무늬는 첨저형 토기에서 보이는 일반적인 무늬 외에 번개무늬와 같이 특
징적인 무늬가 새겨져 있는 것도 있다.

토기는 크기에 따라 각각 다른 용도로 쓰였다. 현재의 독과 같은 대형은
저장용으로 사용되고, 중형은 취사용으로 그리고 소형은 식기로 사용되
었다.

우리나라에서 출토된 빛살무늬 토기는 한반도 전역에서 발견되지 않고
주로 해안가나 강가 그리고 도서 지방에서 발견된다. 그중에 첨저형 빛

살무늬 토기는 서해안 및 남해안 지역에 분포되고, 평저형 빗살무늬 토기는 주로 동해안 지역에서 발견된다. 일반적으로 빗살무늬 토기는 해안 지역의 패총 유적에서 많이 발견되고, 강변의 경우는 주거 유적지에서 출토된다.

이렇게 한반도에 번성했던 빗살무늬 토기는 BC 1세기 전후에 전개된 청동기시대의 무문 토기에 흡수 또는 동화되어 버렸다. 그러나 일부 지역에서는 빗살무늬 토기 문화의 전통이 이어지다가 점차 쇠퇴해버렸다.

2) 키시·고조선의 엔키 신앙과 갑골 재해석

(1) 고조선과 갑골

고조선은 엔키, 즉 농경 신(물과 땅)을 숭배하는 국가이다. 그래서 고조선은 상나라와 같이 갑골이 성행했다. 갑골점이란 말 그대로 물(水)의 신 용왕에게는 거북의 배딱지를 통해서 신탁을 얻어내고, 땅(地)의 신 지신에게는 소뼈를 통해 답을 얻어내는 점복 행위에서 기인한다. 특히 갑골은 거북의 배딱지와 소의 어깨뼈에 문자를 새기거나 하여 주술적 효과를 극대화했다. 이때 새겨진 문자는 한자의 원형이 되며 주로 상나라 후기의 문자가 된다. 이것을 점 글에 쓰인 귀갑문자 또는 은허문자라고도 한다.

상나라의 실체는 20세기 초에 갑골문자에 대한 해독이 이루어지면서 본격적으로 밝혀졌다. 상나라는 갑골을 사용하여 점을 친 후 그 위에 점복과 관련된 사항을 기재하였다. 대체로 윗부분에 점괘를 쓰고 아랫부분에는 점괘의 내용을 썼다. 그러나 고조선은 문자를 활용하지 않고 갑골을 불로 지져서 갈라지는 균열 모양으로 길흉화복을 점쳤으며, 문자화한 것은 발견된 바 없다.

(2) 상나라와 갑골

상나라 갑골의 발견은 AD 1899년 베이징에서 왕의영이란 청나라 관료의 집에 기숙하던 학자 유철운이 용골이라는 학질 한방약으로 입수한 동물의 뼈를 보고 알아낸 것이다. 그 뼈에는 옛 문자가 새겨져 있었는데, 고대 문자에 밝았던 그는 갑골에 써진 문자가 이전에 알려져 있는 것보다 훨씬 오래전 시대의 문자라는 것을 알 수 있었다. 그즈음 갑골을 취급하는 고물상들은 그 출토 장소를 비밀로 하여 하남성 탕음현 부근에서 나왔다고 속였지만, 곧 하남성 안양현이 진짜 출토지라는 사실이 드러났다. 이후 갑골 수집에 나선 나진옥은 거북껍질과 소뼈 위에 새겨진 갑골문자 중에서 많은 상나라 왕들의 이름을 발견하였다. 아울러 갑골이 확실히 상나라에서 왕의 명을 받아 점을 쳤을 때 사용되었으며, 점괘의 글귀를 그 표면에 새겼던 것임을 밝혀냈다.

갑골점은 거북의 배딱지 혹은 소의 어깨뼈 이면에 일정한 홈을 만들고, 이 부분을 달구어진 나무나 금속으로 태우면 반대 표면에 금이 생겨난

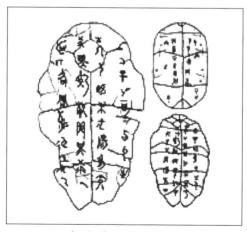

〈그림 46〉 갑골문자와 갑골

다. 당시 사람들은 이 동물의 뼈 위에 생긴 금의 모양이 절대적인 하늘의 뜻을 표현한 것이라고 생각해 신의 뜻을 묻기 위해 빈번히 점을 쳤던 것이다. 오늘날의 '복(卜)'이란 글자는 그 금간 모양의 상형문자이고, 복이란 글자는 균열이 생길 때 나는 소리에서 유래한 것이다. 그리고 점을 친 후 금이 간 곳 주변에 점을 친 날짜와 행한 사람의 이름 그리고 점친 내용과 그 결과 등을 새겨 넣었다. 갑골문을 통하여 상나라시대의 제사·역법·종교·농업·외교·정치·전쟁 등에 대해서 많은 것이 밝혀졌다.

하남성 안양시 소둔촌 은허 유적에서 최초로 갑골문이 발굴된 이래 지금까지 발견된 것은 십여 만 편이며, 문자도 4,600자 내외에 이른다.

그러나 고조선의 강역인 요하 지역에서 발견되는 갑골은 문자가 기록되지 않은 것으로 고조선도 상나라와 같은 엔키 신앙체계를 가지고 갑골점을 쳤지만, 문자는 사용하지 않았다.

(3) 가야의 구지가와 갑골 * 다음 / 백과 / 한국민족문화 / 편집

가야의 구지가(龜旨歌)를 살펴보면 다음과 같다.

龜何龜何	거북아 거북아
首其現也	머리를 내어라.
若不現也	내어놓지 않으면
燔灼而喫也	구워서 먹으리.

구지가는 작자와 연대 미상의 고대가요로 영신군가(迎神君歌) 또는 구지봉영신가(龜旨峰迎神歌)라고도 부른다. 원래의 가사는 전하지 않으나, '삼국유사'의 가락국기에 관련 설화와 4구체의 한문으로 번역된 것이 전해진다.

이 곡은 가락국의 수로왕을 맞이하기 위해 구지봉의 흙을 파서 모으고 춤추는 과정에서 불렀으며, 이러한 점에서 제의적이고 집단적인 주술 행위의 성격을 띤 가요이다. 이 곡의 핵심은 '거북'을 통한 신탁으로 새로운 왕조의 탄생이 하늘의 뜻이라는 의미를 갖고 있다.

여기서 구지가의 본뜻은 '거북이 알려준다'는 의미이다. 즉, 거북이가 미래에 대한 것을 알려준다는 것은 갑골점이라는 내용과 같다. 또한 갑골점은 키시의 엔키신앙에서 나온 행위이다. 다시 말해서 구지가의 내용으로 보면 가야는 키시의 국가이며, 갑골점으로 국가의 대사를 결정하거나 그들의 지도자를 정했다는 것을 알려준다.

(4) 갑골문자와 한자 * 참조 / 다음 / 블로그 / 편집

갑골문을 통해 상나라시대에 이미 상형·회의·형성·가차의 4가지 방법으로 글자를 만들었음을 알 수 있다. 한자는 상형이 가장 기본적인 글자 조성 방법이고, 이것을 응용하여 회의자, 형성자, 가차자가 만들어졌다. 그러나 가차는 일종의 글자 대치 방법이고, 엄밀히 말하면 새로운 글자 조성 방법은 아니다. 따라서 글자 조성 방법은 실제로 상형·회의·형성의 3가지라고 할 수 있다. 그중 형성이 가장 발달한 방법이다. 형성자를 통해 상형과 회의가 가지는 글자 조성 방법의 제한성을 극복하여 무수한 글자를 만들어 낼 수 있다. 그래서 오늘날 한자의 절대다수가 형성자이다.

갑골문의 서풍은 동작빈에 의해서 5단계로 구분된 바 있다. 대체로 고자(古字)로 아직 완전한 필획의 형태를 갖추지 않은 경우도 있지만, 순수한 그림 글씨보다는 상당히 진보된 단계이다.

(5) 고조선의 옥기문화

고조선이 옥기문화가 발달한 것은 그들의 신앙과 직접 관계가 있다.

즉, 고조선은 엔키를 숭배하기 때문에 물의 신으로 상징되는 색인 청색을 선호하였다. 그리고 특히 땅속에서 '물(水)신의 정령'이라고 생각되는 옥을 상당히 중요시했다. 그래서 이러한 신앙체계가 고조선과 밀접하게 연결되어 있는 홍산 문화에서 옥기가 다량으로 출토되는 요인이 된 것이다.

옥이 주목받는 또 하나의 이유는 고조선 영역에서 옥기를 부장한 무덤이 다수 발견되었기 때문이다. 옥기는 장신구와 제사의 도구로서 고조선의 전통적인 정신세계에서는 소중히 여겨지는 것으로 중요한 위치를 차지하고 있다. 이러한 옥기는 특히 분묘에서 많이 출토되고 있다. 이 당시 왕은 옥을 제작하는 기술을 독점함으로써 신에게 제사지내는 특권을 갖고 있으며, 땅과 물의 신 엔키를 통해 하늘과 땅을 아는 지배자로 우뚝 섰다. 이것은 제정일치시대의 단적인 모습이다. 이는 이미 당시의 부족국가 구성원들의 신분 분화가 이루어졌다는 것을 의미한다. 그리고 많은 묘지들도 항상 다량의 옥기를 매장하여 옥기가 고조선과 홍산문명에

〈그림 47〉 다양한 옥기

서 중요한 부장품이 되었다. 이와 같이 옥을 매장하는 풍습은 홍산문명의 특징 중의 하나가 된다.

옥기는 장신구와 제사용의 도구로서 한민족 고대문명 연구에 있어 중요한 위치를 차지한다. 특히 홍산문명에서 나타나는 대형 제단과 여신묘 그리고 적석총 등은 이미 4,000년 전의 요하 지역에서 비교적 완비된 체제로 형성하였다는 것을 단적으로 보여주는 것이다. 또한 옥은 신분과 지위의 상징이며 장식으로서의 예술적인 가치를 갖고 있다. 그래서 옥은 정치적인 의미가 있을 뿐만 아니라 그것을 같이 매장함으로써 영생을 기원하는 종교적인 의미도 갖고 있다. 그리고 옥만이 신과 교통할 수 있다는 홍산문명의 사상적 관념은 엔키신앙에서 나왔기 때문에 지금까지 우리민족의 정신적인 바탕으로 남아 있다. 이러한 사상적인 관념은 홍산문명의 옥기 제작 공예에서도 매우 잘 표현되고 있다.

이처럼 고조선 사람들은 정신문화 범주에 속하는 옥을 무덤에 배치하는 장례 풍속으로 물질문화를 배척하고, 정신문화를 중시하는 사유관념을 갖고 있었던 것이다.

(6) 용왕(엔키)과 별주부이야기 * 다음 / 백과 / 민족문화대백과 / 편집

"용왕이 병이 나자 도사가 나타나 육지에 있는 토끼의 간을 먹으면 낫는다고 한다. 용왕은 수궁의 대신을 모아놓고 육지에 나갈 사자를 고르는데 서로 다투기만 할 뿐 결정을 하지 못한다.

이때 별주부 자라가 나타나 자원하여 허락을 받는다. 토기화상을 가지고 육지에 이른 자라는 동물들의 모임에서 토끼를 만나 수궁에 가면 높은 벼슬을 준다고 유혹하면서 지상의 어려움을 말한다.

이에 속은 토끼는 자라를 따라 용궁에 이른다. 간을 내라는 용왕 앞에서 속은 것을 안 토끼는 꾀를 내어 간을 육지에 두고 왔다고 한다. 이에 용왕은 크게 토끼를 환대하면서 다시 육지에 가서 간을 가져오라고 한다. 자라와 함께 육지에 이른 토끼는 어떻게 간을 내놓고 다니느냐고 자라에게 욕을 하면서 숲 속으로 도망가 버린다. 어이없는 자라는 결국 빈손으로 수궁으로 돌아간다."

여기서 용왕은 키시족의 엔키이다. 또한 별주부로 표현된 것은 용왕의 전령사가 거북이라는 의미이다. 특히 토끼는 달의 신 난나의 형상(옥토끼)으로 키시족의 또 다른 상징이다.

이러한 별주부전에는 김춘추의 또 다른 일화가 전해진다. 삼국시대에 신라의 김춘추가 백제에 대한 원수를 갚기 위해 고구려에 청병을 하러 갔었다. 그러나 보장왕은 김춘추에게 마목령과 죽령을 돌려달라는 무리한 요구를 하였다. 그러자 김춘추는 신하가 국가의 토지를 마음대로 할 수 없다고 답하고 거절을 했다. 이 때문에 김춘추는 옥에 갇혀 목숨이 위태로운 지경에 이른다. 이때 선도해라는 고구려의 대신이 김춘추를 찾아와 해준 이야기가 바로 별주부전이다.

〈표 3〉 팔괘의 종류와 의미

명칭	표상	자연	특징	가족	방위
건(乾:)	≡	하늘(天)	건(健), 강건	아버지	서북
태(兌:)	≡	늪(澤)	열(悅), 환락	소녀	서
이(離:)	≡	불(火)	려(麗), 화려	중녀	남
진(震:)	≡≡	우레(雷)	동(動), 변화	장남	동
손(巽:)	≡	바람(風)	입(入), 방황	장녀	동남
감(坎:)	≡≡	물(水)	함(陷), 흐름	중남	북
간(艮:)	≡≡	산(山)	지(止), 웅장	소남	동북
곤(坤:)	≡≡	땅(地)	순(順), 유순	어머니	서남

3) 에리두·하나라와 엔릴의 팔괘 재해석

(1) 팔괘의 종류

팔괘란 천(乾)·택(兌)·화(離)·뢰(震)·풍(巽)·수(坎)·산(艮)·지(坤)의 8가지 괘(卦)를 말한다. 여기서 괘란 '걸어놓는다'는 뜻이며, 이는 천지만물의 여러 형상을 걸어놓아 사람들에게 보여준다는 의미이다. 이러한 괘의 구성은 음효(陰爻)인 '--'과 양효(陽爻)인 '-'를 3개씩 나열하여 이루어진다. 이와 같이 이루어진 8괘는 천지만물 삼라만상의 형상으로 자연의 신인 엔릴을 상징한다.

〈표 4〉 팔괘의 목차

01. 건(乾)	02. 곤(坤)	03. 둔(屯)	04. 몽(蒙)	05. 수(需)	06. 송(訟)
07. 사(師)	08. 비(比)	09. 소축(小畜)	10. 이(履)	11. 태(泰)	12. 부(否)
13. 동인(同人)	14. 대유(大有)	15. 겸(謙)	16. 예(豫)	17. 수(隨)	18. 고(蠱)
19. 임(臨)	20. 관(觀)	21. 서합(噬嗑)	22. 분(賁)	23. 박(剝)	24. 부(復)
25. 무망(无妄)	26. 대축(大畜)	27. 이(頤)	28. 대과(大過)	29. 습감(習坎)	30. 이(離)
31. 함(咸)	32. 항(恒)	33. 돈(豚)	34. 대장(大壯)	35. 진(晋)	36. 명이(明夷)
37. 가인(家人)	38. 규(睽)	39. 건(蹇)	40. 해(解)	41. 손(損)	42. 익(益)
43. 쾌(夬)	44. 구(姤)	45. 췌(萃)	46. 승(升)	47. 곤(困)	48. 정(井)
49. 혁(革)	50. 정(鼎)	51. 진(震)	52. 간(艮)	53. 점(漸)	54. 귀매(歸妹)
55. 풍(豊)	56. 여(旅)	57. 손(巽)	58. 태(兌)	59. 환(渙)	60. 절(節)
61. 중부(中孚)	62. 소과(小過)	63. 기제(旣濟)	64. 미제(未濟)		

사마천의 '사기'에 따르면 팔괘는 복희가 천문지리를 관찰하여 만들었다고 하며 후에 이 팔괘를 두 개씩 짝지어 중괘 형식으로 64괘를 만들었고, 이를 통해 인생의 길흉화복을 점치게 하였다고 한다.

(2) 주역의 원리

팔괘의 의미는 천지만물의 원리에서 왔기 때문에 인간세상의 삼라만상을 표현한다. 그리고 그 원리에 따라 길·흉·화·복을 점치고 일상사에서 일어나는 모든 일이 8괘의 운용에 따라 개개인의 운세와 연결된다고 본다. 다시 말하면 일상사를 통해서 겪는 길흉화복이 천지만물의 이치를 다루는 주역의 팔괘와 같다는 의미로, 주역의 원리로 우리의 미래를 점치는 것이다.

(3) 음양오행과 간지

음양오행과 간지는 같은 종교적인 관점에서 시작한 것이다. 즉, 음양오행과 간지는 삼라만상의 자연현상을 문자로 구현한 것이며, 이는 에리두의 엔릴신앙과 관계가 있다. 다시 말해서 자연현상의 원리를 찾아서 그것을 정적인 사물(수·금·화·목·토)과 동적인 사물(자·축·인·묘·진·사·오·미·신·유·술·해)에 적용하여 신탁을 얻으려는 행위이다.

이것은 고대부터 사람들이 그 당시의 여러 가지 생활 문화나 종교 또는 관념 등을 표현하기 위해 어떠한 의미를 띠고 있는 동물 상징을 많이 사용했다. 암각화나 동굴 벽화를 비롯하여 동물형 토우와 도기 그리고 고분벽화 등에는 수많은 종류의 동물들이 각기 다양한 모습으로 등장한다. 그런데 그곳에는 반드시 그 당시 사람들이 나타내고자 했던 의미와 관념이 숨어 있다. 이들 고대 유물과 유적에서 나타나는 많은 동물들은 현재의 관점으로는 그 의미를 파악할 수 없는 것들이 대부분이다. 이러한 동물의 상징을 올바로 이해하기 위해서는 당시의 문화와 사상적 배경을 알아야 할 것이다. 우리 조상들은 이러한 동물들에게 상징성과 암시성을 부여하였다. 예를 들자면 양은 순박하고 부드러운 관념에서 양띠도 온화하고 순하다고 보는 것이나, 잔나비띠는 원숭이처럼 재주가 많다느니 하는 식의 속설도 이와 같은 맥락에서 나온다. 쥐띠 해에 태어난 사람은 평생 먹고 살 걱정이 없다느니, 닭띠 해에 태어난 사람은 마치 닭이 무엇을 파헤쳐야 먹듯이 돈을 써야 돈을 번다느니, 소띠 해에 태어나면 그 사람도 평생 일복이 많다느니 하는 등의 속설이 있다.

㉮ 십이지의 역사와 의미

십이지의 기원은, 초기에는 고대 능묘에서 나타나다가 불교적 건축물로 이행하여 갔다. 그리고 시대적·일시적인 유행사조로 그친 것이 아니고 현대에 이르기까지 일종의 신앙의 대상이 되고 있다. 사신도와 십이지에 대한 사상은 역사 기록상으로 중국에서 시작했다는 것이 일반적인 견해다. 처음에는 십이지가 별의 모양에서 시작되고 표현되었다. 그리고 또 십이지에 시간적인 관념이 더해져서 12개월의 표시로서 쓰였으며, 방위적인 성격을 가해 십이지를 지상의 방위에 적용하였다. 그 후 이것을 기년(紀年)에 응용하기 시작했다. 중국에서 갑·을·병·정·무·기·경·신·임·계의 10간과 자·축·인·묘·진·사·오·미·신·유·술·해의 12지의 글자를 위아래로 맞추어 날짜의 명칭으로 사용한 것은 상나라 때부터이다. 그것은 갑골문에 나타난 기년표시로 알 수 있다.

그러나 십간과 십이지를 배합하여 60갑자가 합성된 것은 상당히 연대가 지난 뒤에 성립되었다. 이것을 가지고 연대로 표기한 것은 한나라 때인 BC 105년 병자년부터 시작되었다. 십이지가 다시 동물로 상징된 것은

AD 2세기경인 후한의 왕충에 의한 것이다. 그 후 오행가들이 십간과 십이지에다 오행을 붙이고 상생상극의 방법 등을 여러 가지로 복잡하게 배열하여 운명은 물론 세상사까지 점치는 법을 만들어 냈다. 그 후 긴 공백 기간을 거쳐 십이지가 다시 동물머리 인간상으로 변모하는 것은 당나라 중기로 신라의 십이지상의 발생 시기와 동일하다. 특히 신라시대에는 갑주를 입고 능묘의 바깥 수호신으로서 부조의 형태로 나타난다. 고려시대에 이르면 이것은 다시 동물의 탈을 벗고 인간의 모습으로 나타난다.

십이지는 시간과 방위를 나타내는 시간 신과 방위 신으로 나타나면서 불교의 불화에서 보이는 바와 같이 약사여래 권속으로서 십이지 신장으로 표현된다. 점술가들은 각각 시간과 방위에서 오는 나쁜 기운은 그 시간과 방위를 맡은 12지의 동물이 막고 물리친다고 믿었다.

이러한 십이지의 띠 동물 순서가 정해진 사연은 쥐가 십이지의 첫자리가 된 설화에서 엿볼 수 있다.

"옛날에 하늘의 대왕이 동물들에게 지위를 주고자 했다. 그래서 그 선발기준을 어떻게 할까 고민하다가 정월 초하루에 제일 먼저 천상의 문에 도달한 짐승으로부터 그 지위를 주겠다고 했다. 이 소식을 들은 각 짐승들은 기뻐하며 저마다 빨리 도착하기 위한 훈련을 했다. 그 중에서도 소가 가장 열심히 수련을 했는데, 각 동물들의 이런 행위를 지켜보던 쥐가 도저히 작고 미약한 자기로서는 먼저 도달함이 불가능하다고 생각하여, 그 중 제일 열심인 소 등에 붙어 있었다. 정월 초하루가 되어 동물들이 앞 다투어 달려왔는데, 소가 가장 부지런하여 제일 먼저 도착하였다. 그러나 도착한 바로 그 순간에 소에게 붙어 있던 쥐가 뛰어내리면서 가장 먼저 문을 통과하였다. 소는 분했지만, 두 번째가 될 수밖에 없었다."

㉯ 12지 동물에 대한 관념

① 쥐[자 ; 子] : 우리가 가지고 있는 쥐에 대한 관념은 다양하다. '영리하다', '재빠르다', '머리가 좋다'라는 일반적인 관념 외에 어떤 재앙이나 농사의 풍흉과 뱃길의 사고를 예견해 주는 영물로 인식하기도 했다.

그러나 이와 상반되게 농작물에 피해를 입히는 동물로 인식하고 있다. 또한 구차하고 하찮은 존재를 비유하는 의미로 쓰였다. 쥐는 때때로 고양이와는 대조적으로 약자를 대변해 주고 있는 듯하다. 약자는 영리하며 천성이 착하나 구차하게 가난하다.

② 소[축 ; 丑] : 농경 사회인 우리민족에게 소는 농사일을 돕는 일하는 짐승으로 부와 재산, 힘을 상징한다. 소를 위하는 세시풍속과 놀이에서도 소는 풍요를 가져다주는 동물, 농가의 가장 중요한 자산, 농사의 주역으로 풍부한 노동력과 힘을 의미한다. 이러한 소의 성격은 순박하고, 근면하고, 우직하고, 충직하다. '소같이 일한다'와 '드문드문 걸어도 황소걸음'이라는 말은 꾸준히 일하는 소의 근면성을 칭찬한 말로 근면함을 들어 인간에게 성실함을 일깨워 주는 속담이다.

소는 비록 느리지만 인내력과 성실성이 돋보이는 근면한 동물이다.

③ 범[인 ; 寅] : 단군신화의 범은 곰과 함께 사람이 되고자 원했으나, 조급하여 금기를 지키지 못해 실패했다. 고려 태조의 5대조 '호경이야기'에서 범은 영웅들의 보호자이자 양육자이며, 국조의 조력자이다. 범 숭배신앙은 산 숭배사상과 융합되어 범이 산신 또는 산신의 사자를 상징한다. 각 지역에서 신봉하는 산신을 모신 산신당의 산신도에는 범이 그려져 있다. 우리민족에게는 신수(神獸)로 인식되었다.

그런가 하면 영일 강사리 범굿에서는 범에게 물려 죽은 넋을 위로하고, 호환을 방지하기 위해 쇠머리를 뒷산에 묻는 의식을 치른다.

④ 토끼[묘 ; 卯] : 달 속의 옥토끼가 떡방아를 찧고 있는 형상을 하고

있다. 달의 이지러짐과 만월의 주기는 여성의 생리 현상과 동일하다. 달의 차가움이 음과의 관계 등으로 연상되어 토끼는 여성 원리에 속하는 동물이다. 일반적으로 토끼는 꾀보와 재빠름을 상징한다.

그런가 하면 '놀란 토끼 같다'라는 말에서 보듯이 토끼의 소심함과 경망함, 겁쟁이를 이르기도 한다. 또한 민간 설화에서 옥토끼는 달에 살면서 떡을 찧거나 불사약을 만들고 있는 것으로 전해진다. 그래서 토끼는 도교적으로 장생불사를 표상한다. 즉, 달의 정령으로 불로장생약을 찧고 있는 토끼와 이를 바라보고 있는 두꺼비의 모습을 달로 표현한다.

⑤ 용[진 ; 辰] : 용은 못이나 강, 바다와 같은 물속에 살며, 비나 바람을 일으키거나 몰고 다닌다고 여겨왔다. 용은 물과 불가분의 관계를 지닌다. 용은 물의 신이면서 우사의 성격도 지닌다.

신화 속의 수(水)신인 용과 혼인을 통해 국조·군주·시조 등 귀인의 어버이로 나타난다. 석탈해는 용성국 왕과 적녀국(積女國) 왕녀간의 소생이고, 고려 태조 왕건은 작제건과 용녀의 소생인 용건의 아들이다. 또한 용은 수신으로 호법신 또는 호국신의 역할을 한다. 즉, 천후(天候)를 다스림이 절대적으로 요청되는 농경 문화권에서 군왕과 용은 자연스럽게 결합된다. 그래서 군왕과 관련되는 사물이나 비범한 인물에게까지 용은 상징적으로 작용한다.

임금의 얼굴은 용안, 임금의 평상은 용상, 임금의 옷은 곤룡포, 임금의 즉위는 용비로 나타낸 것이 그것이다.

⑥ 뱀[사 ; 巳] : 몸의 형태는 가늘고 길며 비늘로 싸여 있다. 그리고 외양은 눈꺼풀이 없고 가까운 것을 잘 본다. 혀가 가늘고 두 가닥으로 갈라져 있으며, 미각은 없다. 또한 혀를 날름거리는 것은 냄새로써 먹이를 탐지하려는 것이다. 감각기관 귀는 퇴화되어 겉귀가 전혀 없으며 가운데 귀

도 1개의 **뼈**만 있어 들을 수 없다.

그러나 지면을 통한 진동에는 매우 민감하다. 후각이 발달하였다. 그리고 독니가 있어 곤충이나 척추동물을 먹는다. 피부는 비늘로 싸여 있지만, 이들 비늘은 1개씩 떨어지지 않는 연결된 피부로 되어 있다. 표피의 바깥층이 오래되면 눈의 부분까지 포함하여 표피 전부를 뒤집어 허물 갈이를 한다. 특징은 추울 때 동면하고 따뜻할 때 활동한다. 즉, 겨울 동안 땅 속에서 겨울잠을 자고 봄에 다시 살아난다.

그리고 난생으로 한 번에 100여 마리씩 부화한다. 수컷은 주머니 모양의 생식기가 2개 있다. 이러한 점에서 뱀은 풍요와 다산과 허물을 벗고 동면하는 행위에서 부활을 의미하기도 한다.

⑦ **말[오 ; 午]** : 말은 박력과 생동감으로 표현된다. 외모로 보아 말은 싱싱한 생동감, 뛰어난 순발력, 탄력 있는 근육, 미끈하고 탄탄한 체형, 기름진 모발, 각질의 말굽과 거친 숨소리를 가지고 있어 강인한 인상을 준다. 이러한 말은 고래로 원시 미술, 고분 미술, 토기, 토우, 벽화 등에 나타나고, 설화, 속담, 시가 등의 구비되는 이야기, 민속 신앙, 연희 등 민속 문화에 다양하게 전승되고 있다.

구비 설화나 문헌 설화에서 말은 신성한 동물, 하늘의 사신, 중요 인물의 탄생을 알리고 알아 볼 줄 아는 영물 또는 신모이며, 미래에 대한 예언자적인 구실을 한다. 금와왕, 박혁거세, 고주몽 등 국조가 태어날 때 미리 알려주는 것이라든지, 백제가 망할 때 말이 나타나 흉조를 예시해준다든지 모두 신이 한 존재로 등장하고 있다. 박혁거세신화와 천마도의 백마는 최고 지위의 조상신이 타는 말로 인식되었다.

⑧ **양[미 ; 未]** : 양에 대한 이미지는 순하고 어질고 착하며 참을성 있는 동물, 무릎을 꿇고 젖을 먹는 은혜를 아는 동물로 인식된다. 양 하면 곧

평화를 연상하듯 성격이 순박하고 온화하여 좀처럼 싸우는 일이 없다. 양은 무리를 지어 군집 생활을 하면서도 동료 간의 우위 다툼이나 암컷을 독차지하려는 욕심도 갖지 않는다. 또한 반드시 가던 길로 되돌아오는 고지식한 습성도 있다. 성격이 부드러워서 좀처럼 싸우는 일이 없으나 일단 성이 나면 참지 못하는 다혈질이기도 하다.

양치는 것이 토착화되지 못한 우리나라에서는 양과 관련된 이야기는 별로 없다. 그중에 한 예로, 이성계가 초야에 묻혀 지내던 시절에 양꿈을 꾸었는데 꿈속에서 양을 잡으려 하자 뿔과 꼬리가 몽땅 떨어져 놀라 꿈을 깨었다. 이 꿈 이야기를 무학대사를 찾아가 이야기를 했더니 대사는 곧 임금에 등극하리라는 해몽을 했다. 즉, 한자의 '羊'에서 양의 뿔에 해당하는 '八' 획과 양의 꼬리에 해당하는 'I'획을 떼고 나면 '王'자만 남게 되어 곧 임금이 되는 것이다. 그 이후 이성계가 조선을 건국하매 양꿈은 길몽으로 해석되었다.

⑨ **잔나비[신 ; 申]** : 원숭이는 동물 가운데 가장 영리하고 재주 있는 동물로 꼽히지만, 너무 사람을 많이 닮은 모습, 간사스런 흉내 등으로 오히려 '재수 없는 동물'로 기피한다. 띠를 말할 때 '원숭이띠'라고 말하기보다는 '잔나비띠'라고 표현하는 것도 이 같은 맥락에서다. 원숭이는 인간과 가장 많이 닮은 영장 동물로 갖가지 만능의 재주꾼이기도 하지만, 부모 자식 간의 극진한 사랑이나 부부지간의 애정은 사람을 뺨칠 정도로 섬세한 동물이라고 한다.

또한 백자 항아리에서는 원숭이가 부귀 다산을 의미하는 탐스런 포도 알을 따먹거나 포도 가지 사이로 다니는 모습을 재미있게 그리고 있다. 여기서 부귀 다산의 의미를 지닌 포도 알을 따먹은 원숭이는 바로 부귀 다산의 상징이요, 그 기원을 나타내고 있다.

	명칭	의미	운세	직업	비고
자 子	쥐	풍요, 희망, 예지력	知	언론인, 변호사, 교수	言
축 丑	소	인내심, 유순	仁	기업가, 사업가, 연구원	忍
인 寅	범	통솔력, 지도자	勇	군인, 장군, 무관	武
묘 卯	토	약은꾀, 소심함	學	학자, 교사, 교수	敎
진 辰	용	정직함, 신뢰심	權	고급관료, 지도자	官
사 巳	뱀	풍요, 다산, 부활	復	의사, 약사, 한의사	豊
오 午	말	박력, 생동감	活	운동선수, 외교관, 항공항해원	運
미 未	양	부드러움, 희생	善	성직자, 사회사업가	聖
신 申	잔나비	잔재주, 임기응변	藝	과학자, 예술가, 연예인	機
유 酉	닭	벼슬, 학문 성취	文	문필가, 작가, 문관, 공직자	書
술 戌	개	충성심, 친밀	忠	경찰, 검사, 탐험가	安
해 亥	돼지	탐욕, 재물	財	금융가, 부동산	慾

⑩ **닭[유 ; 酉]** : 고대 신앙체계를 보면 태양신의 전령사로 우리 풍속에서는 닭이 상서롭고 신통력을 지닌 새로 여겨왔다. 새벽을 알리는 우렁찬 닭의 울음소리, 그것은 한 시대의 시작을 상징하는 서곡으로 받아들여졌다.

닭은 흔히 다섯 가지 덕을 지녔다고 칭송된다. 즉, 닭의 벼슬은 문(文)을, 발톱은 무(武)를 나타내며, 적을 앞에 두고 용감히 싸우는 것은 용(勇)이며, 먹이를 보고 꼭꼭거려 무리를 부르는 것은 인(仁), 때를 맞추어 울어서 새벽을 알림은 신(信)이라 했다. 닭은 동이 틀 때 횃대에 올라가 새날이 옴을 예고하고, 밤이 끝났음을 알린다. 사람들은 닭 울음소리와 함께 새벽이 오고 어둠이 끝나며, 밤을 지배하던 마귀나 유령도 물러간다고 생각하였다. 닭 울음소리는 빛의 전령으로 태양을 부르고, 사람을 기동하게 하는 것으로 밤중에 횡행하던 도깨비 같은 귀신들은 그 소리만 들으면 자취를 감춘다. 닭은 새벽을 고하고 새벽은 빛으로써 악령을 쫓는다고 생각했다. 그래서 닭은 인간에게 질병과 재앙을 주는 귀신들을 능히 압제하는 능력이 있는 상서로운 동물로 숭상하게 되었다.

⑪ **개[술 ; 戌]** : 개는 인간의 역사와 함께 늘 인간의 주위에서 존재해 왔다. 때로는 구박과 멸시와 버림을 받고, 자신의 몸을 희생하기도 한다. 인간이 개를 버려도 개는 사람을 배신하지 않는다. 인간의 주위를 맴돌면서 더러는 사랑도 받으며 살아왔다. 개는 인간과 함께 오랜 생활을 해 오는 동안 인간과 거의 동일시하여 왔다. 그래서 "개도 사흘만 기르면 주인을 알아본다."라는 속담이나, 자기 자식을 가리켜 "우리 강아지!"라고 부르는 애칭이 생겨났는지도 모른다.

아주 오랜 시기를 같이 살아온 개는 동·서양을 막론하고 인간에게 헌신하는 충복의 상징이다. 특히 설화에 나타나는 의로운 개들은 충성과 의리를 갖춘, 우호적이고 희생적인 행동을 한다. 그런가 하면 서당 개, 맹견, 못된 개, 똥개는 비천함의 상징으로 우리 속담이나 욕설에 많이 나타난다. 그리고 무속 신화와 저승 설화에서는 죽었다가 다시 환생하는, 저승에서 이승으로 오는 길을 안내해 주는 동물은 하얀 강아지이다. 개는 이승과 저승을 연결하는 매개의 기능을 수행하는 동물로 인식되었다.

⑫ **돼지[해 ; 亥]** : 예로부터 집집마다 돼지를 길렀고 어쩌다 돼지꿈을 꾸면 재수 좋은 꿈을 꾸었다고 기뻐했다. 장사하는 사람들은 돼지가 새끼들을 품에 안고 젖을 빨리는 사진을 걸어 놓고 일이 잘되기를 빌기도

했다. 상점에는 새해 첫 돼지날에 문을 열면 한 해 동안 장사가 잘된다는 속신도 있다. 또한 죽어서도 돼지 혈에 묘를 쓰면 부자가 된다고 믿어왔다. 이처럼 예로부터 돼지를 부(富)와 복(福)의 상징으로, 돼지꿈을 재물운과 행운의 상징으로 여겨왔다.

많은 사람들이 돼지해를 맞으면서 무언가 행운과 재운이 따를 것으로 믿는 것도 이 때문이다. 석기시대 조개더미, 토우, 토기 등 고고 출토 유물에서 돼지의 조상격인 멧돼지 뼈와 이빨이 다수 출토되고 있는 것으로 보아 가축으로 길들여지기 이전에 야생의 멧돼지가 한반도 전역에 자생하고 있었던 것으로 보인다.

3. 고삼국의 특징

1) 한민족 성씨의 성립

한민족의 성씨 성립은 칸연맹 3국과 직접적으로 관련이 있다.

우선 배달국(우르)은 신국(神國)으로 그 수장은 신(申)씨 천왕계이다. 신이라는 글자가 태양(日) 앞에 우뚝 선 사람(l)의 의미가 있으며, 태양신 신관의 우두머리라는 뜻이다. 그리고 신단수가 기준이 되므로 나무 목(木)자가 들어가는 성씨인 朴, 李, 宋, 朱, 扶, 楊, 林씨 등은 전형적인 우르족의 성씨이다.

고조선은 키시계로 기자를 시조로 하는 箕씨, 韓씨 등이 해당된다. 또한 金씨의 경우는 그 어원이 키임(키-이다)에서 나온 성씨로 정통 키시족이다. 여기서 '임'은 '-이다'의 함축어로 지금도 이북에서 '-임메(-이다)'라

연맹명	성씨	종교적 특징	비고
우르	朴, 李, 宋, 林, 曹, 楊, 朱, 扶餘, 申, 延	점성술, 무속신앙 – 당굿, 천신교, 신도(神道)	나무(木) – 신단수, 관개수로, 목구조
키시	金, 箕, 韓, 徐, 劉, 玉, 文	갑골, 관상, 성명학 – 유(儒)교	금속(金) – 청동기옥(玉), 벽돌연와조
에리두	高, 昔, 崔, 洪, 趙, 呂, 安, 黃, 姜, 王, 全, 大, 鄭, 白, 張, 吳, 尹	주역, 풍수지리, 십이간지 – 도(道)교	토(土) – 축성(築城), 피라미드, 적석총

는 표현으로 남아 있다. 특히 고조선의 수장은 한(韓)씨 왕검이며, 한이
라는 한자는 '카라'에서 나왔다. 여기서 한이라는 글자를 분석하면 관(吾)
을 쓰고 말(午)이 끄는 태양마차(車)를 탄 사람의 의미가 있다.

그리고 에리두의 성씨는 고구려의 성씨인 장군족 高씨(갑옷을 입은 장군
의 형상)와 흙 土가 들어간 성씨인 洪, 昔, 崔, 曹, 黃씨 그리고 姜, 尹, 鄭
등이다. 그 이유는 에리두가 군권을 맡은 운사 출신으로 崔씨와 같이 산에
성을 쌓거나 洪씨가 나타내는 하천에 둑을 쌓는 것을 전담했기 때문이다.

하나라의 시조인 우왕이 황하의 치수를 담당했다는 것과 하나라가 에리
두의 나라라는 점을 살펴보면 우왕이 에리두 출신으로 치수에 필요한 제
방 축조술에 능했다는 것을 알 수 있다. 그리고 같은 에리두의 진나라가
만리장성을 축성한 것도 같은 맥락이다.

또한 한반도 내에 정착한 마한연맹체(진국)는 동이족의 후예로 그 수장
은 최(崔)씨이며 에리두계열이다. 특히 최씨라는 한자를 분해해 보면 山,
亻, 圭(土土)로 산에 흙(성)을 쌓는 사람이라는 의미가 된다. 여기서 산은
마한(뫼칸)연맹이며, 최씨족은 초기 마한의 지배자이다. 이것이 대륙삼한
시대의 마한이다. 이 삼한연맹체 중에 하나인 번한(고조선)연맹은 인접해

있는 연나라에서 귀순한 위만의 정변에 의해 나라를 빼앗겼다. 그래서 당시의 고조선의 준왕과 그의 신하인 관료들은 발해와 서해를 통해 한반도로 이주하게 된다. 이때 그 이주 경로를 보면 준왕의 경우는 서해안을 따라 내려와 군산(어래산)을 경유하여 금강을 따라 올라가 청주(淸州)에 정착하였으며, 이들이 청주 한(韓)씨의 원조가 된다.

또한 그 당시 관료(행정 관료)와 쇠를 다루는 야철장들은 강화도를 거쳐 한강으로 들어온다. 금속과 쇠를 다루던 야철장인 김(金)씨족의 김을 분해하면 옥(玉)을 쪼아(`.`)내는 사람(人)의 뜻이 되며, 이것은 우리민족의 고대 문화에서 가장 중요한 옥을 다루는 계급이라는 의미가 된다. 이들이 처음 한강에 도착한 곳은 김포(金浦 ; 김씨의 포구)나루이며 이후 남하를 시작하여 금산을 거쳐 김제(金堤 ; 김씨 제방)까지 가서 되돌아와 금릉(金陵 ; 김씨 언덕)과 김천(金泉 ; 김씨샘)을 거쳐 바다에 이르렀는데, 그곳이 김해(金海 ; 김씨의 바다)이다. 그리고 그곳에 고조선의 후예인 변한(가락국)연맹체를 구성했으며, 나중에 가야연맹체로 변화가 되고 김수로가 왕으로 추대된다. 여기서 김해김씨가 시작한 것으로 되어 있다. 그러나 실제로는 김씨의 근원은 대륙삼한의 단군시대 고조선의 소호 금천이 시조가 되는 것이 맞다. 그리고 굳이 김씨의 본관을 정한다면 조양(아사달) 김씨가 되어야 한다. 특히 김수로의 설화와 '구지가(龜旨歌)'가 보여주는 의미는 거북이가 미래를 지시한다는 의미로 가야가 같은 키시족의 고조선과 같이 갑골에 의해 점을 쳤다는 것이다. 이러한 점에서 보면 가야연맹체는 고조선의 정통 후계가 된다는 의미도 된다. 그리고 실제로 김해에서 발견된 골각(소뼈)에는 갑골점을 친 흔적인 불로 지진 자욱이 나타난다. 즉, 이것을 통해 상나라와 고조선과 가야는 동일 계통의 키시족이라는 것을 알 수 있다.

이렇듯 우리 한민족의 성씨는 단순히 만들어진 것이 아니고, 그 각각이 고대사회의 계급과 직업, 종족 등에 의해 형성된 것이다.

2) 고삼국과 색체

칸연맹을 구성한 3국은 각각의 고유 색체를 가지고 있었다. 그것은 그들의 종교와 밀접한 관계를 가진 삼원색으로 붉은색·푸른색·노란색이다. 즉, 우르는 태양신(우루) 숭배에서 태양의 붉은색을 선호하고, 키시는 땅·물의 신(엔키) 숭배에서 기인한 물의 색인 청색 그리고 에리두는 바람과 자연신(엔릴)의 상징으로 황색(또는 검은색)을 그들 종족의 전통색으로 삼았다. 그리고 이것은 현재에도 계승되어 우르가 부여와 백제를 통해 일본으로 가서 태양신 숭배의 붉은색을 국기로 형상화하였으며, 초기 에리두는 중국으로 진출하여 황하와 황금색을 좋아하는 민족으로 상징화되었다. 그리고 같은 맥락에서 고리족인 고구려는 삼라만상의 모든 색을 합치면 검은색이 되는 것과 같이 검은색을 상징 색으로 삼았다.

키시는 청색으로 푸른색의 옥을 선호하였다. 그리고 금나라와 후금이 청색을 국가 색으로 선택하였으며, 특히 후금이 청나라라는 국명을 선택한 것도 이와 무관하지 않다. 더불어 고조선의 후예인 한씨가 정착한 곳이 청주인 것과 키시가 청색을 국가 색으로 정한 것도 이와 같다. 여기서 청(淸)은 물(氵)에 푸른 청(靑)이 합친 글자이다. 특히 고구려가 에리두 중심의 국가나 우르와 키시를 합쳐서 국가가 성립되었으므로 국가의 상징을 삼족오로 한 것도 다 이런 이유에서 나온 것이다. 우선 삼족오라는 것은 3개의 다리가 상징하는 3개 부족의 결합이라는 의미이며, 새의 색이 검은 것은 3부족의 색이 빨강·노랑·파랑의 삼원색이므로 색을 모두 합치면 검은

색이 된다. 그리고 새는 태양신의 전
령사인 장닭(봉황)으로 검은색의 '삼
족오'가 되는 것이다.

이와 같이 우리 한민족은 3족이 모
두 결합된 국가이므로 3색을 모두
취해야 할 필요가 있으며, 특히 태극
기의 색이 빨강, 파랑의 태극과 검은
색의 4괘인데, 이는 수메르의 3족에
대한 반영이다.

〈그림 48〉 삼족오

더불어 신라 금관의 경우 정면의 출자는 신단수를 형상화한 것으로 우
르 박(朴)씨의 상징이고, 주렁주렁 매달린 푸른 옥과 용의 머리인 사슴뿔
은 키시 김(金)씨의 상징이며, 금관의 황금색은 에리두 석(昔)씨의 상징으
로 신라 성골 삼성(박·석·김)을 형상화한 것이다.

3) 고삼국의 상징물

(1) 우르와 봉황(주작)

고삼국 초기에는 붉은색 장닭이 우르의 태양신 전령사로 형상화된 것이
주작이며, 이것이 후세로 가면서 황금색의 더욱 세련된 문양으로 바뀌면
서 봉황이 된 것이다. 특히 우르는 태양신을 신봉하기 때문에 장닭을 신
앙의 상징물로 만들고 주작을 거쳐 나중에 봉황으로 형상화시킨 것도 이
들이다. 이러한 봉황은 고대사회에서 상상의 동물로 용과 함께 신성시
해 왔다. 그리고 봉황의 수컷을 봉(鳳)이라 하고 암컷을 황(凰)이라고 하
는데, 그 생김새는 닭의 머리, 제비의 부리, 뱀의 목, 용의 몸, 물고기의

꼬리를 가진 동물로 묘사하고 있다. 봉황은 동방 군자의 나라에서 나와서 사해의 밖으로 날아 곤륜산을 지나 지주의 물을 마시고, 약수에 깃을 씻고, 저녁에 풍혈에 잔다고 한다. 그리고 이 새가 세상에 나타나면 천하가 평안해진다고 한다. 그래서 봉황은 성천자의 상징으로 인식되었다. 천자가 거주하는 궁궐문에 봉황의 무늬를 장식하고 그 궁궐을 봉궐이라고 했으며, 천자가 타는 수레를 봉연이라고 불렀다. 중국에서 천자가 도읍한 장안을 봉성이라 하였고 궁중의 연못을 봉지라고 불렀다.

이처럼 봉황이 천자의 상징이 된 까닭은 봉황이 항상 잘 다스려지는 나라에 나타난다고 믿어 천자 스스로가 성군임을 표방한 데 연유한다.

봉황은 새 중의 으뜸으로 고귀하고 상서로움을 나타낸다. 그래서 봉황의

〈그림 49〉 용과 봉황

문양이 건축이나 공예 등에 두루 쓰이고 여러 가지 장식으로도 사용되었다. 공주가 시집갈 때 예장으로 띠는 비단 띠에 금박으로 봉황무늬를 새겨 봉대라고 하였고, 비녀 머리에 봉을 새긴 것을 봉잠이라고 하였다. 이렇듯 봉황은 고대에 신성시하는 상상의 동물로, 그 근원은 우르의 태양신 숭배와 관련이 있으며 새를 숭배하는 종교적인 행사에서 만들어진 것이다.

(2) 키시와 청룡

청룡은 엔키의 상징물로 바다의 지배자인 용왕으로 표현된다. 이는 키시가 땅·물의 신인 엔키를 숭배하기 때문에 형상화시킨 수호신이다. 이 것이 후에 사신도에서는 동·서·남·북의 네 방위 중 동쪽을 지키는 수호신이 된다. 그래서 고대 무덤의 현실 동쪽 벽이나 관의 왼쪽에 그린다.

오행사상에 의하면 동서남북은 각각 목·금·화·수에 맞추어 각각 청룡·백호·주작·현무의 사신을 배열하였다. 그러므로 청룡은 동방을 다스리는 신으로 통한다. 여기서 동쪽은 남향한 사람을 기준으로 왼쪽에 해당되므로 좌청룡이라고 한다. 또한 풍수지리에서는 무덤이 자리하는 주산의 왼쪽 산줄기를 청룡으로, 오른쪽 산줄기를 백호로 부르고 있다.

(3) 에리두와 태극과 현무

㉮ 태극(太極)

태극은 "주역에 태극이 있으니 이것이 음양을 낳는다."고 한 데서 유래한다. 그러나 태극은 의미상으로는 우주라는 개념과 같다. 태극은 주역에서 언급된 바와 같이 그 근본은 삼라만상의 신인 엔릴의 또 다른 신적 존재를 말하며, 이것이 에리두의 팔괘를 낳았다. 여기서 우리는 태극과 음양오행 모두가 에리두의 종교적 신앙 중심체인 엔릴과 직결되어 있음

〈그림 50〉 태극과 태극기

을 알아야 한다.

에리두의 주역에 나타나는 우주관은 주역에 태극이 있고, 여기서 음양과 4상(四象) 그리고 8괘(八卦)로 전개된다. 즉, 무극에서 동적인 것과 정적인 것이 있어 '무극이면서 태극이다. 태극이 동하면 양이 되고, 정하면 음이 된다.' 그리고 오행을 덧붙여서 태극이 음양이 되고 오행은 만물을 이룬다는 우주론을 성립시켰다. 이러한 태극은 태극에서 만물이 나왔다는 점에서 만물 속에 태극이 그 근원으로 존재하는 것이 된다. 그러므로 태극은 만물의 근원인 동시에 원리가 된다. 즉, 태극은 현상으로 드러나는 음양오행과 만물 속에 내재하는 보편적인 원리이며 개별적인 원리이다.

여기서 태극과 음양 그리고 팔괘를 잘 보여주는 것이 태극기이다. 태극기의 중앙에는 음양 화합을 상징하는 태극이 있고, 사방에 건·곤·감·리(乾坤坎離)괘가 있다. 건곤은 천지를 의미하고, 감리는 물과 불로서 천도 운행을 주관하는 가장 중요한 괘다.

이상과 같이 팔괘는 주역을 구성하는 기본 요소일 뿐만 아니라 그 근저를 이루는 음양사상은 우리 한민족의 기본적인 사유 구조로 자리매김

했다.

　㉭ 사신도(四神圖)

　사신도는 에리두의 엔릴에 대한 종교적 반영이며, 천지와 우주의 변화에 대한 구현이다. 이러한 사신도는 후세에 와서 일반적으로 호신용의 종교적 차원에서 받아들여지고 있다. 그러나 사신도에 관한 것은 그 자체가 우주의 원리를 나타내며, 그것을 통하여 상생과 순환이라는 동양적인 가치관을 적용하여 세상의 모든 부정적인 요소들을 변환시키려는 것이다. 사신도가 주로 무덤 속에서 발견되는 것으로 보아 죽은 자의 영혼이 안식처를 마련하는 것을 주목적으로 하였을 것으로 여겨진다. 그러나 예술적인 형태로서 나타나는 여러 가지 형상 또는 민간 풍속에서 나타나는 것으로 보면, 사신도는 우리의 정치·종교·국방·우주관·풍속 등 일상생활과 사상의 거의 모든 영역과 관련을 가지고 있다. 그렇기 때문에 사신도는 우리 문화의 정체성을 확인하는 데 중요한 단서를 제공하고 있다.

　사신도는 고구려시대를 기준으로 하기 때문에 국방과 관련된 것으로만 받아들이려는 선입관이 있다. 그러나 한민족 사회의 정착과정에서 보이는 세련됨은 과거 우리 문화의 수준과 정신적 깊이까지도 알려주는 중요한 단서가 되고 있다. 특히 상고시대에는 점성술이 모든 정책의 기본적인 자료가 되었다는 것으로 보아 사신도가 천문도와 수호신으로서 갖고 있는 중요한 위치를 알 수 있다.

　동양에서의 방위 개념은 우주관으로서 음양의 이분법과 4방위 그리고 평면적 방위인 5방, 공간을 나타내는 6방위, 인생의 수를 나타내는 8, 월을 나타내는 12, 절기를 나타내는 24, 시간 개념인 60갑자 등 여러 가지 방위 개념이 있다. 여기서 오방 또는 다섯 방향은 동서남북이라는 가장 중요한 방향과 중심을 포함하고 있다. 그래서 화·수·목·금·토 오행의 성격을 갖는다. 사신도의 방위는 4란 의미뿐 아니라 오방의 체계를 기본 개념으로 하고 있다. 그래서 우주관으로서의 사신도가 주는 방위의 범위는 상하의 방위를 포함해 하늘의 모든 별자리를 표시하는 것이다. 그렇기 때문에 4는 대표적인 방위 개념일 뿐 실제로는 방위에 대한 전체 개념이라고 할 수 없다. 동양에서는 이 다섯 방향이 각각 동―녹청, 서―백색, 북―검은색, 남―적색, 중앙―노란색의 관계를 가지며, 이것을 의복을 비롯한 전반에 걸쳐서 적용시켰다. 우리는 청룡·백호·주작·현무를 사신이라고 한다. 사신은 동·서·남·북의 네 방향과 봄·여름·가을·겨울의 네 계절 그리고 하늘 사방의 28별자리와 관련 있는 상상 속의 존재이다.

고구려에서 사신은 사신도 중심의 고분벽화에서 처음부터 독자적인 제재로 표현되고 있다. 초기의 사신도는 형태도 몸의 각 부분 사이에 비례와 균형도 맞지 않아 어색한 감을 주었으며 벽화에서의 중요성도 매우 낮았다. 그러나 점차 벽화 내에서의 비중이 높아졌을 뿐 아니라 표현도 세련되고 자연스러워졌다. 후기에 이르면 청룡과 백호는 홀수로, 주작은 암·수의 쌍으로 그리고 현무는 뱀과 거북의 자웅합체로 그려진다. 이것은 사신 가운데 청룡과 백호는 영물로 보고 주작과 현무는 음양 조화의 신물로 여겼기 때문이다.

① 청룡(靑龍)

청룡은 물(水)의 신인 엔키의 상징이며 황도상의 동방 7별자리를 대표하는 영물이다. 고분벽화에 등장하는 초기의 청룡을 보면 뿔은 사슴, 머리는 낙타, 눈은 귀신, 이마는 뱀, 배는 대합, 비늘은 물고기, 발톱은 매, 발은 호랑이, 귀는 소 같이 그려져 9가지 동물이 억지로 합성된 모습이다. 용을 상징하는 신체의 일부인 뿔은 초기에 사슴뿔의 형태가 나타나지만 후기로 갈수록 고사리순의 형태를 띤다. 이것은 청룡이 일반적인 관

념의 용이 아니라 봄을 상징하는 아기용이라는 인식으로 분화되어 갔다
는 증거로 보아야 할 것이다. 강서대묘의 청룡은 백호와 외형이 비슷하나
신체의 비늘무늬와 머리의 모양으로 구분된다.

② 백호(白虎)

백호는 수메르의 3족 신앙과는 직접적인 관계가 없으나 예족의 토템이
호랑이라는 의미에서 신적 존재로 형상화된 것 같다. 그리고 백호는 황도
상의 서방 7별자리를 대표한다. 우리민족에게 호랑이는 우둔성, 희화성,
보은형, 호식형, 변신형 등으로 구분되며 척사의 영물로 인식되고 있다.
또한 산신도에서는 산신의 옆에 앉아 있거나 단군신화에서처럼 호랑이는
우리민족에게 토템으로 또 다른 중요한 의미를 가졌다. 고분벽화에서 백
호는 초기에 머리와 세부적인 형상이 호랑이와 같았으나 점차 몸체가 청
룡처럼 목과 몸통, 꼬리가 가늘고 긴 파충류와 같이 그려졌다. 6세기의
고분벽화에서 백호는 과장된 아가리와 부릅뜬 붉은 눈, 위와 아래로 뻗
은 희고 날카로운 송곳니, 앞으로 내밀어 쳐들어 올린 앞발 등이 적절하
게 조화를 이룬 독특한 사실성을 지닌 존재로 그려졌다.

〈그림 51〉 백호

③ 주작(朱雀)

주작은 붉은색 공작으로 황도상의 남방 7별자리를 상징한다. 고분벽화에서 주작은 거의 예외 없이 암수 한 쌍이 함께 그려진다. 주작은 신조인 봉황에 그 형상과 관념의 기원을 두었으며 무덤의 입구를 지키는 존재이다. 고구려 고분벽화에서 주작은 초기에는 장닭 형상으로 그려지기도 하였는데 '봉황의 형상이 장닭과 같다'는 옛 문헌에 비추어 고구려인의 전통적인 태양신 신앙에 근거한 표현이라고 할 수 있다.

〈그림 52〉 주작

④ 현무(玄武)

현무는 검은색의 이무기라는 의미이며, 황도상의 북방 7별자리를 상징하며, 뱀이 거북을 감은 형상으로 그려진다. 동양에서 거북이 지니는 근원적 상징은 우주적인 심상이다. 이는 거북의 생김새가 위는 하늘처럼 둥글고, 아래는 땅처럼 편편하여 우주의 축도와 같으며, 오랜 수명과도 관련이 있다. 중국에서는 거북이 세계를 떠받치는 우주적 안정성의 기반으로 인식하는 관념도 형성되어 있다.

초기 고구려 고분벽화에 나타나는 현무의 뱀과 거북머리는 길짐승처럼 표현되기도 하나, 후기에는 모두 파충류 특유의 형상으로 그려진다. 현무 역시 사신에 속하는 다른 신수처럼 초기에는 어색하고 세련되지 못한 모습으로 그려졌지만, 후기의 고분벽화에서는 세부 표현이 잘 조화된 신비로운 존재로 재탄생한다.

고구려 고분벽화의 초기 현무의 모습을 보면 몸체가 호랑이에서 비롯된 것도 보인다. 강서 대묘 현무도에서 거북의 등은 귀갑무늬를 하고 있으나, 머리와 꼬리는 자라의 형상을 하고 있다. 얼굴의 전체적인 윤곽은 척사의 기능을 가진 맹수의 얼굴을 하고 있지만 작은 이빨들과 코, 아주 길게 내밀 수 있는 목의 형태는 자라와 같다.

〈그림 53〉 현무

4) 칸연맹 삼족의 여성관

칸연맹 삼족은 각각 종교적 특성에 따라 전혀 다른 여성관을 가지고 있으며, 그 영향은 현대에 이르기까지 계속되고 있다.

우선 우르는 태양(天)신인 우루 숭배사상을 가지고 있으므로 양(陽)기, 즉 남성성이 강하게 강조된다. 이에 따라 여성성은 낮게 취급되어 우르계의 국가들은 남존여비사상이 강하다. 예를 들면 부여의 경우는 여성의 행동을 억압하여 노동 착취의 대상으로 보는 경향이 심했다. 그리고 남자의 경우는 축첩이나 외도에 대해 관대한 반면, 여자의 경우는 투기만 해도 돌로 쳐 죽이고 야산에 그 시신을 버리는 등 잔혹하게 대했다. 이러한 남존여비의 경향은 같은 우르계열의 국가인 수·당시대 그리고 명나라와 근세 조선에서도 나타난다. 더불어 같은 우르계열인 일본도 근대에 이르기까지 여성천대사상이 유지되어 온 것도 같은 맥락에서 살펴볼 수 있다.

그러나 키시는 땅(地)과 물의 신 엔키 숭배사상을 가지고 있어서, 땅이 음(陰)이라는 개념으로 모계사회의 전통과 결합하여 여권에 대해 상당히 우호적이다. 그래서 키시·고조선의 초기 유적인 우하량 지역에 여신상 숭배가 나타나는 것도 이러한 이유이다. 그리고 신라시대에 와서 김씨 왕조 시기에는 선덕여왕 외에도 여러 명의 여왕이 나타나는 것도 이와 무관하지 않다. 또한 고대의 수메르 키시 왕조에서는 유일하게 쿠바바라는 여왕이 지배했던 기록도 있다.

더불어 에리두는 자연(人)의 신인 엔릴 숭배사상을 가지고 있으며 인본주의적인 관념이 강하다. 그래서 여성에게는 비교적 관대한 입장이다. 이러한 점이 남녀관계에도 나타나 에리두계열의 국가는 여성들이 성적으로 자유분방함이 나타난다. 즉, 에리두의 국가인 고구려의 유리왕이 지은

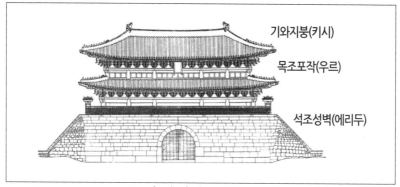
〈그림 54〉 남대문의 구조

황조가나 호동왕자와 낙랑공주 등에서 보이는 자유로운 사랑이야기 그리고 고려시대에는 남녀상열지사를 읊은 쌍화점곡, 정읍사, 가시리 등의 고려가요에서 보더라도 현대와 같이 여성의 자유분방한 사랑이 행해졌음을 알 수 있다.

이와 같이 칸연맹 삼족은 그들의 신앙체계에 따라 전혀 다른 여성관을 가지고 있었다. 즉, 우르는 남존여비 그리고 키시는 여권상위, 또한 에리두는 자유연애의 남녀평등이라는 이성관을 가지고 있으며, 그 경향이 역사를 통해 현대까지 이어오고 있다.

5) 칸연맹 삼족의 건축술

칸연맹의 삼족은 각기 다른 자연환경 속에 서로 다른 건축기술을 습득하고 발전시켜 나갔다. 우선 우르는 홍산에서 물과 강이 많은 북만주의 예족 땅으로 들어가 농경에 필요한 제방과 관계수로를 많이 설치하였다. 이것은 같은 우르계열의 수양제가 대운하를 설치하여 황하와 장강 사이의 수로를 확보하려 한 것도 같은 맥락에서 살펴볼 수 있다. 더불어 부여가 한반도에 들어오면서 우리나라에서 가장 오래된 제천의 의림지와 김제 벽골제 등을 만든 것도 같은 이유이다. 이와 같은 측면에서 우리의 전통 온돌바닥 구조도 수로의 설치기법으로 만들어진 것으로 보아 우르족의 솜씨이다.

그리고 우르의 국가가 주로 수목이 울창한 지역에 위치하여 목조건축술이 상당히 발달되었다. 특히 고대의 움집 또는 귀틀집의 가옥구조는 우르족의 솜씨이다. 그래서 목조를 이용하여 건축한 우르의 구려, 부여, 동부여에는 유적이 별로 남아있지 않는 요인이 되었다. 그리고 우리 전통 한옥에서 도리, 포작, 익공, 부연, 홍살 등의 새와 관련된 용어가 사용되는 목구조부분은 태양신 숭배사상의 우르 건축술에서 기인한 것이다. 그리고 이러한 목조 건축술은 다시 일본으로 건너가서 일본 전통 건축의 형식을 만들었다.

또한 키시는 들과 벌판에 농경 중심사회를 구성하고 농경신(물·땅)의 상징인 용·거북·소 등의 용어를 사용하여 건축을 한 흔적이 보인다. 즉, 진흙을 구워 만든 벽돌이나 기와 등을 이용하여 만든 지붕의 용마루, 용머리, 우미량, 청기와, 기초, 기둥 등의 명칭이 해당된다. 이와 같이 키시는 강가나 벌판에서 구하기 쉬운 소재의 건축 재료인 벽돌·전석과 기와 등으로 벽돌조적조의 건축물을 주로 축조하였다. 이것은 신라시대 김씨 왕조 때 축조한 분황사의 모전탑 등에도 그 흔적이 남아 있다.

더불어 에리두는 석조 건축술이 발달하여 성벽이나 석조제단(피라미드) 등을 많이 축조하였다. 이들의 축성술은 에리두 출신의 진시황이 만리장성을 축조한 것이나 피라미드형의 여산능을 만든 것, 고구려의 수많은 산성들, 집안의 피라미드군, 고려의 천리장성이 이에 해당된다. 그래서 내구성이 강한 석제를 이용하여 건축한 에리두의 유적이 아직까지 많이 남아 있는 요인도 된다. 특히 한반도 주변의 수많은 고인돌 중 남방식은 주로 에리두의 고인돌 형식이다. 에리두는 언덕이나 산지 중심의 주거문화를 가지고 있어 석축과 기단 그리고 성벽 등의 유적을 많이 남겼다.

3절 상나라와 동이족의 재해석

1. 하나라의 멸망과 동이족

1) 에리두·하나라 멸망 이후 재해석

에리두·하나라가 키시·상나라에게 멸망하면서 하나라는 여러 갈래로 분화된다. 이때 상나라의 동쪽 태산을 중심으로 태안과 산동에는 동에리두(동이)족이 그리고 황하 서쪽에는 서에리두(서이)족이, 하북에는 북에리두(북이)족이 형성된다. 이들은 후에 각각 흩어져서 동이족은 산동과 태안반도를 거쳐서 한반도로 들어오고, 북이족은 후에 내몽골로 들어가 신한연맹에서 고리족과 통합되었다가 남만주로 가서 고구려가 된다. 그리고 황하 서쪽에 은거하던 서이족은 히타이트의 이주민과 연합하여 상나라를 무너트리고 주나라를 건설한다.

(1) 동이(東夷)족
하나라 멸망 이후 동쪽으로 이주한 에리두족이 동이족이다. 이들 동이족의 주요 활동무대는 태산을 중심으로 동쪽에는 산동반도와 서쪽은 태안이다. 여기서도 도시 이름에 안이 들어간 것은 에리두의 특성이다. 특히 태안이라는 도시명은 태산 주변의 에리두족의 도시라는 의미가 된다.

기록상 동이족은 중국 동북부 지방과 한국·일본에 분포한 종족을 중국인이 일반화시켜 부르는 명칭이다. 특히 상나라 때와 춘추·전국시대의 문헌에는 동이족을 다양한 명칭으로 불렀다. 그러나 여기에 표현된 동이족은 산동반도 주변 일대에 거주한 족속을 말한다.

이 같은 동이족이 중국 문헌에 나타나기 시작한 것은 상나라 이후로 동이족과 하나라와의 상관관계를 짐작할 수 있다. 동이는 원래 에리두족의 하나라가 키시족의 상나라에게 황하의 지배권을 빼앗기고 동쪽의 산동지방으로 이주할 때 에(이)리두족을 이(夷)족으로 줄여서 만든 명칭에서 기인한 것이다.

상나라 이전 시대를 기록하고 있는 문헌에서 등장하는 동이는 주로 산동성, 하북성, 산서성 일대에 거주하고 있는 종족들을 지칭했다. 특히 삼황오제 이후 여러 제왕들을 동이 출신으로 기록하기도 했다. 당시의 동이를 9개의 종족으로 구분하여 구이(九夷)라고 불렀으며, '후한서 동이전'에는 이들 구이를 견이·우이·방이·황이·백이·적이·현이·풍이·양이로 구분하고 있다. 주나라 이후부터 동이족은 중국에 정복되고 흡수되기 시작하여 춘추·전국시대에 이르면 산동반도 주변의 작은 세력으로 축소된다.

그리고 한나라가 건국된 이후 동이족은 모두 중국에 흡수되어 소멸되었으며, 그 이후의 동이족은 만주·한반도·일본 열도의 종족들을 가리키는 일반적인 말이 되었다. 즉, 한나라 이후의 동이족은 이전의 동이족과 문화적·혈연적으로 아무런 관련이 없으며, 단지 방위적 개념으로써 동쪽에 거주하고 있는 모든 오랑캐들을 한꺼번에 동이로 취급하였다.

(2) 서이(西夷)족

하나라가 멸망하면서 서쪽으로 밀려난 에리두는 위수 강가를 중심으로 서이족이 되었다. 그들은 후에 히타이트 이주자들이 호경으로 들어올 때 파촉 지역으로 쫓겨 가 고촉문명을 이룬다. 그리고 서이는 BC 1100년경에는 다시 주(周)와 연합하여 상나라를 멸망시키고 주나라를 건설한다. 이 당시 서이족의 중심인물은 강태공이다. 강태공의 본명은 여상(呂尙)으로 태공망이라고도 한다. 그는 주나라와 연합하여 키시족의 상나라를 격파하고, 그 공으로 제(齊)나라의 제후로 봉해진다. 태공망이라는 명칭은 주나라 문왕이 위수강에서 낚시질을 하고 있던 여상을 만나 선군인 태공이 오랫동안 바라던 어진 인물이라고 여긴 데서 유래했다고 한다. 대체로 태공망은 주나라와 대대로 혼인관계를 맺어온 강씨 부족의 대표로서 주나라의 군대를 지휘한 인물로 추측되고 있다. 중국에서는 병법을 세운 시조로 여겨져 육도삼략 등의 병법 서적이 그가 저술한 것으로 되어 있다. 오늘날 낚시꾼을 강태공이라고 부르는 것도 여상이 주공을 만나기 전 위수 강가에서 낚시질로 소일한 것에서 유래한다. 이들 서이족은 훗날 함양(장안)에 진나라를 건설하여 전국시대를 마감하고 중국을 통일한다.

(3) 북이(北夷)와 고리족

에리두의 하나라가 멸망하면서 그 일부가 고조선에 인접한 내몽골 지역의 적봉으로 이전한다. 그리고 그곳의 하가점에서 북이족을 결성하고, 배달국의 잔존세력인 우르족과 훈족을 통합한 새로운 연맹체를 구성한다. 이것이 하가점상층문명이며, 그 주도 세력은 하나라의 후예인 북이족이다. 이들은 BC 8세기경 산융(신한연맹)의 일파인 견융이라는 이름으로 주나라를 공격해서 주나라가 동쪽으로 이전하여 동주시대를 열게 한다.

그 후 BC 6세기경 스키타이의 침범을 받아 동쪽으로 이동하면서 훈족과 결별하고, 다시 예족과 결합하여 사해와 흥륭와 지역에 구려(진한연맹)국을 세운다. 이것이 중국 역사에는 동호로 분류된다. 이러한 동호는 훈족의 성장과 함께 멸망하고 BC 239년에 해모수에 의해 부여(북우르)로 재탄생된다. 이와 별개로 고리족은 상나라의 제후국인 고죽국으로 있다가, 기자에게 선양한 후 진한연맹에 통합된다. 그리고 고주몽 이후 졸본부여와 연합하여 고구려가 된다. 이와 같이 북이는 고리족으로 재탄생하면서 후에 지배족이 에리두의 고씨인 고구려가 된다.

2) 한반도의 동이족 재해석

중국 고사의 동이는 황하의 동쪽인 태산과 산동을 중심으로 활동한, 체격이 크고 활을 잘 쏘는 족속으로 알려져 있다. 그러나 그들의 원류를 찾아보면 동이에서 이(夷)는 에리두의 별칭으로 하나라를 지배하고 있던 에리두가 키시의 상나라에게 멸망하면서 동쪽으로 이주하여 형성된 종족명이며, 원명은 동에리두족이다. 에리두는 신시 배달국에서도 군사(운사)를 맡고 있었으며, 체격이 크고 전투에도 능하며, 활도 잘 쏘는 종족이다. 그래서 한자식 표현에서 활을 지고 있는 대인이라는 의미의 이(夷)자로 표현된 것이다. 더불어 같은 에리두족인 고구려가 활쏘기에 능한 것도 같은 맥락에서 볼 수 있다.

이들은 상나라시절에 태산 서쪽의 태안을 중심으로 상나라와 서로 공존하고 있었으나 후에 주나라에 밀려서 한반도의 태안반도 쪽으로 이주한다. 여기서 태안의 안은 고대 에리두 도시의 특징으로 자신이 세운 도시 국가는 모두 안심 안(安)자를 써서 그 존재성을 남겼다. 여기서 안은 수메르의 하늘신인 아누(An)를 의미한다. 즉, 태안(중국)-태안반도-천안-발안-주안-수안-부안-진안-무안 등의 도시가 이에 해당된다.

이때 이주한 에리두의 동이족은 한반도 내에 남북으로 퍼져서 마한연맹을 구성하고 한반도 내의 최초 국가 성립의 초석이 된다.

2. 상나라의 역사 재해석

1) 탕왕의 설화 * 다음 / 백과 / 위키백과 / 편집

탕(湯 ; BC 1600년경)은 상나라의 창시자이다. 이름은 이(履)이며 천을, 태을, 성탕이라고도 한다. 에리두·하나라의 마지막 왕인 걸을 추방하고 하나라 왕조를 멸망시켰다. 원래 하나라의 마지막 걸왕은 포학한 정치를 해 인심은 국민으로부터 멀어져 있었다. 그래서 하나라의 신하인 탕은 이윤의 보좌를 받아 걸왕을 공격해 멸망시켰다.

처음에 탕왕은 명재상 이윤을 얻고 나서 그를 하나라로 보냈다. 그리고 이윤은 하나라로 가서 하나라의 실태를 보고는 곧 탕에게로 돌아온다. 이윤의 이야기를 들은 탕왕은 하나라의 폭정에 대비했다. 그러던 중 걸왕의 폭정을 간언하던 관용봉이란 신하가 참수를 당하는 사건이 일어난다. 탕왕은 그 소식을 듣고는 그의 죽음을 애도하였다. 그러나 그것이 걸왕의 귀에 들어가자, 탕왕을 하대라는 곳에 가둔다. 이에 이윤은 탕왕을 구하기 위해서 갖은 금은보화와 특산품을 걸왕에게 보내서 구해낸다. 탕왕은 이때부터 하나라를 멸망시키고자 하는 마음을 먹게 된다.

그러던 중에 하나라 걸왕의 폭정에 불만을 가지던 곤오씨국이 반란을 일으킨 것이다. 그러자 이윤은 탕왕에게 곤오를 쳐서 아직은 천자국인 하나라의 신하임을 보여주어야 한다고 하여 대의명분을 얻는다. 그리고 상나라는 곧바로 군사를 일으켜서 반란 진압을 목적으로 곤오국을 쳐들어가고, 곤오국의 반란은 곧 진압된다. 하지만 본래가 하나라 정벌이 목적이었고, 이미 군사를 일으킨 상태이므로 탕왕은 각 제후국들에게 걸왕의 폭정을 명분으로 하나라 정벌을 천명한다. 걸왕은 탕왕의 군대를 이기지 못하고 달아나버린다. 탕왕은 곧바로 걸왕의 제후국인 삼종국을 정벌하고 하나라를 평정하였다. 그리고 전 제후국에 알려서 하나라가 망하고 탕이 일어났다고 천명하니 모두 따랐다.

제후들의 대부분이 후덕한 탕왕에게 복종하였다. 그리고 박(亳)에 도읍하여 국호를 상나라라고 정하고, 제도와 전례를 정비하여 13년간 재위하였다.

2) 상나라의 역사 개관

상나라는 주나라를 비롯한 다른 나라에서 '은'이라는 이름으로 불렀으므로 은나라로 더 잘 알려져 있다. 그러나 나라 이름을 칭할 때는 은나라를 세운 부족인 키시족이 '상(商)'이라는 이름을 사용했기 때문에 상나라로 부르는 것이 옳다. 이러한 상나라는 건국 후 여러 차례 수도를 옮겼으며 반경왕이 마지막으로 옮긴 수도가 은허(안양)이다.

전설상 상나라의 시조는 설이다. 설은 유융씨의 딸이자 제곡의 차비인 간적이 제비의 알을 먹었기 때문에 낳은 아이다. 설은 순임금 때에 우의 치수를 도운 공적이 인정되어 상에 봉해져 자씨 성을 받았다.

그 후 설의 자손은 대대로 하나라를 섬겼다. 또 설로부터 탕까지의 14대 사이에 8차례 수도를 옮겼다고 한다. 탕은 박(현재의 하남성 상추시)을 수도로 삼고 있었다. 탕은 현인 이윤의 도움을 빌려 하나라의 걸왕을 쓰러뜨리고 제후들에게 추천되어 왕이 되었다.

상나라 4대 왕인 태갑은 폭군이었기 때문에 이윤으로부터 추방되었다. 후에 태갑이 반성했고, 이윤은 다시 받아들였다. 그리고 태갑은 선정을 베풀어 태종(太宗)으로 칭해졌다. 옹기 때에 왕조는 잠시 쇠퇴해졌으며, 옹기의 다음 왕인 태무는 현인 이척을 임용해 선정을 베풀었고, 상 왕조는 부흥했다. 태무의 공적을 칭송해 중종으로 칭해졌다. 중종의 사후에 왕조는 다시 쇠약해졌다. 조을은 현인 무현을 임용해 선정을 하려고 노력했고, 상 왕조는 다시 부흥했다. 그러나 조을의 사후에 다시 왕조는 쇠약해졌다. 반경은 은허로 천도했고 탕 때의 선정을 부활시켰다. 반경의 사후에 다시 왕조는 쇠약해졌다. 무정은 현인 부열을 임용해 상 왕조의 중흥을 완수했다. 무정의 공적을 칭송해 무정은 고종(高宗)으로 칭해졌다. 고종 이후의 왕은 대체로 어리석은 폭군이었다. 상 왕조의 마지막 왕인 제신(주왕 ; 紂王)은 즉위 후 달기라는 미녀에게 빠지고 폭정을 실시했다. 이 때문에 주나라의 무왕에게 주살되었다. 그리고 상 왕조는 멸망했다.

상나라의 탕왕이 하나라의 걸왕을 멸한 행위는 유교에서 주나라 무왕이 상나라 주왕을 토벌한 일과 함께 역성혁명의 올바른 군사행동이라고 하고 있다. 그러나 이것은 어디까지나 왜곡된 중국인들의 관점이다. 하나라와 상나라는 우리 한민족의 고대국가라는 차원에서 보아야 한다. 즉, 에리두의 하나라가 키시의 상나라에게 멸망한 것은 같은 수메르의 후손이며 동족에게 지배권이 넘어간 것이다. 그렇지만 키시의 상나라가 이란계 히타이트 이주민인 주나라에게 멸망한 것은 명백한 이민족에게 정복당한 것이다. 특히 현재의 중국인들은 주나라가 자신들의 조상인 화하족인 것으로 알고 있으나, 주나라는 명백한 이란계 히타이트의 이주민이다. 즉, 중국사에서 주나라시대라는 것은 중국인이 이민족에게 지배당했던 시절이라는 것이다.

3) 상나라의 멸망 연대 재해석

주나라 무왕이 상나라를 멸망시킨 연대를 결정하는 것은 동북아시아 문명사의 가장 중요한 문제이다. 그 연대가 잘못 설정될 경우 그것을 기점으로 한 위쪽의 상나라와 아래쪽의 주나라 역사는 모두 어그러지게 된다. 그리고 한국 고대사도 그 해에 고조선연맹의 하나인 기자조선(고죽국)이 시작되었으므로, 그 연대가 바로 잡혀야 고조선의 역사 흐름도 바르게 정립될 수 있다. 기록에 따르면 "주나라가 상나라의 주왕(제신)을 정벌하려 할 때 오성취방 현상이 있었다."고 한다. 이러한 점을 고려하면 BC 1019년 9월 17일에 오성취방(五星聚房) 현상이 있었으므로, 주나라가 상나라를 공격한 시기는 BC 1019년이 된다. 그리고 주나라 군사들이 맹진을 넘은 일자는 BC 1019년 12월 무오일이고, 목야대전일은 그로부터 67일이 지난 BC 1018년 2월 갑자일이 된다. 여기서 오성취(五星聚)는 금성·목성·수성·화성·토성의 5개 별이 함께 일직선으로 나열하는 매우 보기 드문 천체현상이다. 즉, '오성취방'이란 5개 별이 전통적 별자리인 28수 중 '방수(房宿)' 부근에 모이는 것을 일컫는 말이다. 주나라 무왕은 BC 1029년에 즉위하였고, 12년째인 BC 1018년 2월 22일에 상나라 정벌을 성취하였다. 즉위 다음 해인 BC 1028년에서 BC 771년을 빼면 257 년이 되는데, 이는 서주 257년 기록과 부합된다. BC 1019년 9월 17일 중 국 서쪽 하늘에 오성취방 현상이 있었다. 이를 관찰한 주무왕은 때가 무 르익었다고 판단하고 전쟁 준비 기간을 거쳐 드디어 군사를 이동한다. 그 리고 BC 1019년 12월 18일(무오)에 맹진에서 황하를 건넜다. 그러나 이 사실을 감지한 상나라 왕 제신은 BC 1018년 1월 22일(계사) 전에 나라의 안녕과 관계된 별점 기록을 새긴 제신 점토판을 제작하고, 계사일에 선왕 에게 제사를 거행한 후 정벌전에 임했다. 그러나 BC 1018년 2월 22일(갑 자) 최후의 전투인 목야대전에서 결국 주무왕에게 패하여 상나라는 멸망 하고 말았다. 상나라가 멸망한 그 해 기자(箕子)는 동쪽으로 이동, 키시 의 고조선에 근접해 있는 고죽국을 이어받아 기자조선을 건국하였다. 그 후 기자조선은 고조선에 흡수되어 연맹의 일원이 된다. 그리고 고조선은 BC 194년 준왕에 이르러 위만에게 멸망하였다.

4) 상나라 주왕(제신)과 달기 이야기 * 다음 / 백과사전 / 위키백과 / 편집

달기에 관한 내용은 사마천 사기(史記)의 '은본기(殷本紀)'에 기술되 어 있다. 그 내용에 따르면 제신, 즉 주왕은 달기를 몹시 총애하여 그녀 가 원하는 것은 무엇이든 들어주었다고 한다. 이 때문에 왕비인 강 황후 의 질투를 받았으며, 둘 사이는 좋지 못했다. 어느 날 자객 강환이 주왕 을 습격했다. 그러자 달기는 이를 기화로 강 황후를 몰아내려고, 자객을 보낸 것이 강 황후의 소행이라고 덮어씌웠다. 그리고 그녀의 자백을 받기 위해 눈을 파내는 등 각종 악행을 저질렀으며, 결국 강 황후는 사망하게 된다. 이로 인해 달기는 궁중의 실권을 잡고 악사인 사연을 시켜서 음탕한 음악인 북도지무(北鄙之舞)와 미미지악(靡靡之樂)을 만들었다. 그리고 무거운 세금을 거두어 녹대에는 돈을 쌓아놓고, 거교에는 곡식을 가득 채우고, 사냥개와 말 등의 진기한 물품들로 궁실을 가득 채웠다. 모래 언덕의 정원을 넓혀서 들짐승과 날짐승을 모아 그 안에 풀어 길렀으며, 귀신을 깔보고 정원에 많은 사람들을 모아 즐겨 놀았다. 그리고 술을 채운 연못에 고기를 걸어둔 숲인 주지육림(酒池肉林)을 만들어서 나체의 남녀를 서로 뒤쫓게 하는 등 날마다 음탕한 밤을 보냈다. 특히 달기는 죄인을 불에 달군 쇠기둥에 묶어 고문하는 포락(炮烙)이라는 형벌을 보며 웃었다고 한다. 재상 비간이 "선왕(先王)의 전법(典法)을 따르지 않고 아녀자의 말만 따르시니 재앙이 가까울 날이 머지않았습니다."라고 간언하자, 달기가 주왕에게 "성인의 심장에는 일곱 개의 구멍이 있다고 들었습니다."고 답하면서 주왕을 부추겨 비간의 심장을 도려내어 감상하였다.

이러한 달기는 천년 묵은 여우 요괴로 등장하며, 상나라에서 주나라로 넘어가는 '혁명'을 실현시키기 위한 임무를 띠고 지상으로 파견되어 기주후(冀州侯) 소호의 딸이었던 소달기의 혼을 빼앗아 달기가 되고, 마침내 주왕을 타락시켜 상나라를 멸망에 이르게 했다고 한다.

그 후 주(周)나라가 제후들을 규합해 상나라를 쳐서 멸망시킬 때, 주왕이 자살한 뒤에 달기도 무왕에 의해 참수되어 목이 작은 백기에 걸렸고, "주왕을 망친 것은 이 여자다."라는 비난을 받았다고 한다.

5) 강태공 이야기

강태공은 어려운 초년 시절을 보내고 최하층 생활을 하다가 고희(古稀)의 나이에 출세를 한 대기만성형의 인물로 평가된다. 그는 중국 역사상 처음으로 가난하고 비천한 선비로서 출세를 하여 제나라의 제후로 봉해진 주나라의 개국공신이다.

 사서의 기록에 따르면 강태공의 선조는 우임금을 보좌하여 홍수를 다스림에 큰 공로를 세웠으며, 여(呂) 땅을 분봉받아 또 여씨 성을 가지게 되었다고 한다. 강태공의 이름은 망(望), 상(尙)이요, 자는 자아(子牙), 호는 비웅(飛熊)이며, 염제 신농의 51세손이다. 그는 주나라 문왕, 무왕, 성왕, 강왕 4대에 걸쳐 태사(太師)를 지냈고, 그의 딸은 주무왕의 황후가 된다.

 강태공의 초년 운은 기구해서 갖은 고초를 다 겪었다. 강태공은 당시 상나라의 수도였던 조가(지금의 하북성 기현)에서 소금과 밀가루를 팔기도 했고 점을 치기도 했다. 그리고 음식점에서 잡일을 하기도 했으며 백정으로 소를 잡기도 했다. 그런 어려움을 겪다가 상나라 말 임금인 주(紂)왕이 황음무도함을 피해 당시 덕망이 높은 주문왕이 다스리는 서기(西岐)의 위수(渭水) 강가에 들어가 낚시를 하면서 때를 기다렸다. 그리고 강태공은 자기의 도술로 후에 제자가 된 살인용의자 무길(武吉)을 살려줌으로 주나라의 법을 어긴 범법자가 된다. 하지만 이런 일이 빌미가 되어 강태공은 주의 문왕과 무왕을 만나게 된다.

 강태공의 거처를 알아낸 주문왕은 3일간 목욕재계하고 강태공을 맞으러 간다. 화려한 가마를 가지고 갔지만 강태공은 주문왕에게 성의를 보이려면 자기를 업고 가라고 했다. 인재를 구하기에 급했던 주문왕은 강태공을 업고 걸었으며, 강태공은 업혀서 주문왕이 몇 발짝 걷는가를 헤아렸고, 지친 주문왕은 강태공을 내려놓았다.

 그러한 주문왕을 보고 강태공은 "이제 나를 업고 294발짝 걸었으니 내가 주나라의 기업을 294년간 보좌할 것이오."라고 했다.

 그 후 주문왕의 초청으로 주나라 임금의 태사(太師 ; 임금의 스승인 동시에 임금을 대신해 나라와 군사를 다스리는 최고 관리)가 된 강태공은 지혜를 펼쳐 주나라를 강대국으로 만든다.

강태공은 나라를 다스림에 농, 공, 상을 겸하여 크게 발전시키는 방침을 취했다. 즉, 농업을 발전시킴으로 식량을 충족히 하고, 공업을 발전시킴으로 기물이 풍족하게 하고, 상업을 발전시킴으로 화물이 넉넉하게 하여 주나라는 다른 제후국들보다 부유하고 부강하게 발전시켰다. 동시에 상벌을 간편하면서도 엄하게 함으로 평시에 백성들이 나라 일에 전념하고 전시에는 군졸들이 목숨을 다해 전투를 하도록 했다. 그리고 나라의 소작농들의 세금을 9:1, 즉 1년 소득에서 9할은 소작농에게 돌리고 1할만 나라에 바치게 함으로써 백성들의 일에 전력해 물산이 풍부함으로 나라에 부족함이 없도록 했다.

그는 중국 역사상 처음으로 상고 3대에 걸친 연산역(連山易), 귀장역(歸藏易), 주역(周易)을 길흉화복의 점을 치는 수단에서 음양오행과 태극팔괘를 이용하여 군사에 응용하였다. 그의 용병술은 병략을 통해 춘추·전국시대 이후의 유명한 병법가들인 손무, 귀곡자, 황석공, 제갈량 등 병법의 시조가 되기도 하였다. 그 후 주무왕을 보좌하여 상나라를 전복하고 주나라를 세운 강태공은 그 공로로 제(齊)땅에 분봉되어 제나라의 시조가 된다.

일화에 따르면 강태공의 전 부인 마씨는 강태공이 주무왕을 만나기 전 생활고에 견디다 못해 강태공 곁을 떠났다고 한다. 그런데 이후 강태공이 성공했을 때 다시 돌아와서 아내로 맞아주길 요청하자 이에 강태공은 하인에게 물을 떠오라고 했다. 그리고 그 물을 땅에 뿌린 후 돌아온 아내에게 지금 바닥의 그 물을 다시 항아리에 담는다면 아내로 맞이해 주겠다고 했다. 즉, 한 번 떠난 마음은 다시 되돌리기 어렵다는 속담이다.

그러나 이 설화를 다른 측면에서 보면 서이족인 강태공이 키시의 상나라에 대한 서운함이 배어 있는 속담이다. 여기서 어려울 때 떠나간 부인이 주는 의미는 강태공으로 대표되는 서이족과 상나라의 키시족은 본래 같은 한민족인데도 불구하고 자신들을 그동안 소홀히 대했다는 불평의 의미가 있다. 또한 물을 뿌려 다시 담아 오라는 것은 되돌릴 수 없는 상황에 대한 표현으로 상나라를 멸망시킨 것에 대한 자기변명이다. 그리고 강태공 자신이 같은 민족을 배반하고 히타이트라는 이민족의 앞잡이로 동족을 멸망시켰다는 죄의식의 발현이다. 즉, '쏟아진 물은 되돌릴 수 없다'는 속담은 강태공이 이민족의 앞잡이가 되어 같은 한민족의 상나라를 멸망시킨 것을 합리화하기 위해 만들어진 속담으로 보인다.

4절 고조선과 대륙삼한의 재해석

1) 키시·고조선과 비파형동검

비파형동검은 시기적으로 후기 청동기시대에 속하는 유물이다. 이것은 청동기시대의 동검으로 내몽골에서 요동과 한반도에 걸쳐 출토되고 있다. 가장 오래된 것은 BC 10세기 무렵에 요동 지방에서 출토된 것이며, 이것은 중국이 주나라가 철제 무기로 변화하면서 그에 대해 대응할 수 있는 청동제 무기로 만들기 위해서 개발된 것이다. 이러한 비파형동검은 고조선과 산융(신한연맹)의 대표적인 유물 가운데 하나이며, 우리 한민족의 고대역사와 강역을 잘 나타내 주는 상징물이기도 하다. 그러나 한반도 내에서 출토된 것들은 요동 지역보다 늦은 BC 7세기 전후이다.

비파형동검은 요하(遼河)를 중심으로 한 요령 지방에 주로 분포하기 때문에 요령식동검이라고도 한다. 이것은 한반도의 부여 송국리에서 출토된 예에 따라 부여식동검이라고도 하며, 형태에 따라 곡인청동단검으로 부르기도 한다. 비파형동검의 구조는 검날과 검자루가 따로 만들어져 조립하는 방식이고, 검날의 중앙에는 잘록한 돌기를 이루고 하단에서 둥글게 벌어져 비파 형태를 띤다. 또한 검신의 중앙에는 등뼈처럼 도드라진 마디가 있는데, 이는 다른 동검과 명백하게 구분되는 비파형동검만의 특징이다. 이러한 비파형동검은 세형동검보다 훨씬 튼튼한 구조로 당시 중국의 철제 무기에 대항하기 위해 만들어진 것이며, 검의 중요한 특징으로 중간부에 돌기를 둔 것은 검끼리 부딪힐 때 동검의 강도를 키워 쉽게 부러지지 않도록 한 것이다. 그리고 외형적인 형태는 검의 아랫부분이 둥글게 배가 불러 비파의 형태를 이루고 있으며, 그에 따라 전체적인 청동검의 중량을 감소시키면서도 구조적인 안정성을 갖게 했다.

부여 송국리 유적에서 비파형동검이 출토된 이후에는 여수 적량동과 창원 진동리, 춘천 우두동 석관묘, 양평 상자포리 유적 등에서도 발견되었다. 여기서 춘천과 양평은 부여의 우르족 이동 궤적과 일치한다. 이들 대부분의 비파형동검은 고인돌에서 출토되고 있어 고인돌에 동반되는 유물로 보인다. 그러나 비파형동검이 출토되는 지역이 모두 고조선의 영역 혹은 영향권이라는 의미는 아니다. 실제로는 비파형동검의 형식도 다양하며 동반 유물을 통해 보면 요동과 요서 일대의 비파형동검이 서로 차이가 있다. 그래서 이것이 발견되는 지역을 모두 고조선의 영역으로 볼 수 없다. 오히려 한반도 남부에서 발견되는 비파형동검은 북부여의 부여식 동검일 가능성이 크다.

비파형동검은 단순히 중국 세형동검의 변형이며 전형적인 세형동검의 후기 형식으로 보고 있다. 그러나 비파형동검은 명백히 세형동검보다 기능적으로 월등히 앞서는 한반도 청동기시대의 대표적인 동검이다.

2) 한민족의 한반도 진출

여기서 이야기하는 한민족은 칸연맹 삼족을 지칭하는 것이다. 중국이 혼란한 춘추·전국시대에 만주에는 배달국의 후예인 진한(동호)연맹이 있었고, 요서 지방에는 번한(고조선)연맹이 있었으며, 한반도에는 동이족이 이주하여 만든 여러 개의 부족국가들의 연맹체인 마한(진국)연맹이 있었다. 이것이 바로 대륙삼한시대이다.

그 후 중국이 진시황제에 의해 중국이 통일되고, 진나라 이후에 다시 한나라에 의해 재통일되면서 중국 내에는 강력한 중앙집권국가가 형성된다. 그리고 만리장성과 인접해있던 위만조선이 한무제에 의해 멸망이 되고 한사군이 설치된다. 이때 위만조선의 유민과 함께 부여에 속한 진한연맹체의 상당수 백성들은 전란을 피해 한반도로 이주를 했다. 그들 중 진한은 만주벌을 경과하여 동해에 인접한 관동 지방 통로를 통해 남하하고, 그들이 경상도에 정착하면서 반도 내의 진한연맹인 계림과 사로국(신라)을 세우게 된 것이다. 또한 위만조선에 속한 번한사람들은 서해안을 따라 내려와 내륙의 김포-금산-김제-금릉-김천을 거쳐 김해에 도달하여 변한연맹의 가락국을 세운다. 이 당시 충청과 전라도 지역에는 선주민의 마한연맹이 존재해 있었다.

이렇게 해서 삼한이 다시 한반도 내에 성립하게 된 것이다. 이것이 반도삼한이다. 그리고 후에 마한은 백제로, 변한은 가야연맹체로, 진한은 신라로 중앙집권적인 국가로 각각 변모한 것이다. 또한 선양과 만주에 잔류했던 키시는 고조선이 멸망하면서 신라로 귀화하여 석씨에게 왕권을 빼앗긴 박씨족과 정략결혼을 통해 연합한다. 그리고 그들은 후에 신라의 중심세력이 되어 김씨 왕조를 이루고 골품제를 통해 신라의 성골 삼성을 구성한다.

다만 고구려의 경우는 산융과 동호의 후예로, 부여국의 일원인 고리족으로 있다가 후에 졸본부여와 동맹하여 새롭게 국가를 이루게 된다.

3) 고조선과 고인돌

한반도에서 발견되는 고인돌은 남방식과 북방식이 있다. 여기서 남방식은 주로 한강 이남에서 발견되며 마한을 구성한 동이족과 관련이 있는 것으로 보인다. 즉, 동이족이 한반도로 이주해 오면서 주로 거주한 곳이 황해도 이남 지역이며 초기 마한연맹이 결성된 곳이다. 그리고 남방식 고인돌이 발견되는 곳이 이와 유사한 지역인 것으로 보아 남방식 고인돌은 에리두계열의 부족국가 묘제이다. 더불어 북방식 고인돌은 고조선의 영역과 합치하는 것으로 보아 키시계열 부족국가의 묘제인 것으로 여겨진다. 또한 키시·고조선의 중심지인 우하량이나 에리두·고구려의 주도인 집안 지역에서 다수의 피라미드나 적석총이 발견되는 것은 왕권이 강력해질수록 규모가 큰 피라미드가 만들어졌기 때문이다. 이러한 고인돌은 청동기시대에 성행하여 초기 철기시대까지 존속한 거석문화의 일종이다. 고인돌은 지역에 따라 호칭이 다른데, 한국과 일본에서는 지석묘라고 하고, 중국에서는 석붕 그리고 유럽등지에서는 돌멘(Dolmen) 등의 명칭이 사용되고 있다. 고인돌의 대표적인 것은 한반도 내에서 강화도에 약 120

〈그림 55〉 고인돌의 종류

여 기의 고인돌과 고창군 전역에 약 1,600여 기의 고인돌이 그리고 화순에 약 500여 기 등이 있다. 특히 고인돌은 한반도 내에서 함경북도의 일부 지방을 제외하고 전역에 골고루 분포되어 있으며, 그 총 수량은 약 15,000~20,000기 정도인 것으로 추정되고 있다. 이러한 고인돌은 일반적으로 하천유역과 낮은 구릉에 많이 축조되어 있으며, 넓은 평야지대보다는 산과 구릉이 가까운 약간 높은 평지와 해안지대 등지에 많다. 여기서 넓은 평야지대에 고인돌이 없는 이유로는 평야지대의 대부분이 습지여서 당시에는 거주지로 부적당하기 때문이다. 그래서 인간이 생활하기 편리한 약간 높은 대지에 많이 축조된 것이다.

고인돌의 형식에서 북방식은 탁자형으로 주로 한강 이북 지방에 분포되어 있으며, 남방식은 기반형으로 주로 남부 지방에 분포되어 있다. 그러나 황해도와 평안남도 지방에서도 기반형이 다수 발견되고, 반면에 전라도와 경상도 지방에서도 탁자형이 발견되면서 북방식과 남방식이라는 분류는 타당성이 적어졌다. 이렇게 남방식과 북방식 고인돌의 혼재는 그 지역의 지배자들이 어느 계열이냐에 따라 시기적으로 형식이 달라진 것이다.

 고인돌의 규모에 있어서는 대체로 탁자형이 크고 기반형은 소형이 많다. 그러나 기반형 중에는 상석의 두께가 월등하게 두꺼워 2m 이상 되는 것도 있다. 그리고 고인돌은 거대한 돌로 만들어 어마어마하게 보이는 것과는 달리 하부의 매장시설은 대부분 소형으로 되어 있다. 그래서 성인의 시체를 펴서 묻기에 부적합한 것들도 많다. 탁자형 고인돌 중에는 규모가 큰 석실과 석관이 있지만, 그 수가 적고 석관과 석곽 등은 대부분 소형이어서 전신장을 하기에 규모가 작다. 규모가 작다는 것은 시체를 굽혀서 묻거나 화장 후 골회장(骨灰藏)을 한 것으로 보인다.

 고인돌의 축조에 있어서는 석제가 크고 무게가 많이 나가 많은 노동력이 필요하다. 그래서 축조자들은 정치적으로 결집된 세력집단으로 소국가 상태였을 것이다. 그리고 남해안 지방 고인돌에서 다수의 비파형동검이 출토되는 것으로 보아 고조선과 관계가 깊은 것으로 보인다. 고인돌에서 발견되는 부장품은 다른 묘제에 비해 극히 빈약한 편으로 마제석기 몇 개와 무문토기 조각 약간 그리고 간혹 홍도가 발견된다. 그러나 청동기 등 금속제 부장품의 출토는 극히 희소하다. 이들 청동기가 출토되는 고인돌은 고인돌 중에서 후기에 해당되며 고대국가가 성립된 후에 조성된 고인돌들이다.

 고인돌의 연대는 고인돌에서 발견된 인골을 방사성탄소측정법으로 얻은 연대를 활용하면 북방식은 BC 8세기경이고, 남방식은 BC 7세기경으로 추정된다. 이것은 북방식이 시기적으로 고조선과 관련이 있고, 남방식은 동이족의 한반도 이주와 관련이 있다는 반증이 된다.

제3장
한민족 상고사의 재해석

1절 주나라와 산융(신한연맹)

1. 주나라의 재해석

고대 중국의 주나라는 중동 지역의 히타이트와 직접적인 관련이 있다. BC 1290년경 중앙아시아의 히타이트는 인접국인 이집트와 전쟁을 벌인다. 이것이 역사상 기록으로 남은 람세스2세와의 카데샤전투이다. 이 카데샤전투는 히타이트와 이집트간의 싸움으로 시작했고, 결국 양자 간의 협정으로 전쟁이 종료되었다. 이 전쟁 이후 히타이트는 BC 1190년경에 다시 그리스의 미케네연맹과 싸움을 벌인다. 이것이 호머의 일리아드와 오디세이에 기록된 트로이전쟁이다. 이 전쟁에서 히타이트는 패하여 결국 멸망하게 된다. 이렇게 BC 1180년경에 히타이트가 붕괴되면서 그들 중 일부가 동방으로 이주한다. 그리고 그들은 신장 위그르 지역을 거쳐 황하 서쪽에 정착한다. 즉, 이란계 히타이트의 이주자들이 황하에 정착하면서 상나라의 변방에 세운 나라가 주나라이다.

이들이 BC 1020년경에 서이(에리두)족의 강태공과 연합하여 키시의 상나라를 멸망시킨다. 그리고 과거 히타이트에서의 봉건제를 중국 땅에 적용하여 그 이전과는 전혀 다른 새로운 중국을 만들었다. 그래서 지금의 중국 언어가 인도·유럽어족과 같은 언어가 된 것도 이 당시 주나라 때문이다.

중국이 자신들의 조상이라고 하는 하나라와 상나라는 우리 한민족과 같은 수메르계열의 어순을 쓰는 국가이다. 그들의 언어는 지금의 중국말과는 전혀 다른 언어이다. 그리고 상나라에서 만들어진 한자 또한 우리 한민족이 개발한 문자이다. 즉, 이란계의 주나라는 키시족인 상나라가 갑골을 통해 개발한 한자를 자신들의 인도·유럽어족의 어순으로 변형시켜 썼으며, 그것이 지금의 중국말이다. 다시 말해서 언어학상 중국문명은 BC 1100년경 주나라에서 시작했다는 것이 맞다.

1) 주나라의 본질 * 다음 / 블로그 / 주나라 / 편집

주나라는 이란계 종족으로 BC 1180년경에 히타이트가 붕괴되면서 그중 일부가 동방으로 이주하여 황하 서쪽 지역에 정착한 이민족이다. 그러나 중국 기록에서는 마치 주나라가 오래전부터 중국에 존재한 국가처럼 조작하고 있다. 엄연히 주나라는 인도·유럽어족으로 철제 무기와 전투용마차 등의 발달된 무기를 가지고 황하 서쪽에서 이주한 이주자들이다. 이 주나라를 조작한 중국의 기록에는, 주나라 사람은 원래 위수 지역에서 생활했다고 주장한다. 그리고 시조인 희기는 바로 농사의 신으로 칭하는 후직이라고 한다. 이렇게 역사를 조작한 주나라는 주문왕 때 나라가 크게 흥성(興盛)하고 그의 통치로 세력이 강성해졌으며, 그 후에 주나라가 비약적으로 발전하여 상나라를 멸망시켰다고 한다. 그러나 주나라는 명백한 이란계 사람들로 화하(華夏)족이 아니다. 즉, 이란계 히타이트인이 상나라를 멸망시키고 중국을 지배한 것이다. 이로 인해 주나라 왕조가 중국에 들어서게 되었으며, 주나라는 상세한 역사적 기원과 기록이 남아있는 중국의 첫 번째 왕조이다.

(1) 주나라의 인종적 특징

현재 발굴된 주나라 때의 분묘 중 초기의 서주시대 묘에서는 백인종의 특징을 지닌 두상(頭像)과 벽화가 발견된다. 이는 상나라시대 묘의 전형적인 황인종 특징을 지닌 청동기 인면상과는 전혀 다르다. 이들은 중앙아시아에 거주하는 셈족의 인면상과 완전히 일치한다. 그리고 복식과 외모 모두 현재의 중국인과는 판이하다. 이것이 주나라 사람들을 이란계 히타이트인이라고 하는 이유다.

주나라 사람들과 중앙아시아의 일부 민족, 특히 히타이트인과 어떤 문화적인 연계가 있을 것이다. 주나라 사람들은 시경에서 자랑스럽게 '혁혁한 나의 조상은 곤륜에서 왔다'고 한다. 여기서 곤륜이라는 곳은 서방의 산악지대라는 의미이다. 특히 주나라의 남성은 코카서스 특징을 나타내지만 여성은 전형적인 몽골족의 특색을 나타내는데, 이것은 히타이트족이 서이족과의 결합에서 나타난 현상이다.

(2) 전차의 사용

고대전쟁에서 전차는 군대의 주요한 수단으로 전쟁의 주요 무기였다. 이러한 전차가 역사상 최초로 나타난 것은 메소포타미아 지역이다. 그곳에서 수메르인들이 BC 3000년경 처음으로 마차를 사용하기 시작했다. 그러나 초기의 마차는 주로 승용이 아니고 짐과 곡식을 운반하기 위한 화물용이었다. 그리고 상나라 때도 청동과 보석 등으로 화려하게 장식되어 있는 마차를 사용하기도 했다. 그러나 이는 전쟁을 위한 마차가 아니라 제례의식에 사용된 것이다. 특히 갑골문에는, 상나라의 군대에서 말은 외국에서 수입한 것이라는 내용이 남아있어 마차가 일반화되지 않은 것으로 보인다. 그리고 상나라 후기에도 무정의 처인 부호는 병력을 이끌고 동이족을 공격한 용감한 여장부로 역사에 남아 있지만, 그러한 그녀의 묘에 매장된 병기 중에서 말과 관련된 군사도구는 전혀 출토되지 않았다. 이것을 보아 상나라의 군대에는 기병 혹은 말이 끄는 전차가 없었던 것이다. 다시 말해서 전차는 상나라 군대에서 그다지 큰 역할을 하지 못했다는 것을 알 수 있다. 즉, 말과 전차가 중국 역사에 본격적으로 나타나기 시작한 것은 주나라 이후이다. 그러므로 주나라가 전쟁에 전차를 도입했다고 볼 수 있다.

이러한 말이 끄는 전차는 중앙아시아의 히타이트에서 유래된 것이다. 특히 상나라를 멸망시킬 때 주나라 군대의 주력도 말이 끄는 전차였다. 주무왕이 상나라를 정벌할 때 전투용 마차가 300승 있었다고 한다. 이렇듯 주나라 사람들은 전차를 가지고 있었으므로 상나라에 비해 군사적으로 우세를 점할 수 있었다. 그래서 당시에는 문화도 훨씬 뛰어나고, 인구도 훨씬 많은 상나라를 전쟁에서 이길 수 있었던 것이다. 주나라 사람들이 이런 우세를 점할 수 있었던 것은 그들이 중앙아시아에서 가지고 이주한 철제 무기와 전차 덕분이다.

(3) 주나라의 언어

주나라의 언어는 지금 중국말의 근간을 이루고 있다. 즉, 주나라의 언어는 인도·유럽어로 그 이전의 하나라나 상나라와는 전혀 다른 언어의 체계를 가지고 있다. 다시 말해서 지금의 중국말은 주나라의 지배 시기인 약 800년 사이에 굳어진 언어이다. 다만 주나라 사람들은 상나라 사람들과 접촉하는 과정에서 상나라의 문자인 한자를 빌려 쓴 것뿐이다. 특히 그들이 상나라를 정복한 후에는 전면적으로 상나라문화를 받아들였다. 그러나 서로 다른 언어체계 때문에 상나라 사람과 주나라 사람의 언어는 서로 통하지 않았던 것으로 보인다.

현재까지 발굴된 상나라시대의 갑골문에 쓴 글자는 대부분 식별할 수 있다. 그러나 가지고 있는 문장의 뜻은 대부분 해독할 수가 없다. 다시 말해서 일부 글자의 의미는 알아볼 수 있으나, 전체 문구는 이해할 수가 없다는 것이다. 이러한 이유로는 갑골문이 인도·유럽어의 어순으로 쓰인 것이 아니고 우리 한글과 같은 어순의 교착어로 쓴 것이기 때문일 가능성이 크다. 그래서 갑골문의 해석하는 형식을 우리 한국말과 같이하기 전에는 그 정확한 의미를 알아낼 수 없을 것이다. 이러한 이유는 하나라와 상나라가 수메르에서 온 우리 한민족의 한 갈래이기 때문이다. 원인을 따져보면 상나라 사람의 어법이 우리가 현재 알고 있는 중국어와 일치하지 않기 때문이다. 즉, 주나라 때부터 전해져 내려온 고대문과 일치하지 않기 때문에 지금 중국은 그 내용을 완전히 파악하지 못하는 것이다.

(4) 주나라의 묘제

주나라 사람들이 불(火)을 숭배하고, 붉은 색을 숭상하고, 화장을 하였다고 한다. 이들 습속은 이란계 민족의 최초 종교인 조로아스터교와 유사하다. 주나라 사람들의 분묘는 대부분 봉토가 없다. 그냥 구덩이를 파고 평탄하게 묻었으며, 땅에 아무런 표시도 남기지 않았다.

그리고 이것은 주나라를 이은 에리두족의 진나라 사람들의 무덤과도 달랐다. 이런 구별은 진시황의 여산능에서도 잘 나타난다. 즉, 진시황 능은 피라미드형의 능묘로 규모면에서도 웅장해 멀리서도 보이지만, 주왕실의 묘는 봉분이 없어 어디에 있는지 도대체 알 수도 없게 되어 있다.

(5) 주나라의 정치제도

주나라의 정치제도에서 가장 큰 특징은 봉건제 후의 분봉제도이다. 분봉제도는 주나라 왕실이 각 지역의 영토를 제후들에게 나누어주고 다스리게 한 제도이다. 분봉제의 토지는 왕실 소유가 아니고 각각 영지를 나눠받은 제후들의 소유가 된다. 그들은 토지의 모든 자원과 수익을 보유하고 주왕실에는 일정한 공납을 바치면 된다. 즉, 중세 유럽의 여러 국왕과 봉건제후들과의 관계와 유사하다. 주나라 왕은 군림하나 지배하지 않는다. 제후의 토지는 그가 죽은 후에 주 왕실에 반납하고 재분배받는 형식을 취하나, 실제적으로는 세습되었다.

이런 정치제도는 왕의 권력이 분산되고, 제후세력이 강대해지는 단점이 있다. 이 때문에 결국 주나라는 사분오열이 되어 춘추·전국시대를 맞게 된 것이다. 그래서 주나라 이후 중국의 정치제도는 중앙집권제로 변하게 된다. 결국 군주의 권력이 극히 강력해져서 이후에는 분봉제도와 봉건제도는 사라진다.

2) 백이와 숙제 이야기 * 다음 / 백과 / 위키백과 / 편집

사마천의 '사기열전'에 의하면 백이(伯夷)와 숙제(叔齊)는 상나라 말기 고죽국의 왕족으로, 끝까지 상나라 군주에 대한 충정을 지킨 의인으로 알려져 있다. 그러나 고죽국은 고리족의 나라로, 백이와 숙제는 강태공과 같이 에리두족의 후예이다.

백이와 숙제는 원래 상나라 동북쪽 변방에 있는 작은 영지의 군주인 고죽군의 후계자였다. 고죽군의 영주인 아버지가 죽자, 이 둘은 서로에게 자리를 양보하며 끝까지 영주의 자리에 오르지 않으려 했다.

이 당시 상나라의 서쪽에는 훗날 서주 문왕이 되는 희창이 작은 영주들을 책임지는 서백의 자리에 있었다. 희창이 죽고 그의 아들 희발(서주 무왕)은 군대를 모아 상나라에 반역하려 했다. 희발의 부하 강태공은 뜻을 같이하는 제후들을 모아 전쟁 준비를 시작했다. 이때 백이와 숙제는 무왕을 찾아와 다음과 같이 간언했다.

"아버님이 돌아가신 후 아직 장사도 지내지 않았는데 전쟁을 할 수는 없다. 그것은 효가 아니기 때문이다. 그리고 주나라는 상나라의 신하 국가이다. 어찌 신하가 임금을 주살하려는 것을 인이라 할 수 있겠는가."

그러자 이에 희발은 크게 노하여 백이와 숙제를 죽이려 했다.

그러나 강태공은 이들이 의로운 사람들이라 하여 죽음을 면하게 하였다. 이후 희발은 상나라를 토벌하고 주나라의 무왕이 되었다. 백이와 숙제는 상나라가 망한 뒤에도 상나라에 대한 충성을 버릴 수 없으며, 고죽군 영주로 받는 녹봉 역시 받을 수 없다며 수양산으로 들어가 고사리를 캐먹었다. 이때 왕미자라는 사람이 수양산에 찾아와 백이와 숙제를 탓하며 말하길, "그대들은 주나라의 녹을 받을 수 없다더니 주나라의 산에서 주나라의 고사리를 먹는 일은 어찌된 일인가?" 하며 책망하였다. 이에 두 사람은 고사리마저 먹지 않았고, 마침내 굶어 죽었다. 이후 백이와 숙제는 끝까지 두임금을 섬기지 않고 충절을 지킨 의인들을 가리키는 상징적인 인물이 되었다고 한다.

고죽국은 상나라가 멸망한 후 동방으로 이주한 기자에게 백이가 군주의 지위를 양위하고 수양산으로 들어갔다는 설이 있다. 그리고 이후 고죽국은 기자에 의해 고조선연맹에 속한 국가로 변했다고 한다. 그러나 이것이 후에 주 무왕이 기자를 조선 후에 봉했다는 이야기로 변조된 듯하다.

3) 중국어와 한자 * 다음 / 백과사전 / 브리태니커 / 편집

지금의 중국문자인 한자는 키시·상나라 때 만들어진 갑골문에서 발전한 문자이다. 이것은 초기 수메르의 상형문자에서 시작하여 한자가 되었으며, 그 주도적인 역할은 키시족의 신관들이 했다. 즉, 한자가 갑골의 점글(卜詞)로 쓰이기 시작하면서 정형화되고 체계화하면서 생겨난 것이다. 기록상 한자의 창시자는 창힐(蒼頡)이라고 한다. 일설에는 그가 황제의 사관 또는 고대의 제왕이라고도 한다. 그는 머리에 눈이 4개 있고, 신명과 통하며, 위로는 북두칠성의 방형을 이룬 4개 별의 둥글고 굽은 형세를 관찰하고, 아래로는 거북의 등껍질 모양과 새 발자국의 형상을 살피고, 아름다운 것들을 널리 모아 글자를 만들었다고 전해진다. 그래서 천지·귀신이 그것을 보고 감동하여 하늘에서는 곡식을 내리고, 귀신은 밤에 곡을 했다고 한다.

한자는 표의문자로 한 글자가 곧 한 개의 뜻을 나타내고 있을 뿐만 아니라 그 뜻에 해당하는 소리까지도 가지고 있다. 한자가 지금의 상태로 발달하기까지는 오랜 시일과 여러 단계의 변천을 거쳐 이루어진 것이다. 즉, 한자와 같은 표의문자는 표음문자와는 달라 그 글자 수가 너무 많아서 한 두 사람이 단시일에 만들어 낼 수는 없다. 또한 갑골문에는 많은 다른 이종 글씨체가 있다. 예를 들면 갑문에 쓰인 인(人)자의 이종 글체는 78종이나 된다고 한다. 이러한 한자의 발생 기원이 오래인 것만은 사실이나, 그 시기를 정확히 밝혀내기는 어렵다. 지금까지 알려져 있는 가장 오랜 한자는 안양에서 출토된 갑골문자가 있다.

또한 중국어 문장 형식은 초기에 우리 한글과 같이 교착어 형식으로 만들어졌다. 그러나 주나라 이후에는 지금과 같이 어순이 바뀌고 조사는 없어졌다. 이것은 이란계의 인도 · 유럽어족인 주나라의 지배자가 상나라 문자의 어순을 지금의 중국어와 같이 바꿔 놓은 것 때문이다. 즉, 상나라 때 문자는 '주어+목적어+보어+동사'의 형식으로 동사가 뒤에 오는 우리 한글과 같은 형식이었으나, 주나라 이후에는 '주어+동사+목적어+보어' 형식으로 뒤바뀐 것이다.

이 때문에 상나라시대의 갑골문을 지금의 중국어형식으로 번역하는 것이 오류를 일으키고 있으며 번역이 불가능해지는 요인이 되고 있다. 즉, 상나라 이전의 갑골문이나 한자는 우리 한글과 같은 형식의 언어라는 관점에서 분석하여야 올바른 번역이 나올 수 있을 것이다.

더불어 하나라는 에리두의 나라로, 그들이 사용한 문자는 한자보다는 원시상태의 이두문자일 것이다.

2. 산융과 동주의 재해석

1) 산융과 동호 이야기

산융은 서우르로 지칭되며, 서쪽의 우르라는 의미이다. 그리고 우리의 기록상 신한연맹이다. 이러한 산융은 하나라가 상나라에게 멸망할 때 북으로 이주해 온 북이(에리두)와 내몽골에 남아있던 기존의 우르와 훈족의 재결합으로 이루어진 새로운 칸(신한)연맹국가이다. 이 당시 하나라의 한 갈래인 북이가 이주해 온 지역을 지금은 하가점(夏家店)이라는 명칭으로 불린다. 그리고 이때부터가 하가점상층문명이 된다. 즉, 하가점하층문명은 신시 배달국이고, 산융의 신한연맹은 하가점상층문명이다.

이러한 산융은 중국 기록상 견융(畎戎)과 분리하여 서로 다른 종족으로 보고 있으나, 견융은 산융과 같은 종족 혹은 융족(신한)연맹체의 일족으로 보는 것이 타당하다. 즉, 산융과 견융은 신한연맹의 부족국가로 하가점상층문명기에 하북성에서 산서성에 걸쳐 거주한 종족들이다. 특히 견융을 별칭으로 견이(犬夷)·곤이(昆夷)라고 한 것으로 보면 견융은 에리두족의 부족국가로 여겨진다. 견융은 상나라 때 세력을 떨친 귀방(鬼方)과도 같은 민족이라는 설이 있다. 그러나 주나라 때 들어와서는 목왕이 견융을 정벌하여 태원으로 쫓아낸다. 그 이후 주나라는 지속적으로 견융의 침략에 시달렸으며, 특히 BC 771년 서주 말기 유왕이 즉위하면서 정치가 문란해지자 견융은 신후(申侯)와 연합하여 서주를 공격하고 유왕을 살해하였다. 그 때문에 주나라는 수도를 동쪽으로 옮겨 동주시대가 시작된다. 그 후 견융은 위수에 진출하여 주를 위협하다가 진의 양공과 문공에게 토벌을 받고 그 지배하에 들어간다.

그리고 산융의 신한연맹은 BC 6세기경에 스키타이의 침입을 받아 사해, 흥륭와 지역으로 이주한다. 이때 신한연맹은 훈족과 결별하고 우르·에리 두연합의 구려(진한연맹)로 개명한다. 이 당시 만들어진 구려가 중국 기록 상 동호이다. 이때부터 에리두는 고리족이 되며, 동호 멸망 후에 오환산으로 들어가 오환족이 된다. 그리고 일부는 남만주로 내려가 후에 고구려를 건국한다.

여기서 기술되는 산융과 동호는 사마천 사기의 '흉노열전' 등에 등장하는 종족이다. 산융과 동호는 고조선이 존재하던 시기의 요서 지방에 거주했으며 하가점상층문명을 담당했다. 요서 지방은 대체로 요하 서쪽에 있는 지역으로 이것을 통해 고조선의 정확한 위치도 알 수 있다.

일반적으로 동호는 요서 지역의 비파형 동검문화를 영위했다고 한다.

요서 지역은 비파형 동검문화의 발원지이자 비파형 동검문화를 주도한 문화로 이 지역의 문화가 확산되어 요동 지역에도 영향을 주었으며, 북쪽으로는 하가점상층문명이 되고, 서쪽으로는 유병식동검문화에 직간접적으로 영향을 주었다.

비파형 동검은 하가점상층문명의 영역이라 할 수 있는 노합하 유역에서는 거의 출토되지 않았으며, 노노아호산 이남 고조선 지역에서만 출토되었다. 또 연산산맥 이북의 하북성 일대의 유병식동검문화 영역에서도 검신은 비파형 동검이고, 검 손잡이 부분은 유병식동검문화 계통의 동검이 출토되었다.

요서와 요동의 비파형 동검문화에서 공통적인 요소로는 비파형 동검과 T자형 청동검 손잡이, 부채꼴형 도끼와 비파형 동모 그리고 다뉴세선문경 등이 있다. 그러나 하가점상층문화는 공병식 동검과 유엽형 동모 그리고 단뉴무문경과 조인상동부 등 스키타이유형 동물문의 여러 장식들이 함께 발견되고 있다. 이것을 보면 산융과 동호가 스키타이문명의 직접적인 영향을 받은 것임을 알 수 있다.

동호의 성립은 BC 6세기~BC 5세기경이다. 기록상 동호는 전국시대에 등장한 종족이다. 실제로 춘추시대에 북방 이민족간의 전쟁을 보면 동호는 전혀 등장하지 않는다. 이것은 아직 동호가 춘추시대에 등장하지 않았으며, 산융이 소멸된 전국시대 이후에 등장하는 것으로 보아 전국시대가 되어서야 성립된 것으로 볼 수 있다. 즉, 동호는 산융의 후속 국가로 볼 수 있는 것이다.

산융은 상나라 및 주나라시대에 걸쳐서 나타났으며, 특히 주나라와 오랜 기간 동안 적대 상태에 있었다. 춘추·전국시대에는 연나라와 제나라를 자주 침범하였다. 산융의 일파인 견융은 BC 8세기에 주나라의 수도 호경을 함락하여 서주를 몰락시키고 춘추·전국시대를 불러일으킨 원인이 되었다. 이후 산융은 스키타이에게 밀려 동쪽으로 이동하고 동호로 개명한다. 그리고 동호는 BC 3세기경 흉노에게 멸망한다.

2) 스키타이의 침입 * 다음 / 백과사전 / 위키백과 / 편집

스키타이는 BC 8세기~BC 7세기경 중앙아시아에서 러시아 남부 지방으로 이주했던 유목민족이다. 이들은 원래 이란인에 속하는 사람들로 기마술을 전투에 활용하였으며, 내몽골을 침략하는 과정에서 산융이 동쪽으로 이주하였다. 이때 그들이 전투에 운용되는 기마술을 동방에 전수하였다. 그래서 그 후 훈족과 동방의 국가들은 기마술을 중심으로 하는 기마전투가 일반화되었다. 또 다시 이들은 서방으로 진출하여 현재의 크림 지역을 중심으로 활동하다가 BC 2세기경에 사르마티아에 흡수될 때까지 강력한 제국을 형성하여 5세기 이상 번성했다.

스키타이의 역사는 그들의 영토를 방문했던 헤로도투스의 기록에 근거하고 있다. 그 당시 스키타이는 용맹성과 전투 중 말 타기 솜씨로 인해 다른 부족들의 경외 대상이었다. 이들은 역사상 최초로 말 타기를 터득한 민족이다. 또한 스키타이는 전투력뿐만 아니라 그들이 건설한 문명에 있어서도 탁월했다. 이후 스키타이는 영토를 확장해 마침내 러시아 남부와 크림 지역의 지배자가 되었다. 바로 이 지역에서 스키타이문명의 가장 다양하고 풍부한 유물들이 발굴되고 있다. 이들 중 부유한 귀족계급은 황금과 귀중품들로 가득 찬 무덤들을 남겼다. 그리고 이들의 전투력이 워낙 강했기 때문에 BC 513년에 있었던 페르시아의 침입도 충분히 격퇴할 수 있었다. 그 후 헤로도투스시대에 이르러 스키타이 왕족이 그리스인들과 통혼하게 되었다. BC 339년 마케도니아의 필리포스 2세와 전투를 벌이던 중 스키타이의 왕 아테아스가 90세의 나이로 전사했다는 기록이 남아 있다. 스키타이는 마침내 BC 2세기경에 멸망했는데 마지막 왕이었던 팔라쿠스의 이름이 역사에 남아 있다.

스키타이 군대는 일반 평민들로 구성되었으며 음식과 의복을 지급받는 것 이외의 급료를 전혀 받지 않았다. 그러나 이들은 죽은 적의 머리를 베어오면 전리품을 나누어 가질 수 있었다. 대부분의 전사들은 그리스 양식의 청동 헬멧을 쓰고 쇠사슬 갑옷을 입었다. 주요 무기는 2번 휘게 만든 활과 끝이 세 갈래로 난 화살이었다. 칼은 페르시아 형식이었다. 모든 스키타이인들은 적어도 1필의 개인용 말이 있었다. 그러나 부유한 사람들은 여러 마리의 말들, 특히 몽골 조랑말을 갖고 있었다. 이들의 장례풍속은 매우 정교했는데 남자가 죽으면 그의 아내와 종, 많은 말들을 함께 매장했다. 스키타이는 아시아에서 이동한 뒤 카프카스와 흑해 북부 평원을 점령하고, 페르시아 서부에서 시리아와 유대 땅을 지나 이집트 경계 지역까지 영토를 넓혔다. 그러나 페르시아를 지배하던 메디아인이 이들을 공격해 아나톨리아 지방으로부터 몰아냈기 때문에 이들의 영토는 페르시아 경계 지역과 쿠반을 거쳐 러시아 남부까지로 축소되었다. 그러나 페르시아의 스키타이에 대한 공격은 이들을 동쪽으로 내몰리게 한다. 이 때문에 스키타이는 동방으로 이동하면서 내몽골의 산융(신한연맹)을 침범하여 연맹이 와해되도록 만들었다.

3) 동주시대 이야기 * 다음 / 백과사전 / 위키백과 / 편집

상나라의 뒤를 이은 주나라는 정통 중국민족이 아닌 이란계로, 히타이트 이주자들이다. 그들은 상나라를 멸망시킨 후 약 250년이 지난 즈음 내몽골에 세워진 신한연맹에 의해 공격을 받게 된다. 이것을 중국 기록에서는 견융의 침입으로 알려져 있다.

BC 771년 주나라의 유왕 때 견융이 침공하여 수도 호경이 함락되고 유왕이 피살되는 사건이 발생한다. 그 후 제후들이 평왕을 옹립하였으며, 평왕은 수도를 호경에서 낙읍으로 옮긴다. 즉, 수도를 낙읍으로 옮긴 후의 주나라를 동주라고 말한다. 동주시대에는 주나라 왕실의 힘이 약화되고, 제후들의 힘이 강대해져서 주나라 왕실은 명목상으로만 남게 된다. 이때부터가 춘추·전국시대가 된다. 특히 전국시대가 되면서 주 왕실은 더욱 유명무실해지고 초와 위 등의 국가는 왕을 칭하게 되었다. 그리고 진나라의 혜문왕 이후 주 왕실의 권위는 완전히 무너지고 BC 249년 진나라의 장양왕(진시황의 아버지)의 군대가 동주를 침공하여 수도를 점령하였다. 그래서 주나라는 멸망하게 되고 진나라에 의해 중국이 통일된다.

4) 유왕과 포사 이야기 * 다음 / 백과사전 / 위키백과 / 편집

포사는 BC 770년경 주나라 유왕의 황후로서 절세의 미녀로 알려져 있다. 그녀는 후에 서주 멸망의 원흉이 되었다. 그러나 그녀의 생일과 사망일은 알려져 있지 않으며, 포사에 관한 문헌에는 다음과 같은 기록이 전해진다.

"하나라 말년에, 두 마리의 용이 왕궁에 나타나 스스로를 '포나라의 두 임금이다'라고 하면서, 침을 뱉어놓고는 사라졌다. 사람들이 점을 쳐 본 결과 침을 보관해 두면 길할 것이라는 점괘가 나와 사람들은 그것을 나무 상자에 고이 보관하였다. 주나라 려왕 대에 이르러 사람들은 그 상자를 열고는 그 안을 관찰하였다. 그러나 조심하지 않아 용의 침을 조정 밖으로 흐르게 하였더니, 용의 침이 갑자기 검은 도마뱀으로 변하여 왕부 안을 돌아다녔다. 그리고 한 소녀가 이 검은 도마뱀과 우연히 마주쳤다. 그 소녀가 40년 만에 여자 아이를 하나 낳았으나, 소녀는 이 아기를 갖다 버렸다. 그래서 포나라 사람이 이 아기를 거두어 집에서 길렀다. 그 후 포나라 사람은 이 여인을 주나라 유왕에게 바쳤는데, 그녀가 바로 포사였다."

유왕은 곧 포사에게 심취했다. 그래서 포사는 유왕의 총희가 되었으며, 아들 백복을 낳았다. 하지만 포사는 웃음이 없었다. 유왕은 어떻게 해서든지 포사를 기쁘게 해주고 싶어 했다. 그래서 유왕은 봉화를 올려 제후들을 여산(驪山) 앞에 소집하였다. 제후들은 황망히 여산 앞에 달려왔으나, 봉화가 적의 침범 때문이 아니라는 것을 알아차리고는, 낭패스러운 표정을 지으며 돌아갔다. 포사는 이 광경을 보고 크게 웃었다.

이후, 유왕은 태자 의구를 폐하고 포사의 아들 백복을 태자로 세웠다. 그래서 신황후는 그 아들과 함께 외가인 신국(申國)으로 급히 몸을 피했다.

BC 771년, 신황후의 아버지 신후(申侯)가 견융족과 연합하여 호경으로 대거 침공해왔다. 주 유왕은 다급히 봉화를 올렸으나, 제후들은 이 봉화가 또 거짓인 줄 알고 아무도 오지 않았다. 견융족의 병사가 주나라의 유왕을 살해하였다. 포사는 그들의 포로로 잡혔는데 그 후 어떻게 되었는지는 알려지지 않고 있으며, 자결했다는 설도 있지만 확실하지는 않다.

2절 동호와 부여의 역사 재해석

1. 동호와 선비족 이야기

1) 동호(구려) 이야기

구려는 중국 고사에는 동호(진한연맹)로 알려졌으며 내몽골의 동쪽인 사해와 홍륭와 지역에 살고 있던 우리 한민족의 한 갈래이다. 이들은 산융(신한연맹)이 스키타이에게 밀려 동쪽으로 이주하면서 훈족과 결별하여 만든 우르족과 에리두(고리)족의 진한연맹체이다. 이들은 전국시대(BC 475년~BC 221년)에는 연나라에게 패하여 지금의 서요하의 상류로 옮겨가서 유목과 수렵생활을 하며 살았다. 그리고 후에 다시 한나라 부근으로 옮겨와서 농업과 수공업을 영위하였다.

고리족의 경우는 하나라가 멸망한 후 하가점으로 들어온 북이족의 후예로 BC 12세기경까지 상나라에게 공납을 바쳤으며, 주나라의 성왕 때는 산융(신한)의 일원으로 낙읍에 와서 곰을 공물로 바친 적도 있었다. 그러나 진나라 말기에는 동호(진한)의 일원으로 세력이 강해져서 흉노(훈)족으로부터 말과 족장의 부인 및 토지 등을 빼앗기도 했다. 그러나 BC 3세기 말에 흉노족의 우두머리인 묵돌 선우의 공격을 받고 패하여 부족연맹이 해체되는 운명을 맞게 된다. 그리고 그들 중의 우르족 일부는 선비산으로 들어가 선비족이 되고, 일부 에리두족은 오환산으로 도주하여 오환족이 된다. 이후 상당수의 우르족은 더욱 동쪽으로 이동하여 예족과 결합하여 부여를 만들고, 에리두는 남만주의 고리족으로 부족화한다.

'삼국유사'에 적혀 있는 구려족은 구려가 구이(九夷)로 기록되어 있으며, 구이는 현도(玄菟), 낙랑(樂浪), 고려(高麗), 만식(滿飾), 부유(鳧臾), 소가(素家), 동도(東屠), 왜인(倭人), 천비(天鄙)를 지칭했다. 이러한 구려의 어원은 하늘에서 내려왔다고 칭하는 무리들을 총칭하여 부른 명칭이며, 단순히 9족이라는 뜻은 아니다.

중국의 기록에는 구려국을 직업별로 분류하여 동만주의 농·어업족은 예(濊)족으로, 요하의 사냥족은 맥(貊)족으로, 내몽골의 유목족은 호(胡)족으로 분류하고 있다. 이 중 맥족이나 호족은 직업상 기마, 활, 창 등을 사용할 기회가 많아 기마술과 무술에 능하여 전투력이 강하였다. 그러나 예족은 기마, 활, 창 등을 사용할 기회가 별로 없어 전투력이 약했다. 그래도 후기에는 예족도 기마술을 갖춘 군대를 양성하고 철제 무기를 도입하면서 전투력이 강해졌다. 이들 예족이 후에 말갈 그리고 여진이 된다.

2) 선비족과 단석괴 이야기 <small>* 다음 / 백과사전 / 편집</small>

(1) 선비족 이야기

선비족의 선조는 동호국의 우르족과 같은 갈래였다. 동호가 흉노에게 멸망한 후에 동호를 구성하였던 우르족의 일부가 선비산으로 도주하였는데, 이들을 선비족이라 한다. 이들은 진·한시대에 대흥안령산맥 일대에서 남쪽의 시라무렌강 유역으로 옮겨왔으며, 후한시대 때 중국에 복속되었다. 흉노족이 서쪽으로 옮겨간 후 그 지역을 모두 차지했고, 고비 사막 북쪽에 남아 있던 흉노족이 선비족 지배 아래로 편입되면서 세력이 점차 강성해졌다.

AD 2세기 중엽에 선비족의 우두머리 단석괴가 선비족 각 부족에 의해 '대인'으로 추대되어, 우문·모용·탁발·단·걸복 등의 부족군사연맹을 세웠다. 그리고 각 부족을 동·중·서의 3부로 나누고 각 부마다 대인통령을 두었다. 후한은 사신을 보내 단석괴에게 인수(황제가 신하에게 내리는 신표용 도장과 그 끈)를 주고 선비의 왕으로 봉했다.

선비족은 유목을 생업으로 삼으며 말 타기와 활쏘기를 잘했다. 선비족이 만든 '각단궁'은 고대에 유명한 무기였다. 단석괴가 죽은 후 선비족의 부족연맹은 해체되었다. 5호16국시대에는 선비족의 각 부족들이 모두 나라를 세운 적이 있었다. 특히 탁발부는 AD 5세기에 북위 왕조를 세워 중국 북부를 140여 년 동안이나 통치했고, 또한 선비족의 한족화를 열심히 추진했다. 중국 내륙으로 옮겨온 선비족은 점차 농업을 생업으로 삼고 한족과 융합되었다.

초기 우르족의 탁발선비가 알선동굴을 떠나 대초원으로 진출해 더 큰 세력으로 확장될 때, 몽골 초원은 아직도 흉노의 시대였다. 그러나 흉노가 남북으로 분열된 채로 남흉노가 후한과 연합하고, 이 세력에 밀린 북흉노는 AD 89년~AD 91년에 서쪽으로 이동하였다. 이렇게 북방의 흉노세력이 약화되면서, 자연스럽게 북방의 세력은 우르계의 선비족이 이어 받게 된다.

이때 선비족 가운데 한 부족이었던 탁발선비도 현재의 내몽골에서 산서성과 하북성 북부 지방까지 내려왔다. 이 시기에 선비족에서는 단석괴(檀石槐)라는 걸출한 일대 영웅이 나타난다.

(2) 단석괴 이야기

단석괴(AD 157년~AD 181년)는 원래 탁발선비가 아닌 다른 부족 출신이었다. 그러나 그는 어려서 아버지로부터 버림을 받아 외조부 집에서 자랐다고 한다. 그는 어려서부터 용감했고, 지혜가 남달랐다. 성장한 이후에는 "법을 엄격하게 시행하고, 공평하게 다스려 감히 법을 어기는 자가 없었고, 결국 대인으로 추대됐다."고 한다.

대인으로 추대된 단석괴는 후한의 환제 때에 지금의 내몽골자치주 상도현 부근의 동양하(東洋河)에서 선비족 부족연맹을 결성하였다. 그리고 그 여세를 몰아 동으로는 부여를 격파하고, 남으로는 후한을 공격하여 강대한 제국으로 세웠다. 이에 대해 후한의 환제는 단석괴에게 화친을 제의하면서 단석괴를 왕으로 봉하려했으나, 단석괴가 이를 거절했다.

환제의 화친 제의를 거절한 단석괴는, 광대한 영토를 구축하고는 북방지역을 동부, 중부, 서부 셋으로 나눠 각각 대인을 임명하여 다스리게 했다. 이는 고삼국이나 흉노의 삼각체계(좌·우·중)의 통치제도와 같다. 이때 동부는 지금의 북경 동쪽에서 만주의 부여 경계선까지, 중부는 지금의 북경 동쪽 지방에서 서쪽 지방까지, 서부는 북경의 서쪽에서 멀리 둔황까지로 구분했다고 한다.

이때 동부 선비의 대인 가운데 우문씨는 나중에 북위(北魏)가 동·서위로 분열했을 때 서위를 장악했으며, 황위를 찬탈해서 북주(北周)를 세운다. 이 북주가 결국 수와 당으로 이어져서 중국을 지배하게 되는 것이다. 또한 중부의 대인 가운데에는 모용(慕容)씨가 있으며, 이 모용씨가 5호16국 시대에 지금의 북경 근처에서 세력을 형성했는데, 전연(前燕), 후연(後燕), 남연(南燕)을 세우고 고구려와 갈등을 한 세력이다.

그 후 단석괴는 AD 166년에 다시 후한의 변경을 공격했고, 후한이 3만 명의 군사를 동원해 반격했으나, 단석괴가 이를 다시 격파해 버렸다.

그러나 단석괴가 사망한 후에는, 강대했던 선비족 부족연맹은 와해하고 약화되고 만다.

3) 선비족과 한민족과의 관계

모용씨는 선비족으로 분류되지만 명백히 키시·고조선의 후예이다. 이들 중의 일부가 고구려와 전쟁을 계기로 해서 한반도로 들어오는데 이들이 신라로 진입했으며, 신라의 성골 삼성 중의 하나인 김씨족이다. 특히 김씨 왕조의 하나인 법흥왕이 바로 모용씨의 후예라는 견해가 있다.

한국 김씨의 뿌리는 신라계인 경주 김씨와 가야계인 김해 김씨로 크게 두 줄기로 대별된다. 그 중 신라계는 대륙삼한의 진한(동호)에서 이어진 기마민족의 모용(키시)씨에서 유래했으며, 가야계는 변한(고조선)의 김(키시)씨에서 나온 것으로 보인다. 초기 한반도에 모용씨가 들어왔을 때는 신라가 석씨 왕조의 사로국이었다. 이것은 김알지의 설화에서 잘 나타나 있다.

여기서 모용씨는 후연을 세운 부족인데, 진서(晋書)에서는 모용씨가 조선왕으로 표기되기도 하였다. 이러한 모용족 명칭의 유래와 관련해서는 모용부의 한 족장이 걸을 때 관의 장식이 흔들리는 것을 좋아해서 부족사람들에게 보요관(步搖冠)을 쓰게 하여 걸을 때 흔들린다는 보요가 와전되어서 모용이 되었다는 설이 있다. 특히 모용씨는 선비족 중에서 가장 먼저 중원에 진출한 한 갈래이다. 모용씨의 근거지는 요동이다. 그들 중에 모용외라는 걸출한 인물이 나타나서 스스로 선비의 대선우가 되고, 그의 아들인 모용황 대에 이르러서는 연나라를 건국하고 황제가 된다. 이어서 고구려를 무찌르고, 선비족의 우문부와 단부 그리고 부여국을 멸망시키는 등 북방에서 세력을 확고히 한다.

선비족의 활동 지역에서 출토되는 유물을 보면 이들의 문화 역시 우르족의 태양신 숭배사상을 가지고 있었음을 알 수 있다. 유물을 보면 태양신을 나타내는 황금으로 된 새 모양이 나타나고, 신단수(神木)의 나뭇가지를 형상화한 것도 나타난다. 여기서 신목은 우르·배달국의 뿌리에서 나온 것임을 짐작할 수 있다.

선비족의 언어는 오환족과 함께 고대 몽골어(수메르어)와 같다는 것이 정설이다. 그리고 몽골어와 우리 한국어는 하나의 뿌리에서 나왔으므로, 선비족과 오환족은 우리 한민족의 한 갈래임을 알 수 있다.

(1) 탁발부 선비(拓跋部 鮮卑)

탁발부 선비족은 동호의 우르족 후예이다. 흉노가 약해진 AD 3세기 후반에 추장 탁발역미가 내몽골의 호흐호트 분지로 남하하여 그곳을 근거지로 하였다. 그리고 그의 손자인 탁발의로가 서진을 멸망시킨 흉노와 유연과 싸워 대선우가 되었다. 그 후 탁발의로는 병주자사 유곤에게 상건하 상류와 구주산 이북의 영토를 요구하여 차지하고, 대동분지를 포함하여 장성 너머의 땅을 영유했다. AD 315년 그는 대나라를 건국하고 왕을 칭하였다. 그리고 성락에 도성을 쌓고 북도로 하고, 대동분지 평성을 남도로 삼아 수도로 정하였다.

이와 같이 탁발선비의 지배가 화북에 미치면서 중국식의 성을 쌓고 제도를 중국풍으로 바꾸었다. 또한 중국인 관료를 기용한 뒤에는 형제상속에서 부자상속으로 바꾸는 등 국가의 제도를 중국식으로 바뀌었다. 그러나 동진과 항쟁하다가 이내 몰락하고, AD 386년 탁발규가 국호를 북위(北魏)로 개명하고 황제에 즉위했다. 그 후 북위는 태무제 때 화북을 통일하고, 강남에서는 송나라가 동진을 대체함으로써 중국은 남북조시대가 시작되었다.

(2) 우문부 선비(宇文部 鮮卑)

우문부 선비는 동호의 우르족 출신으로 중국의 5호16국시대에 존재한 선비의 일파이다. 이들은 동호의 옛 땅인 시라무렌강 유역을 중심으로 유목 생활을 하였다. 우문부는 초기 모용부에 복속하였고, 모용부가 탁발부의 북위에게 멸망하자 거주지를 북위 초기에 무천진으로 옮겨 살았다.

AD 557년 우문부 출신의 우문태는 북위에서 일어난 6진의 난에 참가하였다가 하발악에게 귀순하여 두각을 나타내었다. 하발악의 사후에는 그가 가지고 있던 기반으로 관중 지방에서 세력을 확장했다. 세력을 크게 키운 우문태는 서위를 멸망시키고 북주(北周)를 세웠다. 북주는 AD 581년 수나라에게 멸망하였다.

(3) 모용부 선비(慕容部 鮮卑)

모용부 선비는 키시·고조선의 후예로 AD 3세기에 대능하 하류 지방으로 옮겨 유목생활 외에 농경도 하였다. 그 당시의 추장인 모용외는 스스로를 선비대도독이라 일컬었고, 서진에서 영가의 난을 피하여 투항해 온 한족들을 관리로 임용하여 정무를 맡게 하였다. 또한 중국풍의 제도를 채용하였으며, 동진으로부터 평주목 요동군공 등의 관작(官爵)을 받았다.

그의 아들 모용황은 전연을 건국하고, 수도를 용성(龍城)으로 하였다. 모용황은 이후에도 세력을 확장하여 황제로 즉위하였고, 화북 지방의 동부를 지배하였다. 전연이 멸망한 뒤 후연과 남연이 건국되었으나, AD 5세기 초 북위에 병합되었다. 이 시기부터 신라의 김씨 왕조가 본격적으로 두각을 나타내는 것으로 보아, 이때 키시·모용족이 대거 신라로 이주한 것으로 보인다.

(4) 단부 선비(段部鮮卑)

단부 선비는 AD 2세기경에 단석괴가 세운 선비족의 일파이다. 그들은 키시족의 후예로 유주 북동쪽의 난하와 대능하 사이에 살고 있었다. 한때 선비족의 불세출 영웅인 단석괴가 선비를 통일하여 발전하였으나, 그의 사후 다시 분열되어 중국에 흡수되어 소멸되었다.

2. 훈(흉노)의 역사 재해석

1) 흉노족과 동호 이야기

BC 5세기경에 나타난 흉노는 훈족을 가리키며 원래 신시 배달국의 피지배계층이었다. 중국사에 따르면 BC 3세기 말경 묵돌 선우의 흉노가 동호를 격파하고, 그 여세를 몰아 한반도 북부에서 바이칼호와 티베트에 이르는 광대한 면적을 지배하였다고 전한다. 여기서 동호는 진한이며, 이때 동호가 멸망하면서 우르족과 고리족이 흩어진 것으로 보인다. 이것은 당시 동호의 피지배계급이었던 내몽골의 흉노족들이 연합해서 독자적인 세력으로 성장한 결과이다. 이들은 중국이 춘추·전국시대에 발달시킨 철기문명을 받아들이고 급속도로 강해졌다. 그리고 동호국에서 독립하여 결국 동호국을 붕괴시킨 것이다.

그 후 우르족의 해모수가 과거 동호국에 속해 있던 다수의 우르계열의 부족들을 모아 부여를 건국하게 된다. 이렇게 해서 멸망한 동호국을 대신하여 부여가 북만주에 우리민족의 새로운 국가로 탄생한 것이다. 그리고 BC 37년에는 부여에서 따로 나온 고주몽에 의해 남만주 쪽의 졸본부여에 속해 있던 우르족과 고리족을 재결집하여 고구려로 탄생하게 된다. 이 과정이 지나는 동안 만주에 있던 흉노족은 한동안 역사 속에서 사라지게 된다.

그 후 AD 2세기~AD 3세기경 북만주의 혼란기에 다시 중앙아시아에서 훈족이 일어나 서진하여 AD 4세기경에 로마제국에 이르고, AD 5세기경 완전히 사라진다.

초기 동호는 숙신·예맥과 함께 만주를 이루던 한민족 국가의 하나이다.

만주에서도 가장 서쪽의 내몽골에 있기 때문에 수렵·농경을 영위하던 숙신과 예맥에 비하면 이들은 순수 유목민에 가깝게 생활해 왔다. 이런 동호에서 갈라져 나온 종족 중에는 선비족, 거란족, 몽골족 등이 있다. 동호국이 흉노의 묵돌에 의해 멸망하면서 백성들이 흉노의 직접적인 지배를 받거나 사방으로 도주하였다. 그중에 대흥안령산맥의 오환산으로 도주한 에리두는 훗날 오환족이 되었고, 몽골의 선비산으로 이주한 우르는 선비족이 되었다. 하지만 흉노가 몰락한 이후부터 명나라 이전까지 동호국의 후예들은 중국 역사의 주역으로 재등장한다. 특히 위·진 남북조와 수·당시대 내내 선비족이 중국을 지배하였으며, 당나라가 멸망하고 북·남송시대에는 거란의 요나라와 키시의 금나라가 번갈아가며 북중국을 지배했다.

그러나 동호계의 모용선비족이 세운 후연은 부여를 멸망시키고, 고구려와 지속적으로 갈등을 일으켰으며, 수·당은 고구려와 70년간 전쟁을 하다가 고구려를 멸망시켰다. 그 후 거란의 요나라는 발해를 멸망시키고, 고려를 침공했다. 이 때문에 그들이 마치 우리 한민족과는 적대적으로 보이나, 동호의 후예인 선비족과 거란족 등은 명백한 배달국과 고조선의 후예로 주체세력은 우르·키시·에리두이다.

2) 훈(흉노)제국 이야기 | * 다음 / 백과사전 / 위키백과 / 편집

훈은 BC 6세기경 신한연맹(산융)에서 분리 독립했다. 그리고 BC 4세기경 스키타이에게서 배운 기마전투술을 중심으로 강력한 전투력을 보유하게 된다. 그 후 훈(흉노)이 강력해지면서 진나라의 변경을 침범하여 노략질을 하기 때문에 진시황은 만리장성을 쌓고 몽염에게 북방 수비를 맡겨 흉노에 대비하게 하였다. 그리고 진시황과 몽염이 죽자 흉노의 지도자인 두만 선우는 오르도스 지역을 회복하고 다시 이 일대를 지배하게 된다. 이후 두만 선우에 뒤이어 묵돌 선우가 등극하여 더욱 강력한 흉노를 만든다. 원래 묵돌 선우는 두만의 맏아들로 태어나서 성장했다. 그러나 두만은 묵돌 대신에 후궁이 낳은 아들에게 뒤를 잇게 하기 위해 묵돌을 일부로 월지에 인질로 보냈다. 그리고 인질로 간 묵돌을 죽이기 위해 일부러 월지와 전쟁을 일으켰으나, 묵돌은 월지에서 살해당하지 않고 오히려 명마를 훔쳐 흉노로 도망쳐 왔다. 그래서 두만은 할 수 없이 묵돌에게 태자로서 좌현왕의 작위를 내리고 그를 1만 명의 기병 대장으로 삼았다. 하지만 묵돌의 지위는 안정적이지 않았기에 묵돌은 반란을 도모하였다.

묵돌은 소리 나는 화살인 명적(鳴鏑)으로 자신의 휘하에 있는 1만의 기병을 훈련시켰다. 훈련 동안 그는 자신이 어떤 표적을 향해 활을 쏘면 모두가 그 표적을 향해 활을 쏘라고 가르쳤다. 그리고 이를 어기고 쏘지 않는 자는 반드시 목을 베었다. 처음으로 그는 자신이 가지고 있던 명마를 쏘았다. 몇몇 부하가 따라 쏘기를 주저하기에 목을 벤 후에 이번에는 자신의 아내를 향해 활을 쏘았다. 이번에도 몇몇 부하가 주저하기에 또 다시 목을 베었다. 마지막으로 사냥터에서 그는 자신의 아버지인 두만 선우를 향해 활을 쏘았다. 1만 명의 기병은 아무도 주저 없이 두만을 향해 활을 쏘았고, 묵돌이 두만을 대신해 선우의 자리에 오르게 됐다. 그 당시 흉노의 동쪽에는 동호가 자리 잡고 있었다. 묵돌이 선우자리에 오른 후에 동호가 이를 견제하였다.

동호의 왕은 처음 묵돌에게 사자를 보내 흉노의 보물인 천리마를 요구하였다. 일부 신하들이 반대하였지만 묵돌은 천리마를 선물로 주었다. 다시 동호의 왕은 묵돌의 애첩 하나를 줄 것을 요구하였다. 이번에는 많은 신하들이 반대하였으나 묵돌은 자신의 애첩 또한 선물로 주었다. 또 다시 동호왕은 양국의 경계에 있는 땅을 내놓으라고 했다. 한 신하가 묵돌에게 "구탈지는 버려진 땅이니 주어도 좋고 주지 않아도 좋다."라고 했다. 하지만 묵돌은 "땅은 국가의 근본이다. 어떻게 이를 줄 수 있겠느냐!"고 하며 동호에 쳐들어가 동호를 크게 무찌르고 왕을 죽였다. 이렇게 동방의 동호를 무찌른 묵돌은 서방의 월지도 정복하고, 남으로 한나라와의 경계지대에 있는 누번과 백양을 병합하여 한나라와 맞서게 되었다.

BC 202년 한고조 유방은 진나라 붕괴 이후 혼란스러운 중국을 다시 통일하였다. 그리고 한고조는 흉노를 견제하기 위해 측근인 한왕(韓王)을 북방에 배치하고 흉노 토벌을 명했다. 하지만 한왕은 흉노 토벌이 어렵다 생각하여 화평을 시도했다. 그러나 고조가 이를 책망하자 흉노로 투항해 버렸다.

한왕이 투항하자 묵돌은 그의 인도를 받아 한나라를 공격해 들어갔으며 현재의 산서성 동쪽의 평성에 이르렀다. 한고조는 몇 차례 흉노의 군대를 무찌르고 평성까지 북상했으나, 이는 묵돌의 유인책이었다. 묵돌은 한나라 군대를 백등산에서 7일간 포위하였다. 이후 한고조는 묵돌의 연지(선우의 왕비)에게 선물을 주어 포위를 풀고 장안으로 도망쳤다. 그리고 고조는 유경을 보내 다음의 사항을 약속하였다.

첫째, 한 황실의 여인을 선우의 연지로 바친다.

둘째, 매년 한은 흉노에게 솜, 비단, 술, 쌀 등을 바친다.

샛째, 황제와 선우와의 사이에 형제의 맹약을 맺어 화친한다.

한왕 이후에도 연왕 노관이 유방을 배신하고 흉노로 들어간 바 있다.

이후 한고조가 죽고, 효해제가 즉위하였다. 묵돌은 고조의 황후인 여태후에게 "나도 독신이고 그대도 독신이니 잘해보자."라는 내용의 편지를 보냈다. 여태후는 크게 노하여 흉노를 토벌하고자 하였으나, 주변에서 모두 고조의 예를 들어 만류하여 토벌을 취소하였다.

묵돌 시절 월지는 흉노의 서방에 자리 잡고 있으면서 당시 서역 나라들에게 영향력을 행사하고 있었다. 묵돌은, 월지는 물론 서역의 여러 나라를 점령하여 북방 유목민족을 하나로 통합했다.

3) 흉노족과 한민족의 관계

최초의 기마군단으로 대제국을 형성한 훈(흉노)이 역사 기록에 처음 등장하는 것은 BC 4세기경이다. 그러나 흉노는 고대로부터 우리 역사와 함께 존재했었다. 내몽골을 본거지로 한 흉노제국은 중앙아시아에서 서역까지 방대한 영역을 장악한 거대국가였다. 그러나 AD 155년 한나라 군대에 의해 멸망한 후 잔존세력들은 서쪽으로 이동했다. 그로부터 약 2세기가 지난 후에 유럽에 돌풍같이 등장하여 게르만 민족들을 대이동하게 했으며, 로마인들을 공포에 빠뜨린 훈(흉노)제국을 건설했다. 이러한 훈은 우리 한민족과 밀접한 관계가 있다. 훈족과 한민족의 관계를 살펴보자.

첫째, 북방계 유목민인 훈족의 일부가 한반도 남부 신라에 정착했다고 보고 있다. 즉, 훈족의 무덤은 직사각형 구덩이에 시신을 안치하고 나무덧널을 넣은 다음 돌을 쌓아 올린 적석목곽분인데 천마총이나 황남대총 등의 신라무덤이 이와 같다. 또한 훈과 신라의 연과관계는 편두 풍습에서도 뚜렷하게 나타나고 있다. 이러한 편두 풍습은 수메르에서 근원한 것이다.

둘째, 스키타이와 훈족은 금으로 치장하는 풍습이 널리 퍼져있었으며, 신라는 금을 세공하여 금관과 다양한 장신구를 만들었다. 그래서 고대 한국은 금관의 나라라고 할 만큼 전 세계 금관의 3분의 2가 우리 한국에서 발견된다. 신라의 기원이 내몽골의 한연맹으로, 이들은 BC 7세기경 스키타이에 의해 직접 영향을 받고 이후에 한반도로 이주한 진한연맹의 후예들이다.

셋째, 가야와 신라에서는 고구려와 백제에는 없는 순장하는 풍속이 나타난다. 이는 훈족 등 북방민족의 전통이다. 또한 한국어에는 훈족과 같은 북방유목민족의 언어들과 유사한 다수의 어휘가 남아있다. 또한 가야의 기마 인물상에 나타나는 동복도 훈족의 기마풍속에서 보인다.

넷째, 정치제도에 있어서 훈족은 선우가 직접 다스리는 중앙부와 동·서부 지역을 다스리는 좌현왕, 우현왕 제도가 있었다. 그런데 이것은 고 삼국시대에 배달국과 하나라 그리고 고조선이 삼분할한 정치구조에서도 나타난다.

이상의 훈족과 우리 한민족의 풍습 및 제도의 유사성에서 살펴보면 상호 간에 밀접한 관련이 있음을 알 수 있다. 이와 관련하여 현재 몽골인들도 훈족을 자신의 조상으로 여기고 몽골 최초의 고대국가를 훈제국이라고 한다. 그리고 돌궐계인 터키도 돌궐의 고대국가가 훈이라 하고 있으며, 헝가리는 훈족이 유럽에서 건설한 나라가 헝가리라고 한다. 더불어 지금도 헝가리인들은 훈족의 지도자인 아틸라를 자신의 선조로 여기고 있다.

다만 우리 한민족은 훈족과의 연관성도 있지만 오히려 수메르의 삼족인 우르·키시·에리두의 직접적인 후예로 앞서 설명한 훈족과의 유사한 특징도 여기에서 기인한다. 다시 말해서 훈족은 최초의 한민족 국가인 배달국의 구성원 중 하나였기 때문에 원래부터 우리 한민족과 동질성을 가지고 있는 것이다.

4) 노관과 공신숙정의 난 * 다음 / 백과사전 / 위키백과 / 편집

노관(盧綰 ; BC 256년~BC 194년)은 한나라의 장수로 연나라의 왕이다.

한고조의 고향 친구로 고조와 함께 종군하였다. 특히 노관의 부친과 고조의 부친이 친했고, 본인들도 동년동일에 태어나서 함께 자라나 매우 친했다. 고조가 거병하기 전부터 고조와 행동을 같이했다. 고조가 한왕이 되자 장군이 되어 항상 고조를 시중했다. 고조 2년(BC 205년)에 항우와 싸울 때는 태위가 되었고, 장안후에 봉해졌다. 고조 3년에 항우에게 몇 차례 패배한 고조가 한신의 군사를 얻어 지구전을 펼치고 있었다. 그때 고조는 노관과 유고에게 따로 군사를 주고 팽월을 도와 서초의 군수물자를 불태우게 했다. 고조는 다른 신하보다 노관을 더 총애했다. 고조 5년에 항우를 격파하고 노관은 유고와 함께 임강왕 공위를 공격해 임강을 멸망시켰다. 그리고 연왕 장도의 반란 진압에 종군했으며, 장도가 노관에게 항복하자 고조는 노관을 연왕에 봉했다.

한고조 11년에 진희가 반란을 일으키고 고조와 각각 흉노에게 구원을 요청했는데 노관의 사신인 장승이 흉노에게 진희를 편들게 했다. 그래서 노관은 장승이 흉노와 짜고 반란한 줄 알고 처음에는 장승을 주살하려고 했다. 그러나 후에는 장승이 옳다고 여겨 흉노와 사신을 교환하고 진희에게도 범제를 보내 은밀히 손을 잡았다. 고조 12년에 진희의 장수가 투항해 노관이 진희와 교계(交契)하는 사실을 알리자 고조는 노관을 소환했다. 그러나 노관은 칭병하고 소환에 응하지 않았다. 당시 고조는 병들어 있고 고황후가 정치하면서 공신들을 숙정하고 있었다. 그러자 고조는 노관의 반역을 확신하고 분노하여 번쾌를 보내 연나라를 공격했다. 번쾌는 노관의 승상 저를 계남에서 격파했으나 중도에 모함을 받고 소환되었다. 그리고 주발이 번쾌를 대신하여 노관을 공격, 노관의 백관들을 사로잡고 노관의 군사를 수차 격파했으며, 장성까지 이르렀다. 노관은 자기 사람들과 함께 성하로 나와 고조가 쾌차하면 투항하겠다고 했다. 그러나 고조는 병이 낫지 못하고 4월에 죽어 혜제가 뒤를 이으니 노관은 흉노에 투항했다. 묵돌은 노관을 동호의 왕으로 삼았으나, 노관은 못내 한으로 돌아가려고 생각하다가 1년 후에 죽었다.

한편 노관이 흉노에 투항하자 연나라 사람 위만은 조선으로 망명했고, 그는 정권을 찬탈하여 위만조선을 세웠다.

노관의 처자는 여황후 생전에 흉노에서 한나라로 다시 도망쳤다. 때마침 병든 여황후는 노관의 처자를 용서하고 병이 나으면 연회를 베풀려 했다. 그러나 결국 낫지 못하고 죽었고 노관의 아내도 병들어 죽었다. 경제 6년(BC 144년)에 노관의 손자인 노타지가 흉노에서 동호왕을 지내다가 한나라에 항복하여 아곡후가 되었다.

3. 부여의 역사 재해석

1) 부여의 건국 이야기 * 다음 / 백과사전 / 위키백과 / 편집

부여는 평야를 뜻하는 벌(부리 ; 夫里)에서 연유했다는 설과 사슴을 뜻하는 만주어의 '푸후'라는 말에서 비롯했다는 설이 있다. 그러나 부여의 본명은 북우르(부여)를 한자화한 것으로 '여'는 우르의 한자음이다. 즉, 부여는 북쪽에 있는 우르족의 국가라는 의미이다.

부여는 이미 BC 1세기경 중국 기록에 나타나므로 그전부터 존재한 국가임을 알 수 있다. 국가의 기원은 시조인 동명(東明)이 북쪽 탁리국에서 이주해와 건국하였다고 한다. 그러나 삼국지의 '위지 동이전'에서는 당시 부여 사람들이 스스로를 옛적에 다른 곳에서 옮겨온 이주민의 후예라 하였다. 이것은 이들이 수메르에서 옮겨온 우르족이라는 것에 대한 전승(傳承)을 가지고 있었던 것으로 여겨진다. 여기서 말하는 동명은 고구려의 동명성왕이 아니고 동쪽의 밝음, 즉 해모수를 이야기한다. 이 시기는 '환단고기'에 나와 있듯이 BC 232년경이며, 우르족의 해모수가 동쪽의 장춘(長春) 지역으로 이동하여 예족과 결합하여 국가를 세운 것이 북우르(부여)이다.

부여의 도읍지에 대하여는 여러 가지 설이 있으나 대표적인 것을 살펴보면 송화강과 눈강이 합류하는 지역 일대인 조원이거나 장춘 부근으로 보는 설이 유력하다.

그러나 이들 지역에서는 뚜렷한 유적이 확인되지 않은 점을 보면 산성이 있고, 한나라시대의 유물이 많이 출토되며, 청동기시대에는 서단산문화의 중심지였던 길림시 일대를 부여국의 중심지로 보는 설도 있다. 그래서 지금은 길림시 지역이 부여국의 초기 중심지였고, 장춘 부근은 후기 중심지였다고 보는 것이 일반적이다.

2) 부여의 생활 풍습 이야기

기록상 부여는 만리장성의 북쪽에 있으며 현토에서 천리를 간다고 했다. 남으로는 고구려가 있고, 동쪽으로 읍루가 있으며, 서쪽으로 선비가 있다. 영토는 2천리이며, 호수는 8만 호이며, 백성은 토착생활을 하고, 궁실과 창고와 감옥이 있으며, 산과 구릉이 많으며, 호수가 많다. 땅은 오곡이 잘 자라고 오과는 나지 않는다. 관리는 여섯 가축의 이름으로 관명을 정해 마가·우가·저가·구가·사자·대사자가 있다. 읍락에는 호민이 있는데 신분이 천한 사람들을 모두 노비로 하였다. 정월에 하늘에 제사를 지내는

데, 이를 영고라고 한다. 이때에는 형벌과 가둠이 없고, 죄인들을 풀어준다. 그리고 부여에서는 흰색을 숭상하여 백색 옷에 소매가 넓고 도포와 바지가 있다.

형벌은 엄하고 살인한 자는 죽이며, 그 가족은 노비로 삼는다. 도둑질한 자는 열두 배로 갚으며, 남녀가 음탕하거나 부인이 투기를 하면 모두 죽인다. 특히 여자의 투기를 미워하여 이미 죽은 시체도 나라의 남쪽 산위에 두고 썩힌다. 여자 집에서 이를 되찾으려면, 소나 말을 지불해야 한다. 형이 죽으면 형수를 처로 삼는데, 이는 훈족의 풍습과 같다. 군사를 일으킬 때도 하늘에 제사를 지내고 소를 잡아 그 굽을 보아 길흉을 점쳤다. 굽이 풀어져 있으면 흉하고 합쳐져 있으면 길하였다. 장사는 후하게 치르고, 곽은 있으나 관은 없다. 상주는 서둘지 않고, 상을 치를 때 남녀는 모두 하얀 옷을 입는다.

구려(동호)의 풍속에도 가뭄이 들고 날이 고르지 못하여 오곡이 익지 않으면, 그때 왕을 바꾸거나 죽이곤 했다.

3) 해부루의 동부여와 금와 설화

부여의 왕 해부루가 늙도록 자식이 없어 산천에 제사를 지내 아들 낳기를 빌러 가는데, 타고 있던 말이 곤연에 이르자 큰 돌을 보고 눈물을 흘렸다. 왕이 괴이하게 여겨 사람을 시켜 돌을 굴리게 하였더니 금빛 나는 개구리 모양의 작은 아이가 있었다. 왕은 이를 하늘이 아들을 준 것이라고 여기고 거두어 길렀는데, 이름을 금와라고 하고 태자로 삼았다. 재상 아란불이 말하기를 일전에 천제가 내게 내려와서 "장차 내 자손으로 하여금 이곳에 나라를 세우려 하니 너는 여기서 떠나거라." 하였는데, 동햇가에 가섭원이란 땅이 있어 오곡이 잘 되니 도읍할 만하다고 하였다. 아란불은 왕에게 권하여 도읍을 옮겨가고 동부여라 불렀다. 예전 도읍지에는 해모수가 천제의 아들이 되어 내려와서 도읍하였다.

천제가 태자를 보내 부여왕의 옛 도읍에 내려가 놀게 하였는데, 해모수라는 이였다. 그가 하늘에서 내려오는데 다섯용이 끄는 수레 오룡거를 탔고, 따르는 백여 명은 모두 흰 고니를 탔다. 색깔 있는 구름이 그들 위에 떴고 음악 소리가 구름 속에서 울려 나왔다. 웅심산에 머물렀다가 10여 일이 지나서야 비로소 내려왔는데, 머리에는 오우의 관을 쓰고 허리에는 용광의 칼을 찼다.

'삼국사기' 등에 의하면 동부여는 해부루가 왕조를 창업하였고 금와와 대소가 뒤를 이어 재위하였다고 한다. 특히 재상 아란불이 "천신으로부터 지시를 받았다." 하여 동햇가로 국가를 옮길 것을 주장하자, 이에 해부루는 천도하고 국호를 동부여라 하였다 한다. 이 동부여는 해부루가 건국한 부여족 국가이며, '삼국사기'와 '삼국유사'에는 고구려 건국 시조인 주몽이 태어나 자란 곳으로 기록되어 있다. 이러한 동부여는 AD 494년에 고구려에 복속함으로써 멸망하였다.

4) 부여의 멸망과 한반도 유입

동호(구려)가 훈족의 묵돌에게 멸망한 후에 상당수의 우르족 사람들이 동쪽으로 이주하여 해모수를 중심으로 부여를 세웠다. 그리고 그들 중 일부는 다시 남쪽으로 내려가 한반도의 동해안을 따라 유입하였다. 이 당시 남만주에는 동호에서 이탈한 에리두의 고리족이 고주몽을 중심으로 졸본부여와 동맹하여 고구려를 세운다.

한반도로 들어온 우르족은 지금 속초의 울산바위 주변에서 갈라져 한 무리는 태백산맥을 넘어 소양강으로 내려간다. 그리고 춘천의 중도에 도달하여 우두국을 세우고 청동기문화를 시작한다. 이때 춘천이라는 지명은 그들이 출발한 곳이 장춘과 봉천 지역이므로 그 지명을 따서 춘천으로 명명한 것으로 보인다.

이들 중 일부는 다시 남쪽 방향으로 내려가 홍천·제천을 거쳐 지금의 충주인 중원 지방에 정착하고, 다른 무리는 한강을 따라 내려가 양평을 거쳐 하남 위례에 도착한다. 그리고 울산바위에서 헤어진 다른 일단은 동해안을 따라 내려가 울진을 거쳐 울산에 이르고 태화강변에 정착하여 반구대 암각화 등을 만든 주역이 된다. 이들은 후에 울산에서 서쪽으로 이동하여 농경이 가능한 서쪽 벌판에서 정착하여 서벌(서라벌)이라 칭하고 도읍을 정한다. 그리고 그곳에서 신라의 주체세력인 6촌을 이룬다. 이때의 중심세력은 박씨족으로 부여에서 내려온 우르족이다.

3절 위만조선과 반도조선(낙랑국) 재해석

1. 위만조선 이야기 * 다음 / 백과사전 / 브리테니커 / 편집

위만조선은 BC 194년경 연나라에서 귀화한 위만이 반란을 일으켜 왕위를 찬탈한 이후의 고조선을 말한다. 위만은 공신숙정의 난 때 노관과 함께 주변국으로 대피한 연나라의 장수이다. 그러한 그가 고조선을 망명지로 선택한 이유는 BC 3세기 말 진개의 고조선 침범 때 연나라에 복속된 지역인 유주 지역에 살고 있던 고조선의 후예이기 때문이다. 고조선으로 망명한 위만은 준왕의 신임을 얻어 서쪽 변경을 수비하는 임무를 맡았고, 박사(博士)에 임명되면서 100리의 땅을 하사받았다. 그러나 연나라의 유민들을 모아 자신의 세력을 기른 뒤 준왕을 내쫓고 정권을 차지했다. 식민사관에서는 이를 계기로 기자조선이 위만에 의해 교체된 것으로 보고 이때부터 위만조선이라고 했다. 그러나 최근에는 위만의 집권을 고조선 내에서의 단순한 정권 교체로 보는 견해가 일반적이다.

위만조선은 발달된 철기문화를 바탕으로 주변 세력들을 누르고 중국의 한나라와 안정적인 외교 관계를 유지하였다. 더불어 자체의 군사력과 경제력을 크게 발전시켰으며 영토도 확장했다. 한나라와는 형식적인 군신관계를 맺었으며 군사적 실리를 취했다. 그리고 한나라와 주변국 사이에서 중개무역을 통해 경제적인 이득을 얻었다. 그 후 진번, 임둔을 포함한 주변 지역을 복속시켜 사방 수 천리를 세력권에 넣었다. 위만은 고조선의 준왕에게 왕위를 빼앗기는 했지만 고조선의 역사를 단절시키지는 않았다. 즉, 조선이라는 국호도 그대로 사용했으며, 수도 왕검성의 위치도 바꾸지 않았다.

그 후 위만의 손자인 우거왕 때 한무제의 대규모 공격을 받아 왕검성을 근거로 수개월간 치열한 접전을 벌이다가 마침내 BC 108년에 멸망했다.

2. 진국과 목지국 이야기

1) 목지국

목지국은 삼국지 '위지 동이전'에 '월지국(月支國)'으로 기록되어 있다. 중국 기록에 따르면 목지국은 AD 3세기경까지 마한연맹체의 주도세력이었다. 그 위치에 대해서는 인천·익산·예산 등의 여러 견해가 있으나, 이리(익산) 일대가 유력하다. 이 이유는 이리라는 명칭이 에(이)리두에서 나왔을 가능성이 크며, 초기 한반도의 남쪽에 세운 목지국은 중국 산동에서 이주해 온 동이(에리두)족이 국가를 세웠기 때문이다. 이때 목지국의 지배자는 진왕(辰王)이라 불렸으며, 마한연맹체의 맹주이고 진한과 변한의 일부 소국들에 대해서도 영향력을 행사하는 존재였다. 그러나 독립된 왕이 아니라는 기록으로 보아 연맹체의 수장으로 후대의 왕들처럼 그 지위가 확고부동한 것은 아닌 것 같다. 즉, 마한연맹체가 어느 한 중심세력에 의해 지배되는 집권적 정치구조를 가진 것은 아니었으므로, 진왕의 정치권력은 중국 군현과의 교섭에서 외교적 주도권을 갖는 정도의 제한적인 것이었다. 목지국이 어느 시기부터 마한연맹체를 주도하는 세력으로 등장했는지는 알 수 없다. 그러나 AD 3세기 후반에 새로운 강국으로 등장한 한강 유역의 우르·백제국에 의해 마한연맹체는 주도권을 빼앗기고 소멸해간 것으로 보인다.

마한에는 54개의 소국들이 분립하고 있었다. 이들은 BC 11세기경에 중국이 주나라의 지배하에 들어가면서 산동 지역에 있던 동이족이 충청도와 전라도 그리고 경기도와 황해도 지역으로 이주하여 만든 소국 연맹이다. 특히 충청도 지역의 경우 BC 3세기 이전부터 상당히 발달된 청동기문화를 영위한 것으로 나타나며 지속적으로 중국과 교류가 있었던 것으로 보인다. 그리고 이러한 기반 위에 BC 2세기 초 고조선 내부의 세력교체와 관련해 일부 주민 집단이 남하해 온 것이 이 지역 토착사회의 성장에 일정한 자극제가 된 것으로 여겨진다. 이후 수세기 동안 북방으로부터 수많은 유·이민이 파상적으로 남하해와 토착세력과 투쟁·연합하는 과정에서 여러 정치 집단들 간의 정치·경제적 결합이 촉진된 것 같다. 그 후 AD 3세기 후반에는 경기도와 충청남도 일원의 연맹체 주도권이 한강 유역에서 발흥한 우르·백제국으로 넘어간다. 그리고 AD 4세기 후반에 이르러서는 전라남도 해안 일대의 소국들마저 백제에 의해 군사적으로 복속됨으로써 마한연맹체는 자취를 감추게 되었다.

2) 진국

진국은 역사적 기록상 키시·고조선에 인접했던 국가로 인식되고 있다. 즉, 진국이 목지국과 동일시하는 것은 다소 역사·지리적 판단이 잘못된 것으로 보인다. 오히려 진국은 역사 속에 나타나 있는 낙랑국의 실체일 가능성이 크다. 왜냐하면 진국도 위치상 동이족이 한반도 내에 만든 에리두족의 국가이며, 또한 낙랑국왕 최리의 성씨가 에리두족의 성씨이므로 낙랑국도 에리두족의 국가이다. 그래서 진국과 낙랑국은 한·중 역사서 속에서 서로 다른 명칭으로 만든, 같은 나라일 가능성이 크다. 특히 고조선의 뒤를 이은 위만조선이 멸망한 후에 만들어진 낙랑군의 위치가 기록상 난하와 대능하 사이에 있는 지명을 사용하고 있어 낙랑국과 낙랑군은 같은 국명으로 보기가 어려운 것도 이유가 된다. 즉, 진국은 마한연맹에 속한 국가로 보고 있으나, 동이족이 한반도에 들어와서 천안을 중심으로 남북으로 갈라질 때 익산의 목지국과는 달리 황해도 북쪽에 독립된 국가로 건설되었을 가능성이 크다.

이러한 진국에 관해서는 '위략(魏略)'에 의하면 "위만조선의 재상 역계경이 우거왕과 뜻이 맞지 않아 동쪽 진국으로 갔다."는 내용과 "삼한은 모두 옛 진국(三韓皆古之辰國)"이라는 '후한서'의 기록이 있다.

또한 '사기(史記)'에 의하면, "진국은 BC 2세기 후반경에 중국 한(漢)나라와 직접적인 통교를 희망하였으나, 위만조선이 가로막아 뜻을 이루지 못했다."고 한다. 이것을 살펴보면 진국은 위만조선의 동쪽이며 한나라의 반대편에 위치하고 있었다는 것을 알 수 있다. 즉, 한나라와 위만조선 그리고 진국은 동서 방향으로 길게 늘어져 있었다는 의미이며, 이것으로 미루어 보면 진국은 한반도의 북쪽에 위치하고 있었던 것으로 보인다. 또한 진국은 한나라와 직접 국제적인 교섭을 원할 정도로 큰 정치집단으로 위만조선 이전부터 최소한 한반도 서북 지역에 존재한 국가 단위의 연맹체 집단으로 볼 수 있다.

이러한 진국의 사회구조는 지배자가 농사의례와 각종 제사의식 그리고 교역을 주관하면서 정치·행정·군사 기능을 겸하는 제정일치 사회였다. 그리고 경제적으로는 석기와 목제 농기구를 사용해 벼와 함께 조·기장·수수 등 잡곡을 경작하는 농업경제를 기반으로 한 사회였다. 그러나 진국은 위만조선의 멸망과 함께 우수한 철기문화를 가진 유·이민들이 이주해옴에 따라 더 이상 국가적인 성장을 이루지 못하고, 후에 종속화되면서 쇠퇴한 것으로 보인다.

3. 위만조선의 멸망과 한사군 이야기 [*] 다음 / 백과사전 / 위키백과 / 편집

위만조선은 위만의 손자인 우거왕 때 한무제의 대규모 공격을 받아 왕검성을 근거로 약 1년에 걸친 치열한 전쟁을 벌이다 마침내 BC 108년에 멸망했다. 이후 위만조선의 땅에 설치했다고 하는 한사군의 위치는 명확하지 않아 이 책에서는 여러 주장을 모두 참조한다.

위만조선을 멸망시킨 한나라는 BC 108년 위만조선의 옛 땅에 낙랑·진번·임둔의 3군을 설치했고, 이어 BC 107년에는 예맥의 땅에 현도군을 설치했다고 한다. 그리고 그 4군을 유주 관할 아래 한나라의 지배권을 확립했다고 한다. 이때 한나라는 4군 아래 많은 현을 두고 중앙정부에서 태수와 관리를 직접 파견해 다스렸다. 그러나 토착세력이 한 군현에 대한 저항이 격렬해지면서 한나라는 BC 82년에 4군 가운데 진번과 임둔의 2군을 없애고 진번의 속현들은 낙랑군에 귀속, 임둔의 속현들은 현도군에 속하여 관할하도록 했다. 2군으로 통폐합된 이후에도 군현 지배에 대한 토착세력의 반발은 계속되었다. 특히 예맥 땅 현도군에서의 저항이 가장 심했다. 결국 BC 75년에는 임둔의 속현들을 넘겨받았던 현도군이 고구려의 반발에 밀려 고구려현을 압록강 중류 지역에서 서북의 흥경과 노성 방면으로 옮겼다. 그 후 현도군은 옛 임둔군의 속현에 대한 관할권을 낙랑군에 넘기고 나서 세력이 크게 위축되었다. 그리고 현도군의 영역이었던 옛 고구려현의 자리는 예맥계의 중심세력으로 새롭게 부상하던 고구려의 중심부가 되었다. 이렇게 2차에 걸친 군현의 통폐합으로 고조선 옛 땅에서의 중국 군현세력은 크게 약화되었다. 그러나 이에 반해 낙랑군의 세력은 오히려 증대되었다. 당시 낙랑군은 가옥 약 6만 호에 인구 약 40만 명 정도였으며, 주변의 토착세력에 대한 영향력이 가장 강성했다. 그러나 고구려·예·한(韓) 등 토착세력의 성장과 반발로 다시 약화되었다. 특히 현도군은 고구려의 강해진 압력을 견디지 못하고 다시 무순 방면으로 옮김으로써, 본래의 기능이었던 예맥에 대한 통제력을 완전히 잃었다.

4. 낙랑국 이야기

우리역사 속에 나타나는 낙랑국(군)은 아직도 명확하게 규명되지 않고 있다. 그러나 낙랑이라는 지명은 낙(樂)이 '라가'에서 온 한자음으로 낙랑은 '라가시의 사람'이라는 의미가 있다. 즉, 낙랑의 지배계급인 최씨는 수메르의 다른 한 갈래인 라가시와 관계가 있는 인물이라는 것을 짐작할 수 있다. 특히 '삼국사기'에 나타나는 최리 왕의 낙랑국에 대한 기록과 중국의 사서에 기록되어 있는 낙랑군의 위치 등을 살펴보면 낙랑국은 평양에 위치했다고 기록되어 있으나, 낙랑군은 지명 자체가 어느 곳인지 정확하지 않다. 그래서 이 책에서는 낙랑국(군)에 대한 두 가지 설을 제시하고, 어느 것이 타당한지에 대하여는 독자의 현명한 판단에 맡긴다.

1) 낙랑국(군) 이야기 : 하나

전한이 왕망에 의해 멸망하고 국내가 혼란에 빠져있을 때 이전과 같은 군사·재정적 지원을 못하자 낙랑군은 최리에 의해 낙랑국으로 독립을 한다. 그리고 최리는 낙랑국왕으로 등극하나, 결국 낙랑국은 고구려의 대무신왕에게 AD 37년에 멸망한다. 그 후 후한의 광무제가 AD 44년에 왕준을 태수로 임명하고 군사를 주어 낙랑을 재점령한다. 이 당시 낙랑군은 18

성(城)에 약 6만 호 그리고 인구 약 25만 명의 규모로 위축되었다. 그러나 낙랑군 주변의 고구려와 백제 등의 급성장으로 낙랑군은 더욱 약화되어 그 지역의 토착민들은 삼한 땅으로 대량 이주한다. 그래서 후한 말의 혼란을 틈타서 요동의 지배자가 된 공손(곰손)씨가 현도군뿐 아니라 낙랑군도 그의 지배 아래 두게 되었다. 그리고 낙랑군 둔유현 이남의 땅에 새로이 대방군을 설치하고 중국 군현세력은 일시적으로 세력을 회복하게 되었다.

공손씨의 멸망 후에 낙랑군과 대방군은 위나라의 군현이 되어 고구려의 영향권에 있던 동예를 정벌하여 복속시키고 백제와는 통혼관계를 맺는 등 주변세력에 대해 영향력을 행사했다. 그러나 중국 중앙정부에서의 지방관리 파견이 어려워 낙랑·대방 등에서 군현관리가 점차 토착민들로 대체되었다. 그래서 결국 낙랑·대방군은 중국 군현으로서의 성격과 기능을 점차 잃어갔다. 더욱이 후한시대부터 본격화된 고구려·백제 등의 국가 성장은 낙랑군·대방군 지배하의 토착민들을 동요시켜, 고구려·백제로 이주하게 함으로써 군현의 힘을 갈수록 약화시켰다. AD 4세기에 들어 북중국이 5호16국시대의 혼란기에 빠져들면서 고구려는 낙랑·대방군에 대한 공격을 보다 적극적으로 해왔다. 그러다 마침내 AD 313년에는 낙랑군을 그리고 AD 314년에는 대방군을 차례로 멸망시킴으로써 한반도 내의 중국 군현은 소멸되었다.

한편 고구려에 의해 무순 방면으로 쫓겨 간 현도군은 중서부 만주의 부여와의 연맹을 강화해 요동군과 함께 고구려의 세력 확대를 막고자 했다. 그러나 서진이 멸망한 후 현도군은 선비족 모용씨의 후연에 속했다가 고구려 광개토왕의 요동 정벌 때 고구려의 영역이 되었다.

2) 낙랑국 이야기 : 둘 * 환단고기 참조

낙랑국에 대하여는 '삼국사기'에 있는 낙랑공주와 호동왕자의 사랑 이야
기와 자명고가 있다. 그 내용을 살펴보면 다음과 같다.

"호동은 고구려 유리왕의 셋째 아들인 대무신왕의 차비 소생이다. 얼굴
이 잘생기고 천성이 총명하여 아버지의 총애를 받았다. 그런데 어느 날 옥
저로 사냥을 나갔다가 낙랑왕 최리(崔理)의 딸인 낙랑공주를 만나 서로 사
랑하게 되었다. 그 당시 낙랑국에는 적병의 침입을 저절로 알리는 자명고
가 있어서 고구려는 낙랑을 정벌하기가 쉽지 않았다. 이에 호동왕자는 낙
랑공주를 꾀어 자명고를 찢게 하고 군사를 이끌고 낙랑을 공격했다. 최리
왕은 이 사실을 알고 낙랑공주를 죽인 후 항복하게 된다. 그러나 호동은
원비의 모함과 공주에 대한 사랑으로 번민하다가 마침내 스스로 목숨을
끊고 만다."

대개 낙랑공주는 사랑을 위해 죽음을 선택한 비운의 공주로 그리고 호동
왕자는 나라를 위해 사랑을 배신한 인물로 사람들에게 각인되어 있다. 하
지만 호동왕자와 낙랑공주의 이야기는 많은 사람들이 다양하게 해석하고
설명을 하기도 한다. 이 당시 호동왕자의 아버지는 고구려 3대 대무신왕
이고, 어머니는 동부여 대소왕의 막내 동생의 손녀라고 알려져 있다. 하지
만 낙랑공주와 낙랑국에 대해서는 잘 모르는 경우가 많다. 우리는 북부여
기를 통해 낙랑국이 최숭이라는 인물에 의해 세워진 나라임을 알게 된다.
또한 북부여기에는 BC 169년 북부여의 3대 단군 고해사가 즉위하자 낙랑
왕 최숭이 곡식 3백 석을 바쳤다는 기록이 있다.

BC 195년 북부여에서 1대 해모수단군이 병사하고 모수리단군이 즉위하
던 때에 고조선에는 위만이 망명하여 힘을 기르고 있었다. 고조선 왕 기준

은 위만에게 상·하운장을 주고 지키게 했지만, 당시 고조선의 제후국인 낙랑의 부호였던 최숭은 해모수와 마찬가지로 위만의 망명을 반대했던 것 같다. 그해 겨울 위만을 믿지 못했던 최숭은 낙랑산에서 고조선의 수도인 왕험성의 백성들을 거느리고 진귀한 보물을 싣고 황해 바다를 건넜다. 그리고 당시 마한 땅인 한반도의 왕험성(지금의 대동강 평양)에 이르러 도읍을 정하고 나라를 세웠다. 그리고 고향의 지명을 그대로 따서 낙랑국이라고 하였다. 다음해인 BC 194년 위만이 결국 고조선을 침탈하자 준왕은 황해를 건너 지금의 금강 하구 지역으로 망명한다.

이후 낙랑국은 북부여와 관계를 맺지 않다가 BC 169년 북부여의 3대 단군 고해사가 즉위하자 곡식 3백 석을 바쳤다. 이 낙랑국은 230여 년간 지속되다가 위에서 살펴본 것처럼 AD 37년 고구려 대무신왕의 공격을 받아 멸망하고 만다('태백일사' 고구려국 본기 참조).

또한 '삼국사기'에는 낙랑공주와 호동왕자의 슬프고도 애절한 사랑 이야기가 AD 32년 사건이라고 했다. 즉, 낙랑이 고구려에 완전히 멸망되기 5년 전에 벌어진 사건이라는 것이다. 이상에서 본 '삼국사기'의 호동왕자 이야기와 '환단고기'의 낙랑국 내용을 역사적 시기에 맞추어 보면 한사군이 한반도에 없었다는 사실을 명백히 알 수 있다. 그리고 위만이 망명했을 때 준왕은 고조선의 서쪽 국경을 지키게 하였다고 했는데 만일 고조선이 한반도 내에 있었다면 서쪽 경계는 서해안이다. 이것은 한나라와의 경계에서 지역적인 모순이 생긴다. 즉, 군사를 주둔해서 지킬 필요가 없는 곳을 지킨다는 의미가 되므로 한반도 내의 평양성은 왕검성이 될 수 없다. 다시 말해서 왕검성은 한나라의 경계와 수평적으로 동쪽 지역에 있어야 한다. 이러한 관점에서 본다면 왕검성의 위치는 동요하의 조양이 되어야 한다. 그러나 이러한 내용에 대한 단정은 지금 내릴 수 없다. 이 부분의 역사는 앞으로도 우리가 더욱 연구하여 올바른 답을 찾아내야 할 숙제이다.

4절 반도삼한 역사의 재해석 * 다음 / 백과사전 / 위키백과 / 편집

한반도 내에 형성된 삼한은 마한·진한·변한이다. 이는 기원전 만주와 요하에 있었던 대륙삼한에서 우르계의 신한이 진한이 되고, 또 키시계의 번한이 변한이 되었으며, 한반도 내의 에리두계의 동이가 마한을 구성했다. 원래 반도삼한 지역에는 BC 10세기경부터 에리두의 목지국과 진국이라는 부족연맹체가 자리 잡고 있었다. 그러나 후기에 대륙에서 많은 이주민들이 몰려오자 목지국과 진국이 나누어져 반도삼한이 성립된 것으로 여겨진다.

고조선의 마지막 임금 준왕이 위만에게 나라를 빼앗겨 남으로 망명하여 군산을 거쳐 청주로 이주한 곳도 마한 지역이다. 이때 이주한 준왕은 스스로 한(韓)이라 부르며, 목지국의 우두머리인 진왕의 보호와 지배를 받았다. 그 후 한이라는 칭호는 점점 확대되어 진왕을 맹주로 받드는 모든 소국에 대해서도 한이라는 칭호를 붙이게 되었다고 한다. 일설에 의하면 마한의 마(馬)는 본래 부족 명인 개마에서 온 것이며, 변한의 변(弁)은 그들이 사용한 관모에서 나온 것이라고 한다. 이렇게 형성된 삼한은 마한이 54개, 진한과 변한이 각각 12개의 소국으로 구성되어 있었다.

1) 마한 이야기

마한은 중국의 산동반도와 태안 지역에 있었던 동이족이 BC 10세기경 주나라에 쫓겨 한반도로 이주하면서 성립한 진국연맹에서 형성되었다. 그들이 한반도로 이주하면서 충청도의 태안반도와 천안을 중심으로 펴져나가 한강 유역으로부터 경기도·황해도·전라도 지역에 분포하였다. 삼국지 '동이전'에는 마한 지역에 위치한 54개 소국의 명칭이 열거되어 있는데 큰 것은 1만여 호이고, 작은 것은 수 천호였다고 한다. 규모가 큰 나라의 지배자는 신지라고 하고, 작은 것은 읍차라고 하였다.

AD 3세기 전반까지 마한연맹의 맹주는 목지국의 진왕이었다. 이러한 마한을 형성한 주체에 대해서는 개마족이 남쪽으로 이주한 세력이라는 주장도 있으나, 이 지역의 대표적인 지명을 분석해 보면 도시명에 '안'자를 쓴 동이(에리두)족의 국가인 것으로 여겨진다. 그러나 후에는 북방에서 내려온 우르계의 백제가 이 지역의 지배세력으로 부상한다.

마한 지역에서는 경상도 지역의 초기 철기시대 유물에 비하여 청동기 유물이 풍부하게 출토되고 있어 철기시대보다 앞선 선진적인 정치 집단이 존재했던 것을 알 수 있다. 그리고 BC 2세기경에 이미 대외적으로 통일된 기능을 발휘하는 세력 구심체가 형성되어 있어 한나라와의 원거리 통교를 시도하기도 하였던 것으로 밝혀졌다.

철기가 유입되기까지 이들은 청동기의 제작과 교역을 통하여 중남부 각지의 세력집단들에게 상당한 영향력을 행사하고 있었다. 경기도 고양과 용인, 충청남도 부여, 전라남도 영암 등지에서 각종 청동기 거푸집이 발견되는 것으로 보아 이미 오래전에 청동기를 제작, 사용했던 것으로 보인다. BC 1세기 이후에는 위만조선의 유민이 내려왔으며 한 군현 설치로 인한 철기문화가 본격적으로 확산되었다. 그러나 경상도 지역을 중심으로 한 새로운 교역 중심체의 대두 등으로 인해 마한 중심의 청동기 교역권은 오히려 약화되었다. 그래서 그 이후 마한이 가진 주변 지역에 대한 영향력도 상대적으로 위축된 듯하다.

목지국의 위치는 전라북도 익산(이리)이며, 여기서 이리라는 지명이 이(에)리두에서 온 것임을 알 수 있다. 이러한 목지국의 진왕은 소국의 지배자인 신지들의 선출에 의해 결정되었다. 또한 진·변한 24국 중 12국이 목지국의 진왕에게 종속되어 있었다는 기록으로 보면 진왕이 진·변한의 일부 지역에 대해서도 상당한 영향력을 행사했던 것으로 보인다.

그 후 우르계열의 온조가 한강 유역으로 이주하면서 마한연맹체는 변화가 일어난다. 백제국은 초기에 연맹체의 한 구성원으로서 진왕에게 충성을 바치는 형식을 취했었다. 그러나 점차 주위의 소국들을 병합하여 AD 3세기 중반 이후에는 세력 범위를 한강 유역으로부터 충청남도 지역까지 확대하면서 목지국 진왕 중심의 조직체를 와해시키고 독자적인 세력권을 확립하게 된 것으로 보인다.

이후 백제국은 마한연맹체의 주도세력으로서 대방군을 공격하여 태수 궁준을 죽이고, AD 3세기 후반에는 중국의 진(晉)나라에 사신을 파견하는 등 대외적으로 마한연맹체의 주도권을 행사한다. 그러나 백제가 마한 전역을 완전히 통합할 때까지는 AD 4세기경 근초고왕 때가 되어야 한다.

'삼국사기'에 의하면 마한은 백제 온조왕 9년에 멸망했다고 한다. 그러나 삼국지를 비롯한 많은 중국 사서에서 마한의 존재가 지속적으로 나타나는 것으로 보아 온조왕 때 멸망한 것이 아닐 수 있다.

2) 변한 이야기

변한은 삼한의 하나이며 지금의 경상도 김해 지역에 있던 여러 정치집단으로, 변진으로도 표기한다. 이들은 고조선의 후예로 고조선이 멸망할 때 요하의 조양 지역에서 이주해 온 키시족이다. 이들은 마한의 동쪽이며, 진한의 서쪽에 위치한 12개의 소국으로 형성되어 있다. 진한과의 차이는 낙동강을 사이에 두고 지역적으로 나누어지나, 신라·가야를 동일 세력권으로 보는 견해가 있다. 그리고 후에 삼국이 형성되어 발전해 가던 시기에는 낙동강 하류 유역의 변한 지역에서 가야연맹이 만들어진다.

변한에서 출발한 가야는 BC 1세기 무렵부터 낙동강 유역에서 발전하기 시작하여 AD 2세기 무렵에는 12개의 소국이 되고, AD 2세기~3세기경 초기의 가야는 김해의 금관가야를 중심으로 하여 경남 해안 지역에 연맹체를 형성하였다. 그리고 이후 주변 소국을 병합하면서 영토를 확장하며 통치조직을 정비해 나갔다. 이 당시의 가야는 대마도를 거쳐 일본의 규슈 지역으로 진출을 한다. 여기서 규슈는 키시의 변음이다.

그 후 고구려와 백제 사이의 세력다툼이 치열해지면서 고구려가 낙동강 유역까지 진출하자 가야연맹에 포함되었던 소국들이 이탈하면서 금관가야를 중심으로 하던 초기의 가야연맹은 큰 타격을 받게 되었다. 그리고 AD 5세기 이후에는 전쟁의 피해가 없던 고령 지방의 대가야를 중심으로 연맹이 재편성되었다. 이러한 후기의 가야연맹은 중국 남조에 사신을 보내기도 하는 한편, 신라, 백제와 동맹하여 고구려에 대항하기도 하였으나 중앙집권국가로 발전하진 못했다.

가야연맹은 지리적으로 백제와 신라의 중간에 위치하여 양국의 세력다툼의 각축장이 되었다. 그래서 이들 두 나라의 압력을 받으면서 불안정한 정치상황이 계속되었으며, 결국 신라에 복속된다.

3) 진한 이야기

진한은 한반도 중부 이남 지역에 분포한 삼한 중의 하나이다. 대체로 기원 전후부터 AD 4세기경에 지금의 대구 · 경주 지역에 분포한 12개의 소국을 가리킨다. 여기에는 경주의 사로국을 위시하여 12개의 소국이 있다. 이러한 진한의 12개국은, 큰 나라는 4,000~5,000호, 작은 나라는 600~700호 정도였다고 한다.

진한의 형성 주체에는 북만주에서 온 우르계열의 박씨족과 요하에서 온 키시계열의 김씨족, 에리두의 석씨족이 주도 세력으로 자리 잡아 진국의 토착민과 연맹체를 형성하였다. 그리고 삼국지에 의하면 진한의 노인들은 자신들이 망명객으로 진나라의 고역을 피해 한반도로 왔는데, 마한이 그들에게 동쪽 땅을 나누어주었다고 한다. 대체로 마한에 비해 열세였으며, AD 3세기 후반에 사로국에 의해 통합되어 삼국의 하나인 신라로 발전했다.

진한은, 초기에는 마한의 통제를 받았고, 마한이 망한 뒤에는 백제의 통제를 받았다. 그러나 AD 3세기 무렵부터 중국에 독자적으로 사신을 보내기도 하는 등 소국 연맹체의 세력이 크게 신장하였다. 이는 일반적으로 사로국을 중심으로 결속하여 세력을 성장시킨 것으로 보인다.

진한 사람들은 다음과 같은 특징이 있다.

① 토지가 비옥하고 농업과 잠업이 성행했다.

② 철전을 사용하여 주변국과 교역을 하였다.

③ 남녀에 구별이 있다.

④ 편두 풍속이 있었다.

⑤ 가무를 즐겼다.

5절 삼국 역사의 재해석

고대국가의 기원은 동서양을 막론하고 상당수의 국가가 난생 설화를 가지고 있다. 그리고 우리의 고대국가인 고구려와 신라, 가야는 그 시조가 난생인 것도 공통점이다. 이는 난생 설화가 가지고 있는 의미도 중요하지만, 우리의 경우는 그것보다도 난생이라는 의미가 더욱 중요하다. 난생이라는 것은 알에서 태어난다는 것이며, 이것은 기존의 질서를 깨고 새로운 탄생이 된다는 의미가 강하다. 즉, 기존의 어떤 체계를 깨트리고 새로운 것이 태어난다는 의미를 가지고 있다. 이러한 측면에서 고구려의 고주몽이나 신라의 박혁거세 그리고 가야의 김수로 모두 과거의 전통적 왕조의 후손이 아니고 새로운 왕조를 세운 인물이라는 것이다. 그래서 난생은 알이라는 관점에서 새롭게 일어난다는 뜻을 부여하고 있으므로 신분을 초월해 새로운 왕조의 시작을 표현한 것이다. 이러한 관점에서 각국의 난생 설화와 건국 과정을 살펴본다.

1) 고구려의 건국 이야기 * 다음 / 백과사전 / 위키백과 / 편집

고구려의 시조인 고주몽은 동명성왕으로 성이 고씨이며 추모 또는 중해라고도 하였다.

"부여의 왕인 금와가 태백산 남쪽 우발수에서 한 여자를 발견하고 물으니 '나는 하백의 딸이며 이름이 유화입니다. 동생들과 나가 노는데 한 남자가 자신을 천제의 아들 해모수라 하고 나를 웅심산 아래 압록수가의 집으로 꾀어서 사통하고 곧바로 가서는 돌아오지 않았습니다. 우리 부모는 내가 사통했다고 책망하며 우발수에서 귀양살이하게 하였습니다. 금와는 하도 이상하게 여겨 방 안에 가두어 두었으되 햇빛이 비추어 피했으나, 햇빛이 또 따라와 비추었다. 그래서 임신을 해 알 하나를 낳았는데, 크기가 다섯 되쯤 되었다.

이에 금와는 알을 버려서 개, 돼지에게 주었으나 모두 먹지 않았다. 또 길 가운데에 버렸으나 소나 말이 피하였다. 후에 들판에 버렸더니 새가 날개로 덮어주었다. 금와는 알을 쪼개려고 하였으나 깨뜨리지 못하고 마침내 그 어머니에게 돌려주었다. 그 어머니가 물건으로 싸서 따뜻한 곳에 두었더니, 한 사내아이가 껍질을 깨고 나왔는데 골격과 외모가 빼어나고 기이하였다.

나이가 겨우 일곱 살이었을 때에 남달리 뛰어나 스스로 활과 화살을 만들어 쏘면 백발백중이었다. 부여의 속어에 활 잘 쏘는 것을 주몽이라고 하였으므로 이것으로 이름을 삼았다."

이러한 주몽은 자라서 대소 왕자 등 금와왕 7명의 아들보다 뛰어나서 시기를 받았고, 그들은 호시탐탐 주몽을 죽이려 하였다. 이와 같은 사실을 눈치 챈 유화부인은 주몽에게 동부여를 떠나라고 하였다. 어머니의 충고에 따라 주몽은 오이, 마리, 협보와 함께 동부여를 떠나 추격자들을 피해 남쪽으로 내려가 엄리대수에 이르렀다. 이때 주몽은 "나는 천제의 손자이며, 강의 신의 외손자이다. 지금 나를 쫓는 자가 뒤를 따르니 그 위험이 급한데 강을 건널 수 없으니 도와 달라."라고 하니, 이에 감응한 자라와 물고기가 물 위로 떠올라 띠를 이어 다리를 만들어 주었다. 주몽이 무사히 강을 건너자 물고기와 자라는 다시 돌아가 버렸고, 추격자들은 강을 건너지 못해 더 이상 쫓아오지 못했다고 한다. 이렇게 대소의 위협에서 무사히 벗어난 주몽은 남쪽으로 향하여 마침내 졸본부여에 정착하여 연타발의 둘째 딸인 소서노와 결혼하여 점차 세력을 확장하기 시작한다.

BC 37년 주몽은 졸본부여왕의 뒤를 이어 고구려를 건국하고, 자신의 성을 '고(高)'씨라 했다. 그리고 주몽은 대대적인 영토 확장 전쟁을 벌이기 시작했다. 그래서 우선 변방에 살고 있던 말갈족의 부락을 평정하여 말갈족이 더 이상 국경을 넘보지 못하도록 하였다. 또한 BC 36년에는 비류수 상류에 있던 비류국의 왕 송양(松讓)에게 항복을 받아내어 '옛 땅을 회복했다'라는 뜻의 고구려 말인 다물(多勿)로 개칭하고, 송양을 그곳의 도주로 삼았다.

비류국을 정복한 주몽은 BC 34년 마침내 졸본성과 궁궐을 완성하여 나라의 위상을 한층 높였다. BC 32년에는 오이와 부분노를 보내 백두산 동남쪽에 있던 행인국을 정복하였으며, BC 28년에는 부위염을 보내 북옥저를 정복하였다.

BC 24년 8월 부여에 남아있던 주몽의 어머니 유화부인이 죽었다. 이때 금와왕은 그녀를 태후의 의례로써 장사지내고 신묘를 세웠다. 이에 주몽은 부여에 사신을 보내 자신의 어머니 장례를 성대하게 치러준 것에 대해 감사를 표하고 토산물을 보냈다. 하지만 BC 19년 초 금와왕이 붕어하고 맏아들인 대소왕자가 왕위에 오르면서 고구려와 부여의 관계는 급속도로 악화된다.

BC 19년 4월에 주몽의 아들 유리가 부여에서 어머니 예씨 부인과 함께 도망쳐 돌아오자 주몽은 그를 태자로 삼았으며, 그 후 5개월 뒤에 40세의 나이에 사망하였다.

이러한 주몽 설화에서 나타나는 난생의 의미는 알을 깨고 나온다는 뜻으로 신분의 변화를 뜻한다. 그리고 주몽의 태생에 대한 내용 중에 아버지가 해모수라는 것은 부여의 우르족과의 관련성을 말하는 것이다. 특히 들판에 버렸더니 새가 날개로 덮어 주었다는 것에서 보면, 새는 우르의 상징이므로 우르족의 비호를 받았다는 의미이다. 그러나 고주몽의 성이 고씨라는 것은 고리(에리두)족의 성씨이며, 어머니 유화부인은 하백(물의 신 ; 엔키)의 딸로 키시족 출신이라는 의미이다. 즉, 고주몽은 태생이 에리두와 키시족의 정략결혼에 의한 것임을 나타낸 것이다. 또한 부여를 탈출해 도주할 때 엄리수에서 자라와 물고기가 도와주었다는 것은 자라와 물고기가 키시족의 상징으로 키시족이 도움을 받았다는 의미이다. 그리고 우르족의 졸본부여와 연합하여 고구려를 세웠기 때문에 칸연맹의 삼족 혈통을 모두 이어받았다는 의미가 된다. 더불어 주몽이 활을 잘 쏘는 것은 에리두와 훈족의 특성을 이야기 하는 것이다.

2) 백제의 건국 이야기 * 다음 / 백과사전 / 위키백과 / 편집

(1) 온조 이야기

백제는 BC 18년 온조(溫祚)왕에 의해 건국되었다. 백제의 건국자인 온조의 아버지는 고구려의 동명성왕인 고주몽이며, 형으로는 유리와 비류가 있다. 온조는 고구려의 건국자인 고주몽이 어머니 소서노와 결혼하여 왕자가 되었다. 그러나 전부인 예씨 소생인 유리가 부여에서 졸본으로 오자 어머니 소서노와 형 비류와 함께 한반도로 남하했다. 이들은 졸본부여의 우르계로 동해안을 따라 내려오다 속초의 울산바위에서 태백산맥을 넘어 춘천에 도착했다. 그리고 다시 북한강을 따라 내려가 양평을 경유하여 하남에 이르렀다. 그 후 비류는 한강 하류의 미추홀에 자리를 잡았고, 온조는 하남 위례성에 수도를 정하고 나라의 이름을 십제라고 했다. 그러나 미추홀은 척박하여 농사를 짓고 살 수 없어 백성들이 위례로 떠나자 비류는 자결했다. 온조는 이들을 받아들인 뒤 나라의 이름을 백제라 하였으며, 이 이름은 성왕이 남부여로 바꿀 때까지의 국호가 되었다. 본래 온조의 성은 해씨였으나, 그 계통은 고구려와 더불어 우르의 부여에서 나왔기 때문이다. 이후 부여(扶餘)씨를 성으로 삼았다.

그러나 일본에서는 백제의 건국자를 온조왕이 아니라 주몽을 백제의 시조로 본다. 특히 백제왕실의 후예인 인정(仁貞)은 백제의 태조를 온조왕이 아니라 주몽으로 지목하고 있다. 이는 백제에서 어느 시점에 주몽에게 태조라는 시호를 추존한 것에서 기인했기 때문이다.

(2) 소서노 이야기 * 다음 / 백과사전 / 위키백과 / 편집

백제의 건국 설화에는 온조왕을 시조로 한 것과 비류를 시조로 한 것이 있는데, 소서노는 비류를 시조로 전하는 건국 설화에 등장한다.

그녀는 연타발의 딸이며, 북부여왕 해부루의 서손인 우태(優台)와 처음에 혼인하였으며, 온조와 비류를 낳았다. 우태가 죽은 후에는 한동안 졸본에서 과부로 살다가, 다시 동명성왕과 혼인하여 그를 도와 고구려 건국에 일조했다고 한다. 이후에 동명성왕이 부여에 있을 때 혼인한 예씨의 소생 유리가 고구려로 와서 태자로 책봉됨에 따라, 왕위계승권을 잃어버린 비류와 온조가 새로운 국가의 건설을 위하여 남하한다. 그리고 비류가 미추홀에 정착할 때 아들들과 동행하여 국가를 세우는 데 일조를 하였다. 그리고 온조왕 13년(BC 6년) 2월에 나이 61세로 죽었다고 한다.

그녀는 졸본부여 왕의 둘째 딸이라는 설과 졸본부여 사람인 연타발의 딸이라는 설, 비류국 왕인 송양의 딸이라는 설 등 다양한 설이 있다. 그러나 '삼국사기' 고구려 본기에 의하면 비류국 왕 송양의 딸은 추모왕의 아들인 유리왕의 부인이 되었으므로, 소서노는 송양의 딸은 아니다.

3) 신라의 건국 이야기

(1) 박혁거세의 설화 * 다음 / 백과사전 / 위키백과 / 편집

박혁거세(BC 69년~AD 4년)는 신라의 초대 국왕이자, 한반도에 살고 있는 모든 박씨의 시조이다.

"옛날에 경주 땅에 6촌장들이 살았다. 어느 날 사로국 6부 촌장들이 임금을 세우는 회의를 하던 중 하늘에서 내려온 백마가 가져온 알에서 출생했다. 즉, BC 69년 여섯 마을의 촌장들이 각기 자기 자녀들과 함께 알천 언덕에 모여 '우리들에게는 우리들 모두를 다스려 줄 임금이 없어 모두가 안일하여 각자 자기가 하고 싶은 대로 행동하는 바람에 도무지 질서가 없다. 그러하니 덕이 있는 사람을 찾아내어 그를 임금으로 모시고 나라를 만들자.'라고 의논하였다. 그런데 그때, 회의 장소인 알천 언덕에서 남쪽으로 그다지 멀지 않은 양산(楊山)이라는 산기슭에 번갯불 같은 이상한 기운이 보였다. 촌장들은 더 잘 보기 위해 좀 더 높은 곳으로 올라갔는데, 양산 기슭에 있는 나정(蘿井)이라는 우물곁에서 번갯불이 솟아오르고 있었고, 그 옆에는 하얀 말 한 마리가 절하는 것처럼 한참 꿇어 엎드려 있다가 길게 소리쳐 울고는 하늘로 날아 올라가버렸다. 말이 떠나자 촌장들은 그 말이 누었던 장소로 일제히 몰려가봤더니 그곳에는 자줏빛 큰 알이 하나 놓여 있었다. 촌장들이 그 알을 보고 있으니 갑자기 깨져버렸다. 그 안에 생김새가 몹시 단정하고 아름다운 한 사내아이가 있었다. 모두들 놀라고 신기해하며, 아기를 동천이라는 샘에 데리고 가서 몸을 씻겼다. 그러자 아기의 몸에서 광채가 나고, 짐승들이 몰려와 덩달아 노래를 부르며 춤을 추었고, 하늘과 땅이 울렁이며 태양과 달의 빛이 더욱 밝아졌다. 촌장들은 그 아이의 알이 매우 커서 박과 같다고 하여 '성을 박(朴), 이름을 혁거세(赫居世)'라고 지었다.

그는 촌장들의 추대를 받아 13세인 BC 57년에 즉위하여 왕호를 거서간(居西干)이라 하고, 국호를 서라벌이라 하였다.

BC 41년에 6부를 두루 돌면서 위무하였는데, 왕비 알영부인이 따라갔다. 농사와 누에치기에 힘쓰도록 권장하여 토지의 이로움을 다 얻도록 하였다. 그리고 BC 39년 정월에 변한이 나라를 바쳐 항복해 왔다. BC 37년 수도 금성에 성을 쌓았으며, BC 32년에 금성에 궁실을 지으니, 이때 비로소 나라의 기틀이 잡혔다.

BC 28년 낙랑이 침범하였으나 도덕의 나라라 하여 스스로 물러갔다. BC 20년 2월 마한에 사신으로 호공을 보냈는데 마한 왕이 조공을 바치지 않는 것을 탓하고 호공을 죽이려 했으나, 신하들의 만류로 놓아주었다. 그리고 이듬해 마한 왕이 죽어 신하들이 마한을 정벌할 것을 권하나, 혁거세는 "다른 사람의 불행을 요행으로 여기는 것은 어질지 못한 일이다." 하여 사신을 보내 조문하였다. 이는 그 무렵 신라의 정치체제가 바로잡혀 마한에 종속되어 있지 않은 것을 뜻한다.

BC 5년에 동옥저의 사신이 와 말 20필을 바쳤다. 그리고 AD 4년에 2대 남해왕에게 왕위를 넘기고 붕어한다.

박혁거세의 설화도 난생에 대한 이야기이다. 여기서 천마가 알을 낳는다는 것은 도래한 기마족의 토착부족을 지배하는 과정을 이야기하는 것이다. 또한 혁거세의 성씨가 박인 것은 박씨가 부여에서 내려온 우르족으로, 박(朴)은 나무(木)와 점(卜)의 합성글자이다. 여기서 나무는 신단수이다. 그래서 박씨는 신단수 옆에서 점을 치는 신관이라는 의미가 된다.

(2) 김알지의 설화 * 다음 / 백과사전 / 위키백과 / 편집

김알지의 경우는 경주김씨의 시조이나 왕은 아니다. 다만 그의 후손이 신라의 왕으로 설화의 주인공이 된다.

"사로국의 4대 왕인 석탈해왕 9년 3월에 왕은 한밤중에 금성 서쪽 시림 숲속에서 닭이 우는 소리를 듣고, 날이 밝자 호공을 보내어 이를 살펴보도록 하였다. 이에 호공이 시림에 다다라 살펴보니, 금빛의 작은 궤짝이 나뭇가지에 달려있으며, 흰 닭이 그 아래서 울고 있었다. 이 사실을 듣고 왕은 궤짝을 가져오게 하여 열어 보니 조그마한 사내아이가 그 속에 들어 있었으며 용모가 기이하게 뛰어났다. 왕은 기뻐하며 하늘이 그에게 아들을 내려 보낸 것이라 하여 거두어 길렀다. 그 아이는 자라감에 따라 총명하고 지략이 뛰어났다. 이것은 마치 박혁거세의 옛일과 같으므로 그 말에 따라 알지라고 이름을 지었는데, 알지는 곧 우리말의 '어린애'를 뜻한다. 그리고 금빛 궤짝에서 나옴을 연유로 하여 성을 김씨라 부르고, 처음 발견되었던 장소인 시림을 고쳐 계림이라 하고, 이를 국호로 삼았다."

김알지의 설화는 국가 시조의 설화가 아니고 후세가 왕이 되는 성씨의 시조 설화이다. 여기서 닭의 울음소리는 닭이 태양신의 전령사로 우르족을 의미하고, 궤짝은 배를 의미한다. 즉, 김알지는 우르족의 도움을 받아 배를 타고 북방에서 내려와 계림에 도착했다는 의미이다. 또한 김씨는 키시족의 성씨로 키시족과 박씨의 우르족이 계림에서 연합을 했다는 의미이다.

(3) 석탈해 이야기 * 다음 / 백과사전 / 위키백과 / 편집

석탈해는 신라의 제4대 왕이며 석씨 왕조의 시조가 된다. 석탈해에 관한 신화의 내용을 요약하면 다음과 같다.

"남해왕 때에 아진포에 혁거세왕에게 해산물을 바치던 아진의선이라는 노파가 살고 있었는데, 어느 날 문득 바다에서 까치들이 떼를 지어 날며 우짖고 있음을 보았다. 이상히 여긴 노파가 살펴보았더니 거기에 배 한 척이 있었고 배 안에 큰 궤짝이 있었다.

궤짝을 열어젖히니, 그 속에 단정하게 생긴 한 사내아이와 그밖에 여러 가지 보물과 노비들이 들어 있었다. 그 사내아이를 7일 동안 보살펴 주자, 스스로 입을 열어 말하기를 '나는 본디 용성국(龍城國) 사람이다. 그 나라의 왕비에게서 알로 태어났으므로 버림을 받아 이곳에 닿았다'고 하였다.

그 아이는 말을 마치자 지팡이를 끌고 두 사람의 종과 더불어 토함산에 올라가 거기다 돌무덤을 파고 7일 동안 머물렀다. 그런 뒤에 산을 내려와 성 안을 살펴 살만한 곳을 물색하던 중 호공의 집에 다다랐다. 그는 호공의 집 곁에 남몰래 숫돌과 숯을 묻고서, 이튿날 아침 관가에다 그 집은 자신의 조상이 대대로 살았던 집이었는데 자신이 잠시 집을 비운 사이 호공이 들어와 차지한 것이라고 송사를 제기하였다.

그는 숫돌과 숯을 증거물로 제시하여 그 집을 차지하게 되고, 그 소문이 나자 남해왕은 이 사람(탈해)이 슬기로운 사람이라고 생각하여 그를 맏공주와 배필이 되게 하였다."

석탈해(BC 19년~AD 80년)는 신라의 제4대 국왕으로 AD 8년에 남해 차차웅의 사위가 되며, AD 10년에 대보로 등용되어 정사를 맡았고, AD 43년부터는 손위처남인 유리 이사금의 대리청정을 맡았다. 그리고 AD 57년 유리 이사금의 유언에 따라 왕이 되었다.

'삼국사기'에 수록된 석탈해 설화에 따르면 본래는 왜의 동북쪽 1천 리에 위치한 다파나국 출신으로, 그 나라 왕이 여국의 왕녀를 아내로 맞이했는데 임신 7년 만에 큰 알을 낳았다. 왕은 사람이 알을 낳는 일은 상서롭지 못한 일이니 알을 버릴 것을 명했고, 왕비는 비단으로 알과 보물을 싸 궤 속에 넣어 바다에 떠나보냈다. 가락국의 바닷가에 닿았으나 가야 사람들은 이를 괴이하게 여겨 건지지 않았고, 진한의 아진포 어구에 이르니, 이 시기가 박혁거세 거서간의 즉위 39년으로 BC 19년이라 하였다. 그러나 가야의 역사를 다룬 '삼국유사'의 가락국기에는 용성국 출신인 탈해가 가야에 먼저 도래하여 김수로왕과 왕위를 놓고 다투다 패배하였다는 기록이 전한다.

AD 24년 남해 차차웅이 죽자 유리가 마땅히 왕위에 올라야 했는데, 대보인 탈해가 본래 덕망이 있었던 까닭에 왕위를 미루어 사양하였다. 그리고 AD 57년 유리 이사금의 유언에 따라 76세에 왕이 되었다.

즉위 이듬해 정월에 호공을 대보로 삼았고, 2월에 몸소 시조 묘에 제사 지냈다. 탈해 이사금은 즉위 초에 외교에 힘을 기울여 AD 59년 왜와 수교하였으며, AD 61년 마한의 장수 맹소가 복암성을 바치고 항복했다. AD 63년 10월 백제의 다루왕이 낭자곡성까지 땅을 개척하고 만날 것을 제안했으나 거부했다. 이듬해 백제가 와산성과 구양성을 공격했으나 기병 2천 명을 내쫓았다. AD 65년에 시림에서 김알지를 얻고 시림을 계림으로 개칭한 뒤 계림을 국호로 삼았다.

AD 66년 백제는 다시 와산성을 빼앗고 수비병 2백을 주둔시켰으나 곧 다시 빼앗았다. 이듬해 정월에 나라를 주·군으로 나누어 다스리게 했는데, 그 이름을 주주(州主)·군주(郡主)라 하였다. AD 70년에 다시금 백제의 침공이 있었다. AD 73년에는 왜인이 목출도를 침범해 각간 우오를 보냈으나, 이기지 못하고 우오는 전사하였다. 그 다음해 백제군이 변방을 노략질하자 탈해가 병사를 보내 격퇴했다. AD 75년 크게 가물어 백성이 굶주렸으므로 창고를 열어 곡식을 나누어 주어서 진휼하였다.

이와 같이 탈해 이사금 치세 때 신라와 백제가 서로 적은 군사로 와산, 봉산 등지에서 거의 해마다 뺏고 빼앗기곤 하였다는 것이 '삼국사기'의 기록이다. 그러나 신라는 당초 경주 한 귀퉁이의 조그만 나라이고, 백제는 온조왕 때에 벌써 마한 50여 국을 차지하였으니 신라와 같이 적은 군사로 싸웠다는 것에는 의문이 생긴다. 또한 '삼국사기'에는 늘 백제가 먼저 신라에 화의(和議)를 빌었다고 하였는데, 백제가 신라보다 몇 갑절 되는 큰 나라로서 먼저 굴복하였다는 것도 의문이다. 백제와 신라 사이에 가야 등 완충국이 있었는데 백제가 가야 등의 나라들과는 한 번의 충돌 기록이 없고 도리어 신라를 침범했다는 것도 믿기 어렵다. 오히려 중국의 기록을 보면 신라가 처음에 백제의 절제를 받았다고 한 것이 도리어 믿을 만하다.

AD 77년 8월에 아찬 길문이 황산진 어구에서 가야군과 싸워 적군 1천기를 베었다고 한다. AD 79년에는 장군 거도를 파견하여 현재의 울산 울주구, 부산 동래구에 해당하는 우시산국과 거칠산국을 병합하였다. 그리고 이듬해 8월에 죽어 성 북쪽의 양정구에서 장사지냈다.

석탈해의 성씨의 유래에 대해서는 남의 집을 빼앗으므로 석(昔)이라 하기도 하고, 상자 속에 넣어져 바닷가에 도착했을 때 까치들이 울어 까치 작(鵲)자에서 새 조(鳥)자를 떼어 성으로 삼았다고도 한다. 그리고 탈해라는 이름도 궤짝을 열고 알에서 나왔기 때문에 붙여진 것이라고 한다. 특히 석탈해의 출신이 용성국이란 것은 용왕(엔키)을 섬기는 키시족 국가 출신이라는 의미이다. 더불어 석씨는 토토(土土)를 부수로 쓰는 에리두족의 성씨이다. 그래서 에리두족이라는 태생적인 한계 때문에 왕족이면서도 키시의 용성국에서 배척당했을 가능성이 크다.

(4) 이두문자와 향가 * 다음 / 백과사전 / 참조

이두문은 이리두문자를 의미한다. 신라에서 쓴 이두문은 에리두 출신인 석탈해와 함께 전해진 것으로 한자가 본격적으로 쓰이면서 초기 신라의 문자로 사용되었던 것으로 보인다. 이러한 이두문자는 향가 25수로 현재까지 전해온다. 또한 이두문자는 후에 신라에서 일본으로 전해져 히라가나의 원형으로 남아 있다.

이두 혹은 이두문자라는 것은 신라시대에 자체의 글이 없어서 한자를 빌려서 문자로 만들어 사용한 것을 말한다. 그러나 이두라는 표현은 이리두 문자라는 의미로 단순히 한자를 변형해서 만든 문자가 아니다. 지금은 정확히 전해지지 않지만 고대에 우르·키시·에리두는 각각 자신들의 문자가 있었으며, 그중 에리두가 사용했던 문자가 이두문자인 것이다. 그리고 한 예로 한자가 키시의 문자이며, 지금 우리가 쓰는 언어가 우르문자에서 출발한 언어인 것을 보아도 이두는 단순히 중국의 한자를 편리하게 쓰기 위해 우리나라 고유의 방식으로 한자를 변형해 사용한 것이 아니다.

이러한 이두는, 넓은 의미로는 한자 차용 표기법 전체를 가리키고 향찰과 구결 및 삼국시대의 고유명사 표기 등을 총칭하며, 좁은 의미로는 한자를 한국어의 문장 구성법에 따라 고치고 이에 토를 붙인 것에 한정하기도 한다. 즉, 이두는 한문을 국어의 어순에 맞추어 재배열하고 일부 형식 형태소나 부사 등에 한자를 차용하는 표기법이다. 대체로 의미는 한자의 훈 (뜻)을 취하고, 형태는 한자의 음(소리)을 취하여 쓴다.

이두는 신라 초기부터 발달하기 시작했다고 추측한다. 그리고 문헌에서 이두는 설총(薛聰)이 만든 것이라는 기록이 있어 설총이 이두를 창시한 것으로 알려있다. 그러나 설총은 그 이전에 존재한 이두를 정리하고 집대성했다는 것이 타당하다.

'균여전(均如傳)'에서 향가와 같은 완전한 한국어의 문장을 향찰이라고 불렀던 사실을 보면 향찰은 이두와 구별이 된다. 이러한 이두의 문체는 이미 삼국시대에 발달하기 시작했고 통일신라시대에 표기법이 완성되어 조선시대 말까지 계승되어 왔다. 그리고 향찰은 통일신라시대에 발달하여 고려시대까지만 사용되어 온 것이므로, 향찰과 이두를 시대에 따라 구별하는 것은 잘못된 것이다. 이러한 이두는 조선시대에 주로 왕이 신하에게 내리는 글과 신하나 백성이 왕에게 올리는 글 그리고 관청과 관청 사이에 주고받는 문서 등에 쓰였다. 훈민정음 창제 목적 중의 하나는 한국어를 표기하기에 불완전한 이두를 대체하고자 한 것이다. 그래서 훈민정음 창제 후에 이두로 기록되던 글들이 훈민정음이나 한문으로 대체되면서 이두는 그 존재 가치를 상실하게 되었다.

지금까지 이두문으로 된 향가가 수록된 문헌은 '삼국유사'에 14수이고, '균여전'에 11수로 총 25수가 전해지고 있다.

4) 가야의 건국 이야기 * 다음 / 백과사전 / 위키백과 / 편집

가야연맹의 건국은 시조인 김수로의 설화를 살펴보면 알 수 있다.

'삼국유사'의 가락국기에 의하면 AD 42년 3월 계욕(禊浴)의 날에 북쪽 구지봉에서 수상한 소리가 나서 무리가 거기에 모였는데, "여기에 누가 있느냐?" 하고 묻더라는 것이다.

구간이 답하여 "우리가 있소."라고 하자, "내가 있는 곳이 어디냐?" 하고 다시 물었다. 구간이 "구지요"라고 대답하자, "하늘이 나에게 명하기를 이곳에 나라를 세우고 임금이 되라 하였기에 여기에 내려왔다. 그러니 너희들은 산봉우리를 파서 흙을 모으면서 '거북아! 거북아! 머리를 내어놓아라. 만일 내어놓지 않으면 구워 먹으리라'라고 노래하면서 춤을 추어라. 그러면 곧 대왕을 맞이하게 될 것이며, 너희들은 매우 기뻐서 춤추게 될 것이다."라고 하였다.

구간들이 그 말을 듣고 모두 기뻐하면서 노래하고 춤추었다. 그러자 얼마 후 자주색 끈이 하늘로부터 내려와 땅에 닿았으며, 그 끝에는 붉은 보자기에 금합자가 싸여 있었다. 열어보니 그 속에는 해와 같이 둥근 황금빛 알 여섯이 있었으며, 이를 본 모든 사람이 놀라고 기뻐하며 함께 수없이 절을 했다. 그리고 조금 후 다시 보자기에 싸서 아도간의 집으로 가져와 하루가 지난 다음날 아침에 다시 모여 금합자를 열어보니, 알 여섯 개가 모두 동자로 변했는데, 용모가 매우 준수하였다고 한다. 이렇듯 그들의 지도자가 난생 설화로 왕위에 오르니 세상에 처음 나타났다고 해서 이름을 수로(首露)라고 했다.

김수로(金首露) 또는 수로왕(AD 42년~199년)은 가락국 시조이자 김해 김씨의 시조이다. 신라의 유리왕 19년에 가락국 북쪽 구지봉에 떨어진 6개의 알이 모두 변하여 6가야국의 왕이 되었다고 하며, 김수로도 그 가운데 하나이다. 또한 알에서 나타난 나머지 다섯 사람도 각각 다섯 가야의 임금이 되니 동쪽은 황산강, 서남쪽은 창해, 서북쪽은 지리산, 동북쪽은 가야산이며, 남쪽은 나라의 끝이었다. 그는 임시로 대궐을 세우게 하고 거처하면서 검소하게 지내니 지붕을 이은 이엉은 자르지 않고 흙으로 쌓은 계단은 겨우 3척이었다고 한다.

그러나 신라의 최치원은 그가 정견모주라는 여성의 아들이었다고 한다. 최치원의 '석이정전(釋利貞傳)'에 따르면 가야산의 여신 정견모주(正見母

主)가 하늘의 신인 이비가에 감응하여 두 아들을 낳았는데 한 명은 뇌질주일이었고, 다른 한 명은 뇌질청예였다. 금관가야의 시조가 된 뇌질청예(김수로왕)는 여신 정견모주를 닮아 얼굴이 희고 갸름했으며, 대가야의 시조가 된 뇌질주일(이진아시왕)은 이비가를 닮아 얼굴이 해와 같이 둥글고 붉었다고 한다. 이는 금관가야의 시조인 수로왕이 맏형이었다고 한 '가락국기'에 전하는 금관가야 중심의 형제 설화와는 대비되는 것이다. 그는 석탈해와 재주를 겨룬 뒤 이겨 가락국의 왕 자리를 지켰으며, 파사 이사금 때에는 실직곡국과 음즙벌국 사이의 영토 분쟁을 중재하였다고 한다.

그의 부인은 마우리아 왕조의 공주 허황옥(許黃玉)이며, AD 189년까지 무려 156년 동안이나 살았다고 한다.

이렇게 전개되는 우리나라의 삼국 시조 설화는 일반적으로 설화 주인공의 출생의 근원이 어디인가에 따라 몇 갈래로 나눌 수 있다. 단군신화와 같이 신들 간의 혼인에 의해 신격화되는 것은 그 주류가 다른 곳에서 이주해 왔다는 것을 상징적으로 알 수 있다. 또한 동명성왕, 박혁거세, 김수로 신화에서와 같이 알의 형상으로 태어난다는 난생 설화는 새로운 신분으로 변화한다는 것을 뜻한다. 다만 김알지 신화에서처럼 처음부터 인간의 모습으로 궤짝에서 태어난다는 것은 궤짝이 주는 의미를 잘 살펴야 한다. 즉, 궤짝은 배를 의미하며, 김알지는 동해북부의 진한 지역에서 해안선을 따라 배를 타고 내려 왔다는 함축적인 의미를 가지고 있다. 이렇듯 시조 설화가 하늘의 뜻에 의한 새로운 시작임을 강조하며 만들어졌기 때문에 오히려 그 이전까지의 역사를 부정하는 효과를 주는 경우가 많다. 그래서 보다 정확한 역사를 알려고 한다면 설화가 가지고 있는 내적 의미를 잘 살펴야 한다.

신화의 경우는 외부에서 이주해 온 강력한 도래인들을 신격화하여 표현한다. 그렇기 때문에 대체적으로 신화의 세계로 나타나는 이야기는 정복자 혹은 도래인의 역사일 가능성이 크다. 그러나 난생 설화의 경우는 알을 깨고 나온다는 의미에서 보면 자체 종족 내에서 신분 상승을 의미하는 것이 일반적이다.

이러한 관점에서 각각의 설화를 다시 살펴보면 우선 고구려의 고주몽은 추모 혹은 활을 잘 쏘는 사람의 의미를 갖고 있다. 그리고 고(高)라는 한자는 투구(古)를 쓰고 갑옷(冏)을 입은 장수의 형상이다. 이것으로 보아 그의 실제적 신분은 장수(雲師) 계급 출신으로 여러 가지 어려움을 통해 일국(高句麗)을 이룬 것으로 보인다. 또한 박혁거세의 경우는 박(朴)이라는 한자가 나무(木)와 점(卜)의 합친 글자로 보아 신관(風伯) 출신의 계급에서 촌장 협의에 의해 추대되어 사로국을 세운 것으로 여겨진다. 김수로의 경우는 김(金)이 쇠나 옥을 다루는 야철장인이라는 의미로, 그 당시의 가장 중요한 산업인 옥과 야철을 담당한 장인 혹은 행정 관료(雨師) 출신으로 가야연맹체의 맹주가 된 것을 상징적으로 알 수 있다. 이러한 것은 배달국과 고삼국의 지배계급인 신관(風伯), 행정 관료(雨師), 장수(雲師)가 각각 삼국의 통치계급으로 전환되는 과정에서 대의명분을 얻기 위해 난생 설화가 도입되었을 가능성이 크다. 다만 백제의 경우는 한반도 내의 마한을 정복한 부여족이 졸본부여의 왕족 출신이라는 점에서 굳이 신화적인 설화가 필요 없다는 점과 비류나 온조가 고주몽의 후손이므로 난생 설화가 성립되지 못한 것이 이유가 될 수 있다.

이러한 난생 설화는 지금까지 우리의 고대 상고사가 설화로 오인되게 하는 요인으로 작용하여 마치 설화시대 이상의 역사가 없이 중국에 복속된 지역의 역사처럼 오인하게 하는 큰 오류를 남게 했다. 다시 말해서 삼국의 기원이 난생 설화에서 시작했기 때문에 그 이전의 단군 역사가 마치 신화 속에서나 나오는 허황된 이야기처럼 변질되어 버린 것이다. 그러나 단군 (탱구르)은 명백히 우리 한민족에게 실존했던 조상이다. 또한 단군은 청동기문명을 가지고 도래한 우리 한민족의 기원인 수메르의 칸연맹 3족과 토착부족 사이에서 이루어진 국가 지도자들의 통칭이다. 그래서 이제는 이것을 바로 잡아야 한다. 이것을 바로 잡기 위해서는 난생 설화의 근본적인 의미를 잘 되새겨서 그 안에 숨겨진 진실을 올바르게 찾아야 한다.

5) 삼국의 언어 이야기 * 다음 / 팁 / 삼국시대의 언어 / 편집

언어와 문자는 민족문화 형성에 중요한 역할을 한다. 특히 고대 우리민족에게는 고유한 언어와 문자가 있었으며, 삼국은 거의 같은 언어를 사용한 것 같다. 즉, 고대 한반도의 남부와 북부의 언어 차이는 단순한 방언 차이라고 보인다. 이러한 삼국간의 언어 차이가 별로 없다는 것은 그들의 언어가 수메르에서 같이 이동해 온 칸연맹에서 발원한 것이기 때문이다. 특히 고삼국 초기에는 중국도 우리와 동일한 언어권에 있었으나, 주나라 이후에는 히타이트계의 인도·유럽어족의 언어로 변질되어 지금과 같이 전혀 다른 언어체계를 갖게 된 것이다.

이렇듯 삼국의 언어가 같았다고 보는 것은 고구려와 백제의 지배층 언어가 모두 수메르어에서 기인했기 때문이다. 예를 들어 고구려 광개토태왕 때 고구려의 책사인 하무지가 백제로 잠입한 일이 있었다. 만일 고구려와 백제가 서로 다른 언어를 사용했다면 하무지가 백제로 잠입하기 전에 백제어를 익혀야 한다. 그렇지만 역사 기록에는 그런 내용이 전혀 없다. 그리고 백제 장군 고이만년이 고구려로 망명한 후 개로왕을 공격하여 생포하는 것을 보아도 백제 장군이 고구려 사람들과 의사소통에 전혀 지장이 없었음을 알 수 있다. 이것으로 보아 고구려와 백제의 지배층이 사용하는 언어가 같았다고 보는 것이 타당하다.

또한 백제의 서동이 신라의 선화 공주를 데려올 때도 신라 어린애들에게 노래를 가르쳐서 부르게 했다는 것을 보아도 두 나라의 언어가 같았음을 알 수 있다. 이 이외에도 통역 없이 고구려, 신라, 백제, 가야, 왜 등이 서로 의사소통을 했음을 알 수 있는 기록이 곳곳에 있다. 그 예로 계백장군과 관창의 대화 그리고 연개소문과 김춘추의 담판 등이다.

이와 같이 삼국 간에 사용하는 언어에는 약간의 차이가 있지만 이 정도 차이는 현재에도 사투리나 남·북한 간에 쓰고 있는 단어 차이 정도이다. 또한 중국 기록에도 마한, 진한, 변한의 말에 차이가 없었다고 기록되어 있으며, 부여와 고구려, 백제는 모두 부여 계통이란 기록이 있는 점을 보아 상호간 의사소통이 원활했을 것으로 추측이 된다. 즉, 삼국간의 언어는 상호 방언 수준의 차이는 있지만 거의 같은 언어를 사용했다는 것을 알 수 있다.

6) 삼국의 일본 열도 진출

한(칸)민족이 일본 열도로 진출하는 과정은 일본의 신화에 잘 나타나있다. 일본 신화의 내용을 살펴보면 다음과 같다.

"천상계에서 혼돈의 바다를 내려다보던 삼신령이 세상을 창조하기 위해 남신인 이자나기와 여신인 이자나미를 만들었다. 남신인 이자나기가 신령에게서 받은 창을 혼돈의 바다에 넣고 휘저었다가 꺼내자 창끝에 묻은 소금물 몇 방울이 떨어져 일본 열도가 만들어졌다. 이자나기가 자매 여신인 이자나미와 결혼하여 혼슈, 시코쿠, 규슈 등을 낳았으며, 불의 신을 낳다가 이자나미가 죽게 되었다. 그래서 이자나기는 죽은 이자나미를 찾아 요미노쿠니까지 쫓아갔다가 이자나미를 구하지 못하고 되돌아 나오게 되었으며, 더렵혀진 몸을 씻기 위해 목욕을 하였다. 왼쪽 눈을 씻을 때 아마테라스 오오카미라는 태양의 여신이 태어났으며, 오른쪽 눈을 씻을 때 츠쿠요미 노미코토라는 달의 여신이 태어났다. 그리고 코를 씻을 때 스사노 노미코토라는 바다의 남신이 생겨났다. 그 후 스사노는 맡겨진 나라를 잘 다스리지 않아 이자나기에게 쫓겨나자 누나인 아마테라스를 찾아갔다. 그러나 그의 횡폭한 성격으로 그곳에서 난동을 부리다가 결국 다시 추방되었다. 스사노는 이즈모로 내려가 사람들을 괴롭히던 머리가 여덟 개 달린 큰 뱀을 죽이고 나라를 세웠다. 그리고 스사노의 직계 후손인 오쿠니누시 노카미는 야가미히메와 결혼하여 다른 형제들이 물려준 나라까지 다스리게 되었다. 그러나 천상계에서는 지상은 신의 자식이 다스리게 되어 있다며 니니기 노미코토를 내려 보내 오쿠니누시의 아들에게 나라를 이양할 것을 요구했다. 니니기는 3종신기인 옥과 거울 그리고 검을 가지고 구지봉으로 내려와 여러 신을 낳았으며, 그의 직계 증손자인 와카미케누 노미코토가 일본의 초대 천황인 신무가 되었다."

이러한 일본의 신화에서 보면 천상계의 삼신령은 삼한(마한, 진한, 변한)을 지칭할 가능성이 크다. 특히 남매신인 이자나기와 이자나미의 2분화는 초기의 도래인 정복자 집단이 2부류임을 의미한다. 여기서 이자나기는 백제(마한)를 상징하고, 이자나미는 가야(변한)를 지칭할 가능성 높다. 초기 가야가 규슈 지방을 먼저 점령했으며 후에 백제가 들어와서 서로 경쟁하는 가운데 결과적으로 백제가 승리해서 이자나미의 죽음으로 마무리하는 과정이 경쟁과 독주를 상징한 것으로 보인다.

그 후 규슈 지방에는 이자나기의 후손인 천조대신 아마테라스의 영역이 되고, 그의 손자인 니니기가 천손강림을 통해 신격의 인간화를 꾀하였다. 그는 천조대신으로부터 벼와 3종의 신기를 하사받고, 5부족의 신과 함께 무장을 하고 구지봉으로 강림한다. 이것은 니니기의 천손강림이 구지봉을 통해 일본 열도로 들어와 그 지역을 점령한 정복자라는 이미지가 강하게 부각되는 점이다. 이때의 구지봉은 가야의 점령 지역이다.

스사노는 아마테라스와 남매인 동격 신이다. 그는 난폭하고 강력한 이미지의 신으로, 명칭에서 보이는 바와 같이 스사노, 즉 사로의 변음으로 신라를 지칭한다. 그가 내려온 지역 또한 혼슈의 이즈모 지역으로 신라와 인접한 지역이다. 여기서 머리가 여덟 개인 큰 뱀을 죽인다는 의미는 에리두(복희와 팔괘를 상징)족의 고구려가 선점하고 있는 곳을 신라계인 스사노가 정벌했다는 의미이다.

오오쿠니 누시노가미는 스사노의 아들 신으로, 천손강림 니니기에게 제정 분리를 위한 국토 이양을 하고 이즈모에서 신에 대한 제사부분만을 담당하는 역할로 타협한다. 이것은, 당시의 신라는 삼한의 진한에서 신관 출신 박씨들이 세운 나라이기 때문에 일본에 진출하여도 자신들의 영역인 제사부분을 고수한 것으로 여겨진다. 스사노의 출신 지역은 소머리(수메르)라고 하는 것으로 보아도 스사노가 사로국 이전 부여의 후손인 것을 간접적으로 나타내고 있다. 특히 천손강림과 국토 이양을 통해 백제계가 가야와 신라를 물리치고 정권을 잡았으며, 그 후손들이 지금의 일본 천황가계를 이루었음을 알 수 있다. 즉, 니니기가 쿠시후루(구지)봉으로 강림한다는 것은 니니기의 주체가 백제(마한)계이고 가야(변한)의 상징인 구지봉을 차지한다는 뜻이다. 그 당시 구지봉은 규슈에 있는 가야가 선점한 점령지이다. 즉, AD 2세기~3세기경에 백제와 가야가 일본 규슈 지역 내에서의 주도권 싸움을 벌이고, 여기서 가야가 패배하여 백제의 완전한 주도권이 확보된 것으로 보인다. 이때의 역사적 사실이 일본에 진출한 백제(야마토)가 일본 내의 가야를 점령한 것으로 표현되었다. 특히 규슈는 키시의 변음으로 규슈라는 지명이 키시족의 가야에서 온 것으로 보인다.

더불어 요마도쿠니까지 이자나기가 이자나미를 쫓아갔다 왔다는 것은 백제가 가야의 지배 지역인 대마도를 정복한 것으로, 이곳이 이른바 임나일본부이다. 그리고 이 임나일본부는 가야의 일본 내 점령지인 규슈의 구지봉 주변과 대마도를 가리킨다. 이것을 일본 역사는 우리 한반도 내로 변조하여 마치 김해 지역의 가야를 점령했던 것처럼 호도하고 있는 것이다. 그리고 키시·가야계를 물리치고 주도권을 획득한 우르·백제계의 신인 니니기의 후손이 일본 초대 천황인 신무(神武)로 기록되며, 이후의 일본 천황은 백제계가 이어간다. 특히 일본이라는 국명은 태양을 의미하며, 이는 우르족의 신앙인 태양숭배에 대한 직접적인 표현이다.

제4장
한민족의 파생역사 재해석

1절 아메리카의 고대문명 재해석 * 네이버 / 블로그 / 편집

　고대 아메리카의 문명들은 크리스토퍼 콜럼버스(Columbus)의 항해 이전까지는 대양이라는 장벽에 의해 다른 세계와 단절된 상태에서 번영했다. 콜럼버스의 대항해 이전의 사람들이 문화를 발전시켜 나간 무대는 광대하며 남북 양극에까지 이르고 있다. 이들은 아메리카에 처음부터 있었던 것이 아니고 13만 년 전에 바닷물의 결빙에 따라 아시아와 아메리카 대륙 사이에 육교가 된 베링해협을 건너왔다. 그리고 혹한의 땅을 거쳐 살기 좋은 땅을 찾아 남하를 계속한 끝에 남아메리카에 이르러 정착을 시작했다. 이들 원주민들은 BC 6000년 전의 초기 수렵시대를 거쳐 농경생활을 시작했고, BC 1500년경에 촌락생활을 거쳐 BC 1200년경에 최초의 문명이 나타나게 되었다. 다만 아메리카에서 최초의 문명이 나타나는 시기는 우리 한민족 고대국가에서 급격한 변화가 일어났던 시절과 일치한다. 즉, 배달국이 해체되고 유·이민의 상당수가 베링해협을 건너 아메리카로 이주하였으며, 그들이 아메리카의 고대문명을 형성한 것으로 보인다.

중부 멕시코에서부터 온두라스, 과테말라를 거쳐 니카라과까지 펼쳐진 지역을 통틀어 메소아메리카(Mesoamerica)라고 한다. 이는 지리적 구분일 뿐만 아니라 아메리카대륙의 최초 문명이며, 이후 모든 문명에 산파 역할을 한 올메카문명에서 거대 제국을 건설했던 아스텍문명과 마야문명에 이르기까지 그들의 세력 범위를 나타낸다.

메소아메리카의 발전문화는 크게 세 시기로 나누어진다. 첫째로 형성기는 BC 1500년경에서 AD 300년까지이며, 이 기간 동안 올메카문명이 나타난다. 고전기는 AD 300년에서 AD 900년까지이며, 이 시기에는 멕시코 중앙고원의 테오티우아칸문명과 과테말라, 남멕시코 등의 전기마야문명이 번성하였으며, AD 900년에서부터 스페인의 신대륙 발견 전까지의 후기 고전기에는 톨테카, 아스텍과 후기마야가 발전하였다.

메소아메리카문명은 모체 문명인 올메카에서 출발한다. 이후 올메카문명은 멕시코 중앙고원의 테오티우아칸과 톨테카, 아스텍, 유카탄을 비롯한 남부 지역의 마야문명에 영향을 끼친다. 각 문명은 기나긴 시간의 흐름에도 불구하고 많은 특징적인 공통점들을 가지고 있다. 메소아메리카에 있어서 종교에 대한 관심은 가장 큰 공통점이라 할 수 있다. 종교는 메소아메리카에 문명을 만들어내고 발전시킨 원동력이었다. 하지만 종교는 또한 광대한 영토를 가진 대제국 아스텍이 스페인에 의해 굴욕적인 정복을 당하게 한 원인이 되기도 한다.

1) 올메카(Olmeca)문명

메소아메리카에서는 BC 4000년 전후로 옥수수 재배가 시작되었고 재배가 본격화되자 본격적인 정주 촌락이 각지에서 확립되기에 이른다. 그리하여 BC 2000년부터 BC 1500년경에 걸쳐 멕시코 각지에서는 결정적인 농경기로의 전환이 이루어진다. 그 후 수백 년이 지나 문명이 태동하기 시작하였는데 그 최초의 문명이 올메카(오르막)문명이다. 이는 마야문명보다도 시기적으로나 문화적으로 앞선다. 이후 메소아메리카에서 흥망성쇠하는 모든 문명의 모체로서 지대한 영향을 끼쳐온 올메카문명은 멕시코만 남해안의 베라크루스와 타바스코(Tabasco)의 습한 소택지에서 번성했다. 전쟁과 정복으로 세력을 멀리 확장해 나아가 동으로는 마야족의 땅에서, 서로는 자포테카(Zapoteca)족의 나라 몬테 알반(Monte Alban)에까지 떨쳤다. 이윽고 그 세력은 중앙 멕시코 지역에 퍼졌으며, 이 땅에 남긴 그들의 문화유산은 후일 이곳을 점령하는 테오티우아칸과 토토나코(Totonaco)족에 의해 계승된다.

지금까지 탐사된 유적 중에 라벤타(La Venta)는 가장 크기가 컸으며 종교의 중심지였다. 라벤타의 도시 배치는 이후 메소아메리카문명의 종교도시 계획의 원형을 이룬다. 그곳에는 가장자리에 현무암 기둥을 둘러 세운 장방형 앞마당을 가진 조그만 계단식 피라미드가 서 있고, 그 근처에는 두 개의 도로가 마주 보고 있는데, 그것은 아메리카대륙에서 가장 오래된 신성한 구기경기장의 경계선이다. 종교 의식용으로 건설된 듯한 이러한 구역 안에서 조각석판과 더불어 올메카 예술의 가장 경이로운 예술품이라고 할 거대한 현무암 인두상이 발견되었다.

올메카는 무엇보다 먼저 종교 문명이었다. 그것은 방대한 수의 농민 신앙을 결집하여 많은 사람들의 힘에 의해 거대한 비석과 제단, 피라미드를 건설할 수 있었던 것이다. 수많은 올메카의 종교예술의 주제를 검토해 보면 거기에는 수신 신앙이 깊이 관련되어 있는 듯하다. 이 수신의 모습은 재규어로 나타나는데 때로는 인간과 동물의 혼혈아로 표현되기도 한다. 또한 그들에게는 인신공양의 풍습이 있었을 듯하다.

올메카인은 뛰어난 조각가였을 뿐 아니라 놀라운 옥돌 세공장이기도 해서, 그것을 깎아 작은 조각과 보석장식, 도끼 같은 것을 제작했다. 메소아메리카의 다른 문명과 같이, 올메카인도 수학과 달력에 대한 관심이 높았다. 마야족이 물려받은 기수법은 그들이 고안한 것으로 여겨진다.

올메카는 BC 400 내지 BC 300년경에 쇠퇴하는데 그 멸망에 대한 정확한 원인은 현재로서 밝혀지지 않았다. 그러나 올메카가 이후 메소아메리카문명에 끼친 영향은 명백하다. 메소아메리카의 모든 문명은 올메카문명을 뿌리로 두고 종교·문화·사회적으로 발전해 나간 것이다. 실제로 올메카의 구기운동과 인신공양 풍습, 수신에 대한 찬양 등은 메소아메리카문명에서 공동적으로 나타나는 현상이다.

이러한 올메카의 종교와 사회, 문화적인 풍습은 키시족의 그것과 동일하다.

2) 테오티우아칸(Teotihuacan)문명

올메카문명이 BC 300년경에 쇠퇴의 길을 걷고 있을 무렵, 중앙고원에서는 올메카의 영향을 받은 여러 신전 중심지가 생겨나 촌락을 형성하였다. 그중 테오티우아칸(대두한)은 세력을 확장하여 규모가 커지더니 드디어 전 멕시코 문화에 지배적인 영향을 미치게 되었다. AD 150년경에 이르자 태양의 피라미드를 비롯한 많은 신전을 중심으로 20㎢의 넓은 도시로 확장되어 인구는 3만 명 규모를 가지게 되었으며, 최고 번성기에는 10만에 달했을 것으로 추정된다.

오늘날 드러나 있는 것은 지난날의 화려하고 웅장했던 테오티우아칸의 지극히 작은 일부에 지나지 않는다. 도시의 90%가 아직 땅 속에 묻혀있고, 게다가 발굴해야 할 테오티우아칸은 하나만이 아니다. 이 도시는 오랜 역사를 지내면서 건물들을 100년마다 정기적으로 다시 세웠기 때문이다.

이 도시는 생겨나던 그 순간부터 놀랄 만큼 높은 수준에 도달해 있었던 것 같다. 이로 미루어 이곳에 문명이 아무것도 없던 과거로부터 갑자기 솟아났다고 볼 수는 없다. 이는 올메카가 테오티우아칸문명에 지대한 영향을 주었음을 의미하는 것이다. 테오티우아칸을 계승한 문명들에 관해서는 많은 사실이 알려져 있으나, 어떤 사람들이 이 도시를 세우고 살았으며 그들이 왜 갑자기 사라졌는지 그리고 어디로 갔느냐 하는 것은 아직 정확히 밝히지 못했다. 다만 테오티우아칸 계곡의 주민들과 멕시코 계곡의 주민들이 힘을 합쳐 만들어냈을 것으로 추정된다.

1,000년 뒤 아스텍이 그 일대를 정복했을 때 이 도시는 이미 웅장한 폐허로 변해 있었다. 거리와 광장들은 텅 비어 있었고, 궁전에는 인적이 끊겨 있었다. 그러나 이 웅장한 아름다움에 감동한 아스텍인은 '신들의 길을 걷는 사람들의 도시'라는 의미의 이름을 붙여 경의를 표했다. 6세기 말경 그 전성기를 맞았던 테오티우아칸은 멕시코의 정신적인 중심지이고 광대한 제국의 수도였으며, 경이로운 도시계획으로 정확하게 격자형으로 설계된 넓이 20㎢의 도시였다. 아스텍인은 이 거대한 도시를 톨테카인이 세웠다고 믿었다. 하지만 톨테카족의 역사는 10세기 후반에 시작되었고, 그때는 이미 테오티우아칸은 폐허가 되어 있었다. 아스텍족은 톨테카란 말을 '위대한 장인'이라는 뜻으로 쓰게 되었는데, 이것은 테오티우아칸의 웅장한 건축이나 멕시코의 고전시대에서 그 유례를 찾을 수 없는 수준의 훌륭한 장례 가면과 도자기를 몇 세기에 걸쳐 만들어낸 테오티우아칸인에게 아주

잘 들어맞는 말이다.

테오티우아칸 시기에 들어와서 메소아메리카문명의 기본적인 신관이 형성되기 시작했다. 그들의 유적지에는 깃털뱀, 케찰코아틀의 신전이 우뚝 서 있다. 케찰코아틀(Quetzalcoatl)은 케찰(Quetzal)과 코아틀(Coatl)의 합성어인데, 케찰이라는 새는 하늘과 정신적인 힘을 상징하고, 코아틀이라는 뱀은 땅과 물질적인 힘을 나타낸다. 케찰코아틀은 우주 창조, 하늘과 땅의 결합 그리고 정신과 물질의 하나임을 표현하는 거대한 상징이다. 또한 수신의 영향도 대단했다. 인신공양을 위한 꽃들의 전쟁(Guerra Florida)이 시작되었다.

당시 메소아메리카의 종교적 중심지였던 까닭에 수많은 사람들은 성지인 테오티우아칸을 순례하기 위해 몰려들었다. 그리하여 자연스럽게 무역이 발달하게 되었고, 당시 최대의 교역과 상업의 중심지가 되었다. 이 같은 사실은 그들 특유의 삼각 주발과 얇은 오렌지 토기, 신전을 본 뜬 뚜껑 달린 향로 등이 멀리 1,000㎞나 떨어진 과테말라와 벨리세 지방에서도 오늘날 출토되고 있다. 즉, 테오티우아칸인은 마야 지방까지 진출하여 교역을 벌였던 것 같다. 또한 마야 고전기 전기문화 형성에 있어 테오티우아칸 및 그 상인이 큰 역할을 했다. 아마도 테오티우아칸의 방대한 인구와 번영을 지탱하게 한 것은 이들 많은 지방과의 교역이었고, 그러므로 그들을 중심으로 마야지대까지 포함했던 이 광범위한 통상망은 아마도 메소아메리카 문화권의 통일성을 창출하는 데 있어 크게 공헌했을 것으로 생각된다.

AD 500년경에 테오티우아칸은 절정기에 달해 있었으며, 시 주변의 농경 인구의 대부분이 흡수되어, 분지 인구의 90%가 시내에 거주하였다. 그런데 AD 750년경에 테오티우아칸에 대화제가 일어났으며, 그 때문에 폐허로 변하고 말았다. 테오티우아칸의 멸망 원인은 정확히 밝혀지지 않았으나, 고도의 조직적인 방화로 미루어 보아 내분이 일어났거나 외적이 침입했을 것으로 추측된다. 특히 외적 침입설은 북방의 수렵 민족이었던 야만족 치치메카(Chichimeca)인이 농경지대로의 진출을 위해 무력으로 테오티우아칸을 정복했다는 것이다.

3) 전기 마야(Vieja Maya)

기원전 수세기 전에 메소아메리카의 나우아(Nahua)족이 남쪽으로 이주를 계속하였다. 이들은 수렵시대를 거쳐 농경시대를 맞이하게 되었다. 원시적인 농촌은 점점 도시화되기 시작했고, 이윽고 세련된 문명이 탄생할 준비가 되었다. 이 지역은 오늘날의 멕시코와 벨리세, 콰테말라, 온두라스, 엘살바도르에 걸쳐 있었으며, 자연적인 지형에 의해 세 지역으로 나누어져 있다. 하나는 광대한 열대림으로 덮인 페텐 지구, 다른 하나는 역시 빽빽하게 수목이 들어찬 우수마신타분지와 파시온강 지구, 그리고 나머지 하나는 관목으로 덮인 유카탄의 저지대 지구이다.

마야문명이 약진하고 있던 BC 50년부터 AD 250년까지의 기간은 멕시코 중앙고원에 있어서 대도시 테오티우아칸문명이 번성하고 있는 시기이기도 하였다. 테오티우아칸의 교역망은 과테말라의 마야지대에까지 뻗쳐 있었으며 마야의 문화적 성숙에 큰 영향을 주었을 것이다.

마야문명은 사회 경제제도, 천문학과 수학의 발달 그리고 뛰어난 예술성 등 여러 가지 측면에서 아메리카대륙 전체를 통해 스페인 정복 이전에 존재했던 가장 뛰어난 문명으로 평가받고 있다. 화전농법을 이용하여 옥수수를 주로 경작하던 마야족은 농지를 공유하면서 수확의 일부를 성직자와 비상식량의 비축을 위해 할당하고, 나머지는 가족별로 공평하게 분배하는 제도를 시행했다. 마야족의 성직자들은 자신들의 비상한 능력과 신과의 직접적인 소통을 과시하기 위해 일식과 월식 현장 같은 천체의 변화에 대해서 지식을 갖출 필요가 있었다. 또 주 생산물인 옥수수 경작을 위해서도 기후에 대한 지식이 요구되어 마야시대에는 자연히 천문학의 연구가 활성화되었다.

마야인은 지구가 둥글고, 태양의 주의를 돌고 있으며, 또 위도와 경도의 개념, 일식과 월식의 변화 그리고 금성을 포함한 성좌의 이동법칙 등을 자세히 알고 있었다. 따라서 당시 마야인의 달력은 세계 어느 지역에서 사용하던 것보다 더 발전된 것이다.

또한 마야족은 세계에서 0의 개념을 이해하고 이를 최초로 사용한 부족이었다. 그들은 0을 얼굴, 눈, 꽃, 그림 등으로 표시했다. 마야문명의 우수성은 예술, 특히 건축술에서 단연 돋보였다. 마야인은 석회암이나 단단한 나무로 만든 대들보 등을 이용하여 수많은 신전, 궁전 및 공공건물들을 축조했다. 마야시대의 대표적인 건축물 유적은 멕시코의 유카탄반도와 과테말라의 일부 지역에서 찾아볼 수 있다.

AD 10세기경에 이르러 마야족은 점차 척박해지는 농지와 카리브족의 빈번한 침략 등으로 그들의 신전을 버리고 내륙 지역으로 계속 이동하여 마야문명은 더 이상 번영할 수 없었다. 전기 마야의 멸망에 대해서는 현재 밝혀진 것이 거의 없다.

4) 톨테카(Tolteca)

테오티우아칸의 멸망 후 멕시코 중앙고원의 정세는 매우 혼돈스러웠다. 이러한 혼돈 속에서 새로운 통일을 창조하고 메소아메리카 전체에 걸쳐

통신망을 재편성하기 위해서는 어떤 강대한 세력의 출현이 필요하였다. 테오티우아칸의 멸망 후 2세기 동안 그런 실력자는 나타나지 않은 듯했으나, 드디어 AD 9세기 말엽에 치치메카의 일족인 톨테카(돌댁)가 등장함으로써 새로운 역사의 발걸음이 시작된 것이다.

톨테카 왕국의 중심은 툴라(Tula)였다. 그곳의 중심을 이루고 있던 것은 톨테카와 치치메카라고 불리는 사람들이었다. 이 말 자체는 모순된 용법이었다. 우선 톨테카란 톨란(Tollan)이라는 전설적인 도시 출신자를 뜻하였고, 높은 교양과 능력을 지닌 사람을 지칭하였다. 거기에 비해 치치메카란 개의 자손을 의미하였고, 멕시코 북부의 건조지대에서 이동생활을 영위하는 수렵부족을 일컬었다. 즉, 톨란에는 테오티우아칸 이후의 도시 문명의 전통을 잇는 문화 수준이 높은 사람들과, 문명을 그리워하면서 모여든 수렵부족 출신의 전사들이 함께 생활하고 있었던 것이다. 그러니까 톨란은 이질적인 두 개의 집단이 뒤섞여 살고 있었다고 할 수 있다. 도시적인 교양인과 용맹스런 전사인 것이다. 케찰코아틀(Quezalcoatl) 추방의 전설은 이와 같은 대립을 반영하고 있다. 여기에서 알 수 있듯이 톨테카 시기에는 전사계급이 신분상승을 이루게 된다. 톨테카 사회는 점차로 군국주의화되어 갔다. 재규어와 독수리 전사들의 규칙과 인신공양 의식이 자주 행해졌다. 많은 조각작품 속에서 무사의 모습이 등장하고 죽음이라는 지배적인 주제를 담은 작품이 등장한다.

톨란 안에 충만한 산 제물의 암시는 물과 농경을 지배하는 케찰코아틀신의 신앙보다 더욱 높았으며, 이것은 우주와 인간의 안전을 유지하기 위한 산 제물의 사상이 톨테카인에 의해 내세워졌던 사실을 말해 주는 것이라 할 수 있다. 그러나 케찰코아틀은 추방되었다고 해도 무시할 수 없는 존재였다. 우주의 안전도 중요하지만 농경과 물도 인간이 살아가기 위해서는 불가결한 것이었기 때문이다. 그렇기 때문에 톨테카인들은 그 종교체계 내부에 평화와 전쟁, 문화와 투쟁, 산 제물에 대한 부정과 적극적인 긍정의 두 사상을 간직하게 되었다. 즉, 톨테카의 종교는 모순을 가지고 있는 것이다.

톨테카족은 회화와 벽화, 조각을 창안하였고, 나무껍질이나 용설란 종이에 홈을 파 나타낸 상형문자를 사용하였다. 또한 그들은 장엄한 왕궁의 건축가로서, 여러 가지 색깔의 깃털을 모자이크하여 방패와 장신구를 멋지게 장식하는 걸출한 장인이었다.

톨란과 톨테카인의 세력이 미쳤던 여러 중심지는 12세기 중엽에 와해되었다. 이 당시 톨테카인은 북쪽에서 몰려드는 야만족과 더 이상 융화할 수 없게 되었을 것이다. 상황이 이처럼 변화하자 새로 이주한 야만족들과 톨테카인 사이의 균형이 파괴되어 톨테카인은 톨란을 떠나기 시작했다. 이들의 일부는 멕시코 계곡으로 이주하여 그곳에서 톨테카인의 유산을 부분적으로 수용한 새로운 도시국가들을 세웠다. 또 다른 부류는 푸에블라 계곡의 촐룰라(Cholula)로 이주하거나 마야문명의 세력권인 유카탄반도의 치첸이차(Chichen Itza)까지 옮아갔다.

5) 아스텍(Azteca)

톨테카문명의 멸망 뒤 멕시코 중앙고원은 여러 도시국가들이 난립하게 되었다. 그 중에는 쿨루아칸(Culhuacan), 텍스코코(Texcoco), 아스카포살코(Azcapozalco) 등, 그들의 후계자를 자처하는 여러 선진 민족들이 이미 강력한 세력을 펴고 있었다. AD 13세기 중엽 신화적이고 전설적인 혈통을 가진 새로운 부족인 멕시카(Mexica)족이 멕시코 계곡으로 들어

왔다. 호수 근처에 잠시 머물던 그들은 아스카포살코인이 적의를 보이자, AD 1299년경 호수 남쪽으로 피난을 떠나야 했다. 그리고 멕시카족은 톨테카의 문화를 받아들이기 시작했다. 그러나 AD 1323년에 또다시 쫓겨난 그들의 호수의 늪지대에서 지내다가 AD 1325년 오랫동안 기다리던 징조를 발견했다. 선인장에서 홰를 치고 있던 독수리가 그들의 정착지로 테노치티틀란(Tenochtitlan)을 가리켰던 것이다. 멕시카족은 점차 그들의 세력범위를 펼쳐 나가기 시작했다.

멕시카족은 정복한 주변 부락의 군주들을 새로운 귀족으로 끌어들였고, AD 1428년에는 테노치티틀란과 테스코코, 타쿠바(Tacuba)가 영구동맹, 즉 이른바 삼각동맹을 체결했다. 이 삼각동맹이라는 정치적 기본 구도로 후에 '아스텍'이라는 대제국이 건설되었다.

테노치티틀란은 광대한 제국의 수도가 되었고 많은 시장과 사원들이 생기기 시작했다. 도시는 고도로 조직화되어 갔고 신분의 계층화가 뚜렷해졌다. 왕을 비롯한 신관과 귀족들과 전투 엘리트들, 부유한 상인들은 아스텍의 지배계급이었다.

아스텍(아스택)은 이전 어느 문명보다도 강력한 종교국가였다. 아스텍인의 신은 우이칠로포치틀리(Huitzilopochtli)로, 그는 수렵의 신이며 달과 별을 뒤쫓는 태양이기도 했다. 톨테카인으로부터 전승된 태양신 토나티우와 겹쳐져 산 심장을 필요로 하는 우주의 중심적 신격으로 모셔졌다.

아스텍과 동시대의 멕시코 중앙고원의 여러 도시국가에서는 민족의 접촉이 증대됨에 따라 차츰 복잡해지는 신들의 관계와 종교체계를 정리하기 위하여 많은 신학적 노력을 기울였다. 아스텍의 신학자들이 시도한 노력 가운데 하나는 테스카틀리포카(Tezcatlipoca)와 케찰코아틀의 서로 대립되는 두 신을 화해시키려는 우주론의 체계였다.

그러나 이와 같은 아스텍 신학자들의 조화와 화해의 노력에도 불구하고, 그들의 종교체계 속에는 대립하는 두 신의 근본적인 모순은 해결되지 않았다. 더구나 이 대립은 우주와 세계의 안전에 중대한 위협이었다. 그리하여 아스텍인의 마음속에는 어떤 심층 심리적인 불안감이 항상 존재하였다. 그들은 태양의 건전한 운행을 기원하며, 산 제물을 바치면 바칠수록 마음의 불안은 누를 길이 없었던 것이다.

아스텍인에게 심리적 불안정을 준 또 하나의 원인은 그들의 우주 진화론이었다. 우주는 정체하지 않고 항상 운동하며 진화한다. 이것이 아스텍인의 근본적인 신념이었다. 그리하여 이제까지 오는 동안 세계는 네 번 멸망되었다. 그 네 개의 세계에는 각각 하나씩의 태양이 있어 서로 대응한다. 제1의 태양은 재규어에게 잡아 먹혔고, 제2의 태양은 바람에 의하여 날아가 버렸다. 제3의 태양은 화산의 용암 때문에 멸망되었다. 제4의 태양은 홍수로 인하여 사멸되었다. 그들은 지금 제5의 태양(El Quinto Sol) 속에 살고 있으며, 이것 역시 언젠가는 멸망될 운명에 있다는 것이다. 예언에 의하면 제5의 태양의 파멸은 지진에 의하여 초래하게 되어 있었다. 화산지대에 있는 멕시코에서 지진은 결코 이상한 현상이 아니었다. 조금이라도 지면의 진동이 일어날 때마다 아스텍인이 이 세상의 종말이 오는 것이 아닌가 하고 무서움에 떨었을 것이라고 쉽게 상상할 수 있다.

그러기에 아스텍인에게 있어서 인간을 산 제물로 바치는 것은 잔인한 살인 행위가 아니라 우주를 구하기 위한 신성한 종교행사였다. 그들은 정치적 실력을 증대시키고 부를 축적하면 축적할수록 신들을 위한 웅대한 신전을 증축하고 더욱 많은 인간을 산 제물로 바치기 시작했다. AD 1489년 테노치티툴란의 중심부에 우이칠로포치틀리와 틀락록을 제사지낼 대신전이 완성되었을 때, 2만 명이나 되는 사람이 제물로 바쳐졌다고 한다. 이런 대규모의 인신공양을 위한 산 제물을 구하기 위해 아스텍은 끊임없이 주변 지역을 정복하였고, 이것은 많은 속국의 불만을 사게 되어 훗날 아스텍 멸망의 한 원인이 된다.

아스텍의 마지막 왕인 목테수마 2세는 지독한 숙명론자이고 미신을 믿었다. 그는 당시 일어나고 있는 기후적인 불길한 징조들이 케찰코아틀이 돌아올 날이 얼마 남지 않았음을 암시하는 것이라 믿었다. 그리하여 정복자 코르테스를 끝까지 케찰코아틀의 재림으로 믿었으며 처음부터 끝까지 근심과 고민 속에 빠져 있었다. 하지만 이것은 그의 개인적인 성격이나 사상 문제가 아니라, 그가 대표하는 아스텍의 종교 자체 속에 포함된 종말론적 우주관에 근본 원인이 있었던 것이다.

수백 년을 메소아메리카(Mesoamerica)에서 군림해 오던 아스텍은 AD 1521년 스페인 군인인 코르테스에 허망하게 멸망하고 만다.

6) 후기 마야(Nueva Maya)

티칼(Tical)과 팔렝케(Palenque), 보남팍(Bonampak), 피에드라스네그라스(Piedras Negras), 욱스말(Uxmal), 샤일(Xahil), 코판(Copan) 등의 화려한 제사 중심지를 건설하고 7, 8세기에 크게 번성하였던 전기 마야가 원인 모를 멸망을 한 후 마야족은 내륙 지역으로 계속 이동하기 시작하여 유카탄반도에 이르게 된다. 유카탄반도를 중심으로 소규모의 신전을 가지고 있던 마야족은 AD 10세기 말 톨테카족의 침입을 받는다. 전설에 의하면 세 아카틀 토필친 케찰코아틀(Ce Acatl Topiltzin Quetzalcoatl)이라는 톨테카족이 유카탄지대를 정복한 후 이른바 마야와 톨테카의 새로운 마야문명을 탄생시켰다. 이는 이전의 마야문명과 비교하여 규모나 수준면에서 다소 후진적인 측면을 보였으나, 신마야문명은 이 시기에 건설된 마야판(Mayapan)과 치첸이차(Chichen Itza) 등 대도시를 중심으로 전파되어 번영을 이룩했다.

그러나 AD 12세기에 들어서 발생한 치첸이차와 마야판간의 전쟁 이후, 점차 도시 상호간의 내전이 한층 격화되어 AD 15세기 중엽에서 AD 16세기 초에 걸쳐 마야족은 각처로 흩어졌다. 따라서 후기 마야문명은 스페인 정복자들의 도착 이전에 이미 종말을 고하고 있었다.

2절 아메리카의 고대문명과 한민족

아메리카의 고대문명은 한민족의 아메리카의 이주와 밀접한 관계가 있다. 특히 고대의 한민족은 국가적 혼란이나 멸망 등으로 사회적 격변이 생길 때마다 태양이 떠오르는 방향인 동쪽으로 이주하는 경향을 띠었다. 이는 태양신 숭배와 맥을 같이한다.

그러나 고대 한국(배달국, 고조선, 발해)이 극동에 위치하고 있기 때문에 어쩔 수 없이 동북쪽으로 방향을 정해 지금의 캄차카반도를 거쳐 알류산 열도를 이용할 수밖에 없다. 그래서 열도를 건너 알라스카에 도달하면 따뜻한 남쪽으로 방향을 틀어 아메리카의 내륙으로 정착하는 경향을 띤다.

한민족의 본격적인 아메리카 이주는 배달국이 멸망한 BC 1500년경부터 시작한다. 그리고 본격적인 이주는 BC 3세기경에 흉노에게 멸망한 진한(동호)연맹체의 붕괴와 함께 시작했다. 이때 우르족의 일부가 알류산 열도를 넘어 북아메리카를 거쳐 아마존과 남아메리카에 이주하는 것으로 귀결되었으며, 후에 남아메리카에서 부활된 잉카문명을 이루었다. 특히 이들이 가진 국가명이 잉카인 것은 앞서의 우리민족이 수메르에서 나올 때의 명칭이 카인 혹은 칸인이 반대로 읽힌 것이거나 잉이 엔(왕)의 변음으로, 카는 가(家)에서 나온 것으로 보인다. 또 잉카는 왕가 또는 신의 가문이라는 의미가 된다.

두 번째 대규모 이주는 BC 200년경에 고조선의 멸망과 함께하고 있다. 앞서의 배달국이나 동호의 우르족과 같은 길을 따라 키시족이 아메리카로 넘어간 것이며, 이것은 중앙아메리카의 유카탄반도에 정착하여 마야문명을 낳았다.

마야란 '뫼야'의 변음으로 뫼는 산이고, 야(野)는 들을 뜻해 '산속의 들판'이라는 우리말과 한자어의 혼합어이며 고원(高原)을 뜻한다. 이것은 뫼한이 마한으로 표현되는 것이나 심마니가 깊은 산속의 사람인 심뫼니에서 나온 것과 유사하다. 이것은 고조선의 뒤를 이어 이주한 부여족이 한자음을 빌려 쓰기 시작하였기 때문에 이주자들은 혼합된 언어를 사용해서 명칭을 만든 것으로 여겨진다. 즉, 마야는 고원에서 이룬 문명이라는 의미로 마야문명이 중남미 고원지대에서 이루어진 것과 같다.

세 번째 대규모 이주는 AD 1000년경 발해의 멸망과 같이하며, 이들이 북아메리카, 지금의 멕시코에 정착하여 아스텍문명을 이룬 것이다.

'아스텍'이란 마야의 경우와 같이 우리말로 '아즈 혹은 아스'란 평평한 혹은 큰이라는 의미이고, '텍(택 ; 澤)'은 연못이란 뜻으로 큰 연못을 가리킨다. 아스텍이 지금의 멕시코시티로, 옛날에는 도시가 큰 연못 중앙에 위치한 것을 보아도 그 명칭의 근원을 알 수 있다. 또한 멕시코라는 명칭도 우리 한민족의 한 갈래인 맥족과 고리족을 지칭했을 가능성이 크다. 그러나 이들에게 문자가 전해지지 못한 것은 한자가 어렵고 추운 한대 지방을 거쳐 오면서 문자를 표기할 수 있는 도구가 없었기 때문에 자연스럽게 그 전에 사용되는 문자는 사라지고 구전에 의한 사용 언어와 이주 설화 등이 전해질 수밖에 없었던 것이다.

이렇듯 아메리카의 고대문명은 모두 한민족이 아메리카로 이주하면서 세운 문명의 후손이다.

1) 발해와 아스텍문명

지금의 멕시코시티에 꽃피웠던 아스텍문명은 태양신 숭배와 인신공양 등의 신앙체계를 가지고 AD 11세기 정도에 문명이 시작되었다. 이것은 시기적으로 인접한 마야문명에서 왔다고 보고 있으나 정황상 발해의 멸망과 밀접하게 연결지을 수 있다. 그 번영 시기로 보아 대체로 발해의 멸망 이후에 한민족의 이주에 의해 성립된 문명으로 여겨진다. 그들은 거석문명의 거대한 돌을 시용하는데 능숙한 석기문명이며 부족 간의 전쟁을 통해 포로를 인신공양의 제물로 바치고 식인을 하였다.

그들의 문화는 AD 13세기~AD 16세기경에 멕시코 중앙고원에서 꽃피워졌던 마지막 고대문명이다. 농경이 주요 산업이며 주로 옥수수, 양파 등을 재배하는 화전 농업을 기반으로 주요 도시가 설립되고 많은 인구를 수용했다. 이러한 도시에서는 사회 조직이나 정치 기구와 군대 그리고 토지 제도를 정비하고 신권 정치를 행하였다.

그들은 지나칠 정도로 생활에 금욕적이었으며 전쟁터에서 죽는 것을 대단한 영광으로 생각했다. 조사된 바에 의하면 사용했던 복식과 생활습관 그리고 도구들은 우리 한민족과 거의 동일하며, 문자는 전해지지 않으나 사용 언어 또한 유사한 것으로 고증되고 있다. 태양신 숭배와 석조문화가 발달했으며, 그들이 섬기는 신은 공통적으로 '구름을 타고 다니며, 피를 요구하는 신들'이다. 그러나 여기서 나타나는 그들의 신들이란 수메르 신화 속의 아눈나키를 지칭하는 것으로 여겨진다. 왜냐하면 수메르의 신화 속에서 인간은 아눈나키의 피를 받아 탄생하였으므로 그들의 신들이 인간에게 준 피를 되돌려 받길 원한다고 생각했기 때문이다. 그래서 이러한 관점이 피를 요구하는 신들이라는 종교관으로 변한 것 같다. 이들은 AD 16세기경에 스페인이 신대륙을 침략할 당시 정복자 코르테스에게 멸망을 당했다.

2) 고조선과 마야문명

마야(Maya)문명이란 BC 2300년경에 중앙아메리카 남부에서 탄생하여 수천 년에 걸쳐 멕시코 남동부와 과테말라 등 이른바 마야 지역을 중심으로 번영한 문명이다. 이 문명은 유럽 사람들이 아메리카대륙에 도착하기 전인 AD 14세기 말에 홀연히 사라졌다.

이러한 문명의 존재가 알려지기 시작한 것은 19세기 말이고, 20세기 후반에 들어서 본격적으로 연구하게 된 것이다.

일반적으로 문명의 발생지가 강어귀의 넓은 평야 지역인데 반해 마야문명은 인간이 살기 부적합한 열대 밀림의 고원지대에 도시를 세우고 살았다. 이것은 우리의 고대사회에서도 신시가 산위에 만들어진 것과 유사한 이유로 신의 도시를 고

〈그림 56〉 마야의 달의 신전 피라미드

원에 건설한 것으로 보여진다.

 권력체계는 중앙집권국가가 아닌 다수 부족의 집합으로서 도시국가 형태를 이루고 있었으며, 천문학과 역법, 수학 등은 놀랄 만큼 과학적이고 정교하다. 거대한 피라미드를 건조하였으며, 화려하고 장대한 신전도시와 영(○)으로 대표되는 수학적 지식 그리고 20세기의 과학수준에 필적하는 고도의 천문학 등 각종 기술들은 고대문명 이상의 수준이다.

 BC 600년부터 본격적으로 살기 시작하여 AD 8세기에 최대의 번영기를 맞은 티칼(Tikal)은 도시와 교외와 전원의 세 구역으로 되어 있으며, 그 총면적은 130㎢ 정도이다. 이는 도시의 주위에 해자를 두고 크고 작은 붉은 피라미드군과 석상 건축들로 이루어진 도시이며 약 10만 명 정도의 사람이 살았을 것으로 추정된다.

 이 도시는 호수나 강으로부터 거리가 멀어 13개나 되는 인공저수지를 만들어 물을 사용했다. 그리고 장대한 경기장과 그것을 둘러싼 3개의 고층 아크로폴리스가 있다. 도시의 한가운데에 한층 거대한 5기의 피라미드가 서 있으며, 그중 제4 피라미드는 높이가 70m에 달한다.

 이러한 마야문명은 이집트문명과 유사한데 우선 태양신을 숭배한다는 것과 피라미드를 만들며, 사람이 죽으면 미라로 만들었으며, 뇌수술을 했다. 그러나 인신공양과 같이 산 사람을 신에게 제물로 바쳤으며, 이때는 산 사람의 배를 가르고 심장을 꺼내 바치는 등의 일을 자행하였다. 이것은 단백질을 얻을 수 있는 소나 말 같은 가축을 키우지 않아 생긴 현상일 수도 있으며, 옥수수가 주식으로 화전농법이나 계단식 밭 습지에서 농사를 지었다.

 사용된 문자는 종류가 4만 종에 이르는 마야문자를 사용하였다. 이러한 문자는 초기에 수메르에서 전수된 회화(그림)문자에서 발전한 문자로 보이며 우리의 고대 문자와도 상당한 연관성이 있다. 또한 수메르인의 공통적 건축기법인 석조 조적구법의 기본인 아치공법 등의 고도의 건축기술을 가지고 있었다.

멸망의 원인으로 지배계층에 대한 피지배 계층의 반란이나 이민족의 침입, 기후 조건에 따른 전염병의 확산, 토양의 황폐화로 인한 생산성 부족 등을 들고 있다.

그러나 전쟁의 흔적이 없으므로 기후 조건이나 토양의 산성화로 인한 생산성 부족은 계단식 논이 발견됨으로써 멸망의 원인으로 보기 어렵다.

이러한 마야의 초기문명은 우리의 단군시대와 유사한 역사성을 갖고 있으며 칸(환인)연맹 3족의 일부가 홍산에서 멈추지 않고 바로 아메리카로 넘어간 것으로 보인다. 이러한 이유는 환인이 아들 환웅에게 3,000명을 주고 신시를 세우도록 했다는 것으로 보아 환웅을 따르는 사람 외에도 상당수의 칸3족이 존재했다는 것을 알 수 있다. 따라서 BC 2300년경에 나머지 칸3족들은 계속 동방으로 이동하여 알류산 열도를 넘어 아메리카로 들어간 것으로 여겨진다. 그리고 이들이 초기 마야문명을 이룬 것으로 추정된다.

그 후 고조선과 부여가 멸망하면서 다시 본격적으로 이동이 시작되면서 중기 마야문명을 이루었으며 발해의 유민이 들어오고 멕시코와 남아메리카 전역으로 퍼지면서 집중된 문명의 형태가 와해되어 사라진 것으로 여겨진다.

3) 배달국과 잉카문명 * 다음 / 지식 / 편집

잉카문명은 페루를 중심으로 AD 15세기부터 AD 16세기 초까지 남아메리카의 중앙 안데스 지방 일대에서 번영하였던 인디언문명으로 쿠스코가 수도였으며 태양신을 섬겼다.

그들은 신성한 절대군주 잉카(神家 ; 신의 가문)를 중심으로 지배계층과 일반평민으로 구성되는 사회구조를 형성하여 중앙집권적 전제정치가 시행되었다. 그들은 안데스 산중에 도로를 건설하는 등 문명을 크게 발전시켰다. 옥수수와 감자, 호박, 땅콩, 목화 등 여러 가지 작물을 키웠으며, 특히 감자의 경우는 고산지대에 알맞도록 계단식 농법에 의해 품질개량을 하는 현대식 농법을 사용했다. 또한 산중턱에는 '꼴가'라는 곡물창고를 지어 곡식들을 저장했으며, 꼴가는 우리말로 '골짜기의 집(家)'에서 나온 듯하다.

잉카의 역사를 살펴보면 BC 10000년경부터 페루 지역에 정착해 살았다고 하나, 이것은 다분히 과장된 것으로 보인다. 잉카인들은 초기 BC 1200년경에 안데스산맥 지역에 정착했으며, 치무족과 나스카족, 빈족 등이 부족사회를 형성했다고 보는 것이 타당하다. 그리고 AD 600년경 우아리 지역에서 온 민족이 200여 년 동안 서부 안데스를 지배하였으며, 이때부터 미라를 매장하는 풍습이 생겼다. AD 900년경에는 우아리족이 사라지고 다시 여러 부족으로 갈라진다. 그 뒤 AD 1105년경에는 잉카의 군주인 신치로카가 부족을 다스리게 되고, AD 1370년경에는 치무족이 지배계급을 이룬다. AD 1438년에는 각 부족 간 분쟁이 일어나며, 이후 약 50년간에 걸쳐 잉카족은 다른 부족들을 정복하고 안데스 지역을 지배한다.

AD 1533년 사파잉카라 불리는 잉카의 마지막 황제 아타왈파는 에스파냐의 정복자 프란시스코 피사로에 의해 살해당하고 잉카제국이 멸망하였다.

잉카문명의 초기는 BC 1200년경이며, 이 시기는 신시 · 배달국이 멸망한 후 아메리카로 이주한 때와 유사하다. 중남미에 있던 초기 마야문명이 분화하는 시기에 해당된다. 특히 마야나 잉카 모두가 배달국(우르)과 같이 태양신을 섬기며, 비슷한 석축 조적기법으로 석조 구조물을 축조하고, 발달된 농법 또한 유사한 점이 문명 이전의 증거로 볼 수 있다.

잉카문명의 특징에서 주목할 만한 내용은 산위에 신의 도시인 마추픽추(맞추어 비추다)를 두고 교통의 요지인 쿠스코에 왕궁을 두어 제사와 정치를 분류하여 시행한 점이다. 특히 마추픽추는 도시의 모양이 콘도르 형상이며, 콘돌은 천상으로 인도하는 새를 뜻한다. 그래서 마추픽추는 신의 도시라는 개념이 강하다. 특히 더 높은 위치에는 봉화를 밝히기 위한 와이나픽추(Hueaynapicchu ; 환히 비추다)를 두고 오른쪽 골짜기에는 우루밤바강이 흐르고 있어 이곳이 우르와의 관련성이 큰 곳임을 알 수 있다. 즉, 이러한 것은 우리 한민족 고대국가인 배달국에서 종교를 분담한 신시와 통치의 중심인 적봉으로 서로 분리하여 운영하였던 것이나 일본 신화 속에 국토 이양 후에 이즈모와 교토로 종교와 통치를 분리시킨 것과 같다. 이러한 점을 살펴보면 잉카와 배달국 그리고 일본의 상호 연계성이 잘 나타난다.

더불어 산위의 도시인 마추픽추는 '맞추어 비추다'라는 우리말과 유사하고, 그 정상에 태양신 제단이 있는데, 그 중앙에는 '인티와타'라는 자연석비가 설치되어 있다. 잉카인들은 이 자연석비 바로 위에 태양이 위치할 때 석비의 그림자가 없어지면, 그 순간 태양을 붙잡았다고 여겼다. 그리고 석비는 태양의 능력을 갖는다고 여겼으며, 그때 태양신이 왔다고 생각했다. 그래서 이 석비에 붙여있는 명칭이 인티와타라고 하는 것도 '신(인)이 왔다'라는 우리말에서 나왔을 가능성이 크다.

이와 같이 잉카에서 사용된 많은 명칭들이 우리말과 유사한 것으로 미루어 보면 잉카문명 또한 우리 한민족이 이주해서 만든 문명의 하나인 것으로 여겨진다.

3절 성서와 한민족

1) 아담과 이브

아담과 이브는 성서 속의 최초의 인간이다. 여기서 아담은 남자이고, 이브는 여자로 남자의 갈비뼈에서 창조된 것으로 되어 있다.

우리는 유대인과 우리가 같은 수메르에서 갈라진 것을 알면 아담과 이브라는 명칭은 쉽게 이해할 수 있다. 즉, 아담은 우리말의 '아담한 남자'의 아담이라는 형용사에서 도출된 것이라고 볼 수 있으며, 이브는 '이쁜 여자'의 이브에서 나왔다는 것을 알 수 있다.

지금 우리가 쓰고 있는 이쁜과 같은 의미로 쓰고 있는 아름다운이란 '아름'의 어원을 살펴보면 고대에는 아름다움보다 이쁜이라는 말을 사용했음을 알 수 있다. 즉, 아름다운 여자의 '아름'은 끌어안고 싶다는 의미의 명칭이며, 이는 나무의 크기를 젤 때 사용하는 단위인 한 아름의 아름과 같은 어원에서 나온 말로, 아름의 원 뜻이 두 팔로 끌어안는다는 의미이기 때문이다. 즉, 아름답다는 끌어안고 싶은 정도로 매력적이라는 의미이다. 우리의 고대어에서 'Beauty'는 이쁘다고 했기에 여자를 상징하는 이브는 이쁜이라는 우리 한민족의 고대어인 수메르 말에서 나왔을 가능성이 크다.

또한 아담의 경우는 수메르인 중에 우르계열의 사람들이 가장 키가 작고 두뇌가 뛰어났기 때문에 우르계열의 남자를 아담하다고 했을 개연성이 있다. 왜냐하면 아브라함은 성서에서 자신을 갈대아 우르 사람이라고 했던 바와 같이 유대인의 조상이 우르족이기 때문이다.

여기서 아브라함의 태생이 갈대야 우르라고 한 갈대아 지역에 대해 살펴보면 갈대아의 본 뜻은 갈대야로 우르라는 도시가 갈대가 많이 자라는 유프라테스강 하류의 습지이기 때문이며, 특히 우르족은 갈대로 집을 짓고 살거나 갈대로 생필품을 만들어 쓰는 농경 생활을 영위했기 때문이다. 이상에서와 같이 성서의 최초 인간인 아담과 이브는 고대의 수메르 말로 지금의 우리 한국말과 같은 어원을 가지고 있는 동질어로 여겨진다.

2) 카인과 아벨

최초의 살인자라고 하는 카인과 그의 동생인 아벨은 아담과 이브의 자식으로 성서 속에서는 카인이 아벨을 죽인 것으로 묘사되어 있다. 그래서 성서의 진의가 무엇이든지 카인은 최초의 살인자로 역사 속에서 단죄되고 있는 것이다.

그러나 수메르의 언어상에서 나타나는 카인과 아벨은 전혀 다른 의미를 가지고 있는 독립적인 명사이다.

우선 아벨이란 '아브엘'로 아브가 성인을 지칭하는 일반명사이다. 지금 우리말의 아버지를 뜻하므로, 아벨이란 '엘신을 믿는 사람'이라는 의미를 가지고 있다. 그리고 이들은 주로 유목 생활을 하는 수메르인들을 가리킨다.

고대 수메르에서는, 유목 생활을 하는 사람들은 주로 엘(엔릴)을 믿었으며, 이들은 주로 들판에서 양 또는 염소들을 방목하고 있어서 기후변화 (비, 번개, 바람) 등의 자연 변화에 민감했기 때문에 이들을 주재하는 엘신에 대한 신앙은 지극히 자연스러운 것이다. 그리고 이들은 목축을 주로 하기 때문에 머리를 묶거나 상투를 틀지 않아도 생활에 지장이 없어서 머리 모양은 풀어헤친 상태로 지냈으며 고대의 유대인의 머리모양과 비슷하게 하고 있었던 것으로 여겨진다.

여기서 엘신이란 수메르의 최고신으로 엔릴을 가리킨다. 엔릴은 엘림 등으로 변음이 되며, 이슬람교의 알라신도 이에서 파생해 나온 듯하다. 또한 카인이란 '키+안'의 연음인 칸에서 나온 것으로 보이며, 이는 키=땅 신과 안=하늘 신을 신봉하며 사는 수메르의 농경족들을 이야기한다.

우리 한민족의 조상이 되는 칸(한)은 수메르에서 농경을 주로 하는 농경족으로 농사에 필요한 기후와 물에 대한 신앙을 가지고 하늘과 땅(특히 물)을 주재하는 창조신인 안과 키(엔키)를 믿었던 것이며, 이러한 신앙 체계는 우리 한민족이 키안(칸)을 숭배하는 민족으로 남게 되었다. 그리고 이들의 후손이 우리민족의 근간을 이루고 있는 것이다. 특히 농경을 주로 하는 칸들은 농사지을 때 머리카락이 아래로 쏠려 작업에 방해가 되기 때문에 머리를 묶거나 상투를 틀어 농사에 방해되지 않도록 단장을 했던 것이다. 그리고 그들의 복장이 흰색인 것은 땡볕 밑에서 일을 해야 하므로 뜨거운 빛을 반사시키는 흰옷을 즐겨 입었기 때문이다. 이는 지금의 우리민족을 백의의 민족이라고 하는 것의 기원이 된 것으로 보인다. 이에 반해 유대인은 벌판에서 목축을 하기 위해 종일 들판에서 지내야 하므로 황색 먼지(바람)에 의해 쉽게 더럽혀지지 않는 황색 옷을 즐겨 입었던 것이다.

그래서 우리민족의 조상인 수메르인들이 메소포타미아(에덴)의 기름진 땅에서 쫓겨날 때 그들이 연맹체 이름을 칸이라고 명명한 것도 종교적 관념에서 키+안(칸) 신앙을 중심으로 하고 있기 때문에 만들어진 것으로 보인다.

여기서 우리는 중요한 사실을 발견할 수 있다. 즉, 칸연맹의 주체는 농경 중심의 수메르인이고, 아벨은 초기 유목인으로 연맹 속에 합류하여 함께 아카드에 저항하였던 것으로 보인다. 그러나 또 다시 패퇴하자 농경이 주업인 칸은 동방으로 이주하고, 유목이 주업인 아벨은 메소포타미아 인근 지역(초지)에 정착한 것으로 여겨진다. 즉, 지금의 유대인은 아벨의 후손으로 메소포타미아 인근 지역에 정착한 수메르인의 한 갈래이며 초기 수메르에서 갈라져 나온 또 다른 우리의 동족이 되는 것이다.

3) 아브라함과 이삭

아브라함은 우리말로 '아브라고 한다'의 의미로 분석할 수 있다. 여기서 아브는 성인 혹은 아버지라는 뜻으로 어른을 지칭한다. 또한 '-라함'이란 '라고 한다'의 함축어로 지금도 이북 사투리에서 사용되고 있는 '-라고 함메' 등에 그 흔적이 남아 있다. 그래서 아브라함은 우리말로 '아브라고 한다'로 풀이가 된다. 더불어 이삭은 '-의 싹'으로 새끼 또는 자식을 일컫는다. 즉, 이삭은 벼이삭과 같이 누구의 자식이라는 의미를 가지고 있다. 그래서 '아브라함과 이삭'은 우리말로 '아버지와 아들'이라는 뜻이 된다.

이와 같이 유대인의 조상이라 할 수 있는 아브라함과 이삭은 언어학상 우리와 계통을 같이하는 고대인의 후손이라는 것을 알 수 있으며, 지금의 이스라엘 사람들도 우리와 같은 조상을 가진 사람들이라는 것을 미루어 짐작할 수 있다.

아브라함의 부인인 사라 또한 같은 맥락에서 보면 우리말로 뜻이 가능하다. 성서에 보면 사라의 존재에 대해 아브라함의 부인이라고 하는데 그들이 이집트에 들어갔을 때를 보면 잘 알 수 있다. 즉, 아브라함이 사라를 파라오에게 자신의 누이라고 속여서 소개를 했기 때문에 파라오가 사라와 동침을 하려는 장면이 연출된다. 성서에는 여호와께서 파라오를 질책하고 아브라함에게 보상하라는 것으로 끝을 맺지만, 이러한 내용의 이면을 보면 아브라함이 부인 사라를 이용한 측면이 보인다. 이것은 다른 의미에서 사라를 '사라(Buy me)' 하고 다닌 상황과 비슷하다.

또한 이 당시 아브라함이 이집트를 떠돌아다닌 것은 우리의 남사당패가 하는 것과 유사하다. 즉, 남사당패들은 여러 마을을 돌아다니면서 그들의 재능을 보여주고 곡식과 재물을 얻는 행위를 주로 한다. 더불어 남사당패에 속한 여인들을 그 고을의 세력가에게 보내 수청을 들고 곡식과 재물 등을 얻어오게 하는 매춘행위도 한 것으로 알려져 있다. 이것을 다른 의미에서 보면 남사당 여인들이 자신을 '사라' 하고 다닌 것과 같다고 볼 수 있다.

이러한 점을 살펴보면 유대인 조상인 아브라함과 그의 가족은 고대 우리 조상과 동일한 언어를 사용한 우르족의 한 갈래인 것을 미루어 짐작할 수 있다.